CW01667204

IOAN PRISECARU

MEDITAȚIA CREATIVĂ

21 DE MEDITAȚII PENTRU SĂNĂTATE ȘI SUCCES

EDITURA DHARANA

Lucrarea Meditația creativă prezintă experiența proprie în cele 21 de programe de meditație.

Aceste meditații nu înlocuiesc și nu se substituie sfatului medicului sau specialistului.

Pentru orice problemă de sănătate, vă sugerez să apelați la sfatul medicului și specialistului.

De asemenea, toate cele 21 de meditații pot fi aplicate doar sub directa îndrumare a specialiștilor acreditați de Academia Terranova.

Ioan Prisecaru

© IOAN PRISECARU
© 2023 Editura DHARANA

Coperta: Dora Cumpănașu

Editura Dharana Bucuresti
Str. Sfânta Ecaterina nr.15, sect.4, O.P. 53
Tel: 0772252302
e-mail: editura@gmail.com
www.edituradharana.ro

Descrierea CIP a Bibliotecii Naţionale a României
PRISECARU, IOAN
Meditaţia creativă : 21 de meditaţii pentru sănătate şi succes / Ioan Prisecaru. - Bucureşti : Dharana, 2023
ISBN 978-606-9029-51-0
159.9

Scrisoare către cititori

Dragi cititori, am un sentiment de entuziasm acum, când vă scriu această scrisoare!

Am această stare întrucât am convingerea că ***Meditația creativă*** va aduce o transformare miraculoasă în viața dumneavoastră.

De unde vine această stare de entuziasm?

Am experimentat îndelung cele 21 de meditații creative pe care vi le prezint în această carte și fiecare dintre acestea mi-a adus o îmbogățire a vieții într-un domeniu specific. De asemenea, toate aceste meditații pe care le-am elaborat mi-au îmbogățit viața în mod miraculos.

Aveam de gând să lansez această carte în cursul anului următor dar, pentru că ***Meditația creativă*** poate să schimbe viața din temelii, am decis s-o lansez în cel mai scurt timp posibil.

Pornind de la propria experiență în relația cu meditația, am creat un număr de 21 de meditații.

Fiecare dintre aceste meditații este concepută cu scopul de a genera în ființa umană o energie care să conducă la vindecare și vitalizare.

Cele două scopuri, respectiv vindecarea și vitalizarea, sunt urmărite în mod prioritar întrucât reușita în viață este influențată în mod decisiv de starea de sănătate și de puterea noastră de a manifesta creația.

După ce o vreme am practicat meditația clasică, am început să experimentez diferite forme de meditație dinamică.

Am fost surprins atunci când am sesizat că prin intermediul meditației dinamice pot să îmi vindec ființa și pot genera metode de terapie și antrenament care să mă conducă la succes.

Meditația creativă este o formă de meditație dinamică. Am apelat la meditația dinamică cu scopul de a dizolva blocajele energetice și de a folosi energia nou creată în scopul binelui.

Vă invit cu bucurie să lecturați cartea ***Meditația creativă*** și să practicați în mod constant și consecvent cele mai potrivite meditații!

Practicând ***Meditația creativă*** în scurt timp veți înregistra o înnoire a vieții voastre în toate aspectele sale.

Vă susțin cu drag pe drumul pe care vi l-ați ales practicând meditația creativă!

Ioan Prisecaru

STRATEGIA MEDITAȚIEI CREATIVE

1. Cum am ajuns să descopăr lucruri despre care nu știam că există

Am pornit în viață ca fiind adeptul lumii materiale, sperând că aceasta mă va împlini în totalitate.

Am ajuns să dobândesc imense valori materiale și cu toate acestea nu eram suficient de împlinit.

Pentru că nu mă simțeam împlinit, munceam toată ziua crezând că, la un moment dat, prin realizările pe care le obțin, voi ajunge să fiu și mulțumit.

Pe măsură ce treceau anii acumulam valori materiale din ce în ce mai mari și, de asemenea, aveam poziții sociale din ce în ce mai înalte, dar tot nu mă simțeam împlinit.

Îmi lipsea o parte din viață și nu știam care.

La un moment dat am întâlnit un om cu mare cuprindere spirituală.

Cu toate că din punct de vedere material mă situam mult mai bine decât el, acesta mă privea cu o stare de compasiune aparte.

Deși epatam de bogăție materială, acest om mă trata cu blândețe și înțelegere ca și cum aș fi un om care mai aveam încă multe de învățat de la viață.

Realizând că sunt depășit în multe capitole ale vieții, încercam să mă folosesc de valențele planului material pentru a obține un ascendent asupra acelei persoane.

Cu toate că foloseam arsenalul material pe care îl aveam la dispoziție, nimic nu îl impresiona pe acel om, ca și cum el ar fi deținut bogății infinite.

Dacă într-o primă fază m-a intrigat atitudinea lui față de planul material, pe măsură ce îl cunoșteam mi se părea că am multe de învățat de la un asemenea om.

Acest om avea acces către o latură a vieții despre care eu nu știam că există.

Acest om care ducea o viață aparent normală, având un serviciu și o condiție materială rezonabilă, își petrecea existența fiind marcat de un calm imperturbabil, ca și cum toate aspectele vieții erau pe făgașul lor normal.

Nimic nu îl scotea din zona de confort și mereu găsea cea mai bună soluție pentru a rezolva problemele vieții.

Fiind curios să aflu cum a reușit să atingă o asemenea stare de împlinire, l-am întrebat cum se antrenează.

Așa am ajuns să constat că el petrecea mult timp implicându-se în programe de antrenament, combinând exercițiile de forță cu meditația.

Nu știam ce înseamnă meditația, așa că am fost curios să aflu ce simțim atunci când practicăm diferite forme de meditație.

Spre marea mea surpriză, la puțin timp după ce am intrat în meditație, am început să percep stări despre care nu știam că există.

Cu toate că aveam ochii închiși, am început să văd diferite nuanțe de culori. Mai mult decât atât, după ce am petrecut mai mult timp în meditație, cu toate că aveam ochii închiși, am început să văd imagini.

Fiind fascinat de stările prin care treceam, am fost captat de această formă de antrenament și, o lungă perioadă de timp, am practicat meditația în mod intensiv.

Pe măsură ce practicam meditația, simțeam că viața mea începe să se umple cu un conținut despre care nu știam că există. Viața mea începea să se umple de Dumnezeu.

Nu sunt o persoană dogmatică și nici mistică. Cu toate astea, meditația mi-a adus puterea de a înțelege viața dincolo de planurile materiale.

Meditația mi-a adus o componentă prin intermediul căreia am reușit să descopăr faptul că noi, oamenii, putem trăi o viață mult mai completă decât cea pe care o revelează planurile mentale bazate doar pe simțurile obișnuite.

Acum apare întrebarea: de unde vin toate aceste daruri?

În cele ce urmează voi descrie cum putem percepe aceste daruri pe care ni le-a dat universul și care ne sunt disponibile la orice pas, în orice clipă a vieții.

2. Circulația energiilor la nivelul corpului uman

Suntem plasați la suprafața pământului, între cer și planeta Pământ.

Nu este întâmplător faptul că Biblia, cartea de căpătâi a creștinismului, începe așa:

„La început Dumnezeu a creat cerurile și pământul."

Nu este întâmplătoare această afirmație!

Creatorii Bibliei cunoșteau elemente de astrologie și energetică umană.

Creatorii Bibliei au plasat omul între cer și pământ.

Așadar, creatorii Bibliei, în primul verset pe care l-au generat, s-au referit la energetica umană.

De ce oare s-au referit la energetica umană chiar din primul verset?

Răspunsul este următorul: Totul este energie!

Dacă vrem să dăm răspunsuri la întrebările vieții ne raportăm la energii.

Pentru a defini și a înțelege mai bine efectul energiilor în ființa umană, pentru început, haideți să ne raportăm la fenomenele naturale!

Cu toții iubim ploaia.

Atunci când plouă se primenește natura și se purifică mediul de viață în care trăim.

Ploaia face să crească plantele, iar odată cu acestea ne crește șansa de a trăi în belșug.

Uneori ploaia este însoțită de trăsnete.

Trăsnetele (descărcările electrice) sunt de fapt descărcări energetice.

De unde vine această energie atât de puternică încât să despice copacii în două și apoi să aprindă pădurile?

Această energie vine din cer.

Această energie este generată ca urmare a interacțiunii soarelui cu pământul. Este energia care întreține viața pe pământ.

Această energie ne vindecă.

Această energie ne dă puterea de a face lucruri.

Această energie ne susține să generăm bucurie de a fi.

Această energie ne alimentează cu putere creativă în fiecare clipă a vieții.

Această energie generează succesul.

Cum funcționează această energie?

Energia pământului stimulează viața pe pământ, iar energia cerului stimulează viața în cer.
Este foarte importantă această conștientizare!
În mod autentic, noi suntem veniți pe pământ cu scopul de a birui atât pe pământ cât și în cer.

Pentru a birui pe pământ și în cer este necesar să avem energiile echilibrate, atât cele în raport cu pământul, cât și cele în raport cu cerul.

Meditația clasică are tendința de a simula dezvoltarea energiilor cu cerul.
Ca urmare a acestei tendințe, mulți dintre cei care fac meditații în mod excesiv ajung să se rupă de energia pământului, pierzând astfel o parte din atuurile care ne-au fost date atunci când am venit pe pământ.

Constatând această tendință, am căutat să generez un program de meditație care să stimuleze, în mod echilibrat și focalizat, atât energiile pământene cât și energiile celeste.

Atunci când stimulăm în mod echilibrat și armonios atât energiile pământene cât și energiile celeste, ne dăm șansa să trăim o viață creativă și generatoare de succes!

Pentru a accesa în mod echilibrat atât energiile pământului cât și energiile celeste, este necesar să practicăm meditații specifice nevoilor noastre, stimulând astfel în mod armonios acele energii care sunt deficitare în ființa noastră.

În acest scop este important să cunoaștem principalele căi de comunicare energetică dintre om și univers.
De asemenea, este important să cunoaștem principalele direcții de circulație a energiilor în corp.

Sunt importante aceste resurse de cunoaștere, întrucât atunci când le stăpânim, putem să adoptăm cele mai potrivite forme de meditație.
De asemenea, cunoscând circulația energiilor în noi și în universul nostru, putem combina meditațiile cu alte forme de terapie și antrenament în așa fel încât să atingem cea mai bună performanță a vieții.

Conform fizicii cuantice, energia este un fluid așa cum este apa sau aerul.
Spre deosebire de apă și aer, fluide care pot fi percepute cu ajutorul simțurilor, în mod obișnuit energia nu poate fi percepută cu ajutorul simțurilor.

Pentru că nu poate fi percepută cu ajutorul simțurilor normale, în aplicarea programelor de meditație vom apela la logica universului în circulația energetică la nivelul corpului uman.

Așa cum am afirmat la începutul acestei secțiuni, omul este plasat între cer și pământ.

Conform fizicii cuantice, (prin convenție) cerul este încărcat cu energie pozitivă și pământul este încărcat cu energie negativă.

Principala diferență de potențial la nivelul scoarței terestre se manifestă între soare și pământ.

Conform cercetărilor, diferența de potențial dintre soare și pământ este de aproximativ 300.000 de miliarde de kw.

Dacă raportăm această diferență de potențial la nivelul unui stat de om ajungem la concluzia că tensiunea electrică dintre creștetul capului și tălpi este de aproximativ 20.000 V, așa cum este prezentat în desenul următor.

Fig. 1. Tensiunea electrică la nivelul corpului uman.

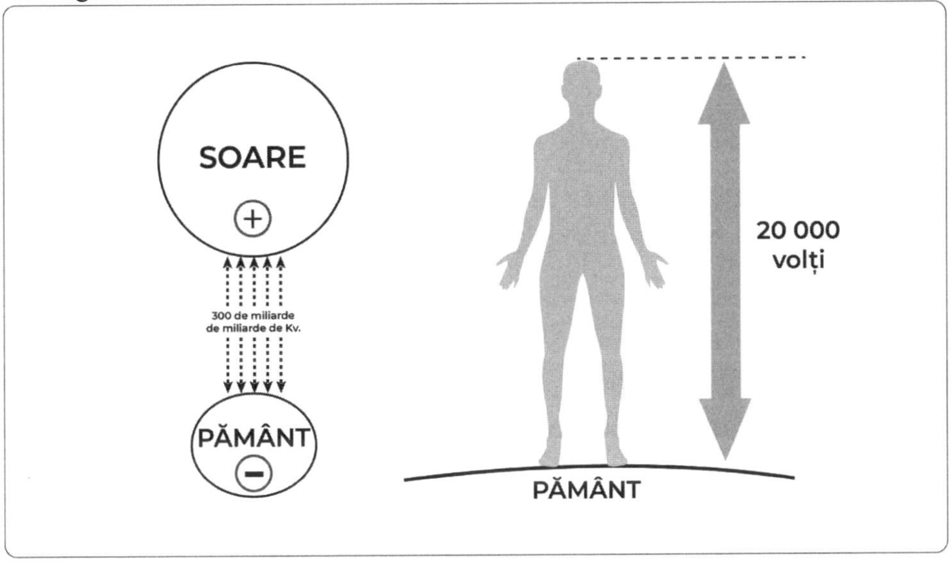

Spre deosebire de aer, corpul uman are o conductivitate electrică mult mai mare.

Ca urmare, corpul uman preia sarcinile electrice de la nivelul extremităților, respectiv la nivelul capului și picioarelor și le transportă prin intermediul corpului.

Așadar, în fiecare clipă a vieții prin noi au loc descărcări electrice după același principiu după care au loc trăsnetele, doar că aceste descărcări au intensități infinit mai mici.

Fiind de intensitate mult mai mică, aceste descărcări electrice nu sunt percepute la nivelul simțurilor.

Cu toate astea, sunt situații în care putem percepe descărcările electrice de la nivelul corpului.

De exemplu, atunci când punem mâna pe mașină, între noi și mașină se pot amorsa arce electrice care sunt vizibile și chiar perceptibile la nivelul pielii prin ușoare înțepături.

Descărcările electrice de la nivelul palmelor sunt stimulate și de un alt circuit energetic amorsat în ființa noastră.

Acest circuit este generat de energiile venite din planurile orizontale ale ființei noastre.

Mai exact, prin partea stângă a corpului și, în special prin palma stângă, primim energiile din planul pământesc, iar prin partea dreaptă a corpului, (în special prin palma dreaptă) sunt eliberate energiile din corp - spre planul pământesc.

Cele două circuite energetice de la picioare spre cap și de la mâna stângă spre mâna dreaptă amorsează în corp curenți electrici, așa cum este prezentat în desenul următor.

Fig.2. Circulația energetică la nivelul corpului uman

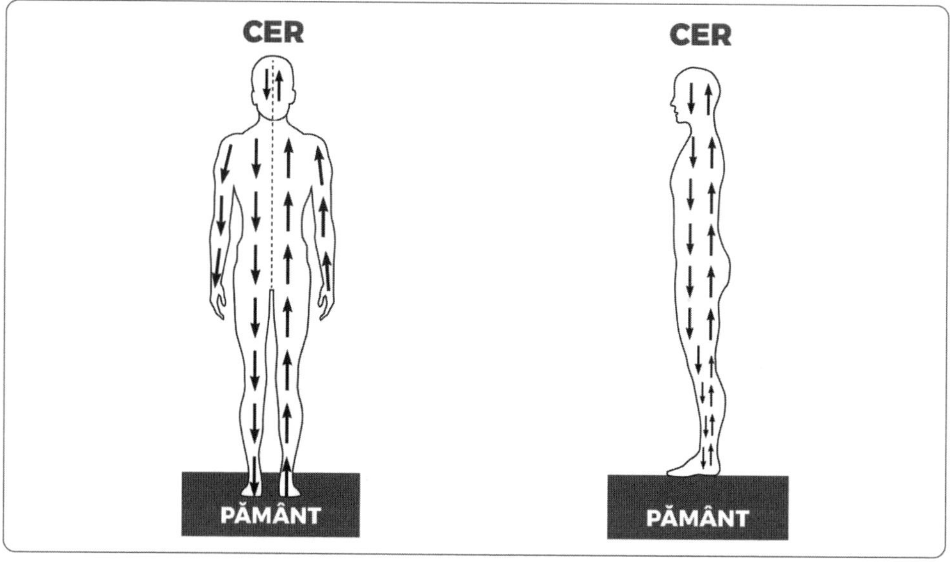

Privind acest desen observăm că prin partea stângă a corpului intră energiile la nivelul piciorului stâng și al mâinii stângi, iar prin partea dreaptă a corpului se eliberează energiile din corp la nivelul mâinii drepte și la nivelul piciorului drept.

De asemenea, la nivelul emisferei stângi a capului se eliberează energiile din corp, iar la nivelul emisferei drepte a capului se accesează energiile din mediul înconjurător.

Așadar, cu toate că aceste energii nu pot fi percepute la nivelul simțurilor, în programul nostru de terapie și antrenament vom ține cont de rațiunile prezentate anterior cu scopul de a stimula în mod logic și creativ acele acțiuni care ne conduc la armonizarea ființei atât în interiorul corpului cât și în relația noastră cu universul.

Chiar dacă aceste energii nu au intensitate mare, sunt esențiale în viața noastră determinând întreaga activitate biologică de la nivelul ființei noastre.

Atunci când la nivelul corpului apare o suferință, este semn că în ființa noastră s-a acumulat un blocaj energetic.

Blocajul energetic poate fi manifestat prin exces sau deficit de energie.

De cele mai multe ori, blocajele energetice se manifestă prin exces de energie, întrucât, ca urmare a unor deficiențe în comunicarea cu planurile exterioare sau ca urmare a unor obiceiuri alimentare nepotrivite, în corpul nostru apar zone cu aciditate crescută.

Atunci când aciditatea este crescută, corpul nu mai are rezistență electrică optimă, scăpând astfel de sub control circulația energiilor la nivelul organelor, aparatelor și sistemelor.

Ca urmare a acestui fenomen, în ființa umană apar suferințe.

Meditația creativă are rolul de a dizolva acumulările energetice de la nivelul organelor, aparatelor și sistemelor și de a armoniza circulația energiilor în întreaga ființă pentru ca, în final, omul să ajungă să trăiască o viață sănătoasă și împlinitoare.

Îmi place să adopt pragmatismul și eficiența maximă în toate aspectele vieții.

Pentru că Meditația creativă nu vehiculează energii de mare amplitudine așa cum vehiculează exercițiile de forță, vom căuta să conducem programul de terapie și antrenament cât mai aproape de locul în care se manifestă blocajele energetice în așa fel încât să atingem eficiență maximă.

În acest scop, vom acționa atât în corp, cât și în câmpurile cuantice ale universului prin dirijarea energiilor cu ajutorul extremităților și, în special, cu ajutorul palmelor - cele mai intens polarizate părți ale corpului.

Atunci când nu folosim extremitățile corpului în dirijarea energiilor vom genera metode de ghidare a meditației cu ajutorul intenției și imaginației în așa fel încât să conducem cu cât mai mare inspirație și tact programul de terapie și antrenament spre a obține cele mai benefice forme de manifestare a noastră.

3. Poziția corpului în timpul Meditației creative

Când am practicat meditația pentru prima dată, m-am așezat într-o poziție specifică meditației hinduse și, cu toate că mă dureau foarte tare picioarele, am rezistat cu stoicism timp de peste 20 de minute în această postură.

Pentru a practica această meditație, am depus un efort de voință foarte mare întrucât nu eram obișnuit să petrec atât de mult timp într-o poziție în care mușchii erau foarte încordați.

În momentul în care am început să concep Meditațiile creative, m-am gândit la efortul pe care l-am depus cu scopul de a fi în rând cu cei care practică în mod obișnuit meditația clasică.

Mi-am zis că este bine să nu suprasolicităm ființa pentru a petrece timp în meditație. Orice suprasolicitare produce blocaje energetice.

Consider că suntem veniți pe pământ ca să trăim cât mai bine și mai frumos și să evităm pe cât posibil resursele de suferință întrucât acestea, mai devreme sau mai târziu, produc suferințe cu efecte imprevizibile.

Ținând cont de acest fenomen, în programele de Meditație creativă vom căuta să adoptăm cea mai potrivită postură în așa fel încât mușchii corpului să fie utilizați cât mai puțin.

Dacă mușchii sunt tensionați, atenția ni se îndreaptă acolo unde se manifestă acea tensiune.

Dacă mușchii sunt relaxați, atunci putem orienta atenția spre zona noastră de interes.

În acest scop vom practica meditațiile stând culcat, pe scaun sau chiar în picioare.

Cel mai bine este să practicăm meditațiile din poziția culcat, întrucât în această postură folosim foarte puțin aportul sistemului muscular.

Este posibil ca unii să se întrebe: cum este posibil să meditäm stând în picioare?

Mai mult decât atât, este posibil ca unii să se întrebe cum putem considera că facem meditație atunci când mișcăm anumite segmente din corp sau chiar întregul corp.

Orice situație în care mintea se relaxează poate fi considerată meditație.
Atunci când aplicăm mișcări lente, mintea se conectează la partea aflată în mișcare și nu mai este conectată la nevoile inerente ale vieții.

De asemenea, poate fi considerată meditație și mișcarea rapidă a extremităților corpului pe aceeași direcție și sens fără ca mintea să intervină în traseul acestora.

Este foarte important și ce face mintea noastră în timpul meditației.
Dacă noi stăm în meditație și nu facem nimic, atunci mintea poate deveni ținta unor energii reziduale.

Cel mai bine este ca mintea să fie mereu conectată la scopul meditației.
Ținând cont de această prioritate, vom căuta ca Meditația creativă să fie cât mai dinamică și antrenantă pentru ca mintea să fie mereu conectată la aportul benefic al terapiei, evitând astfel contactul cu energiile reziduale, așa cum vom prezenta în cele ce urmează.

4. Focalizarea Meditației creative

Am generat programele de Meditație creativă fără să știu că voi ajunge să scriu o carte dedicată acestui domeniu.
Toate Meditațiile creative pe care le-am generat au fost practicate cu scopul de a rezolva anumite necesități stringente.

Aceste necesități au apărut, în special, în perioada în care scriam foarte intens la cărți.
Pentru că ajunsesem să petrec în fața calculatorului chiar și 18 ore pe zi, din cauza suprasolicitării intense, au apărut blocaje energetice.

Pentru că nu îmi permiteam să aloc suficient timp unor antrenamente elaborate, așa cum procedam de obicei în cazul diferitelor suferințe, m-am focalizat să rezolv cu prioritate blocajele energetice iminente.

Meditația creativă s-a dovedit a fi de mare eficiență în cazul apariției blocajelor energetice.

Așa am ajuns să constat că Meditația creativă poate fi aplicată în diferite zone ale corpului, cu scopul de a dizolva blocajele energetice și de a armoniza circulația energiilor de la nivelul întregii ființe.

Pentru că este o formă de terapie cu focalizare pe scopuri clare și precise, a fost necesar să generez mai multe tipuri de Meditații creative.
Astfel, am generat meditații cu focalizare pe zona picioarelor, a bazinului, zona abdominală, a pieptului, umerilor, gâtului și a capului.

De asemenea, am generat și meditații cu efect asupra întregii ființe, pornind din zona picioarelor și până în zona creștetului, acționând atât în corp cât și în afara corpului.

5. Descrierea succintă a celor 21 de Meditații creative

Meditația I

MEDITAȚIA CU RESPIRAȚIA INTEGRATIVĂ

Respirația este cel mai important act al vieții.
Un om nu poate trăi mai mult de câteva minute fără să aibă aer.
De asemenea toate suferințele își au originea în lipsa de oxigen.
De asemenea, succesul se bazează pe oxigenarea din abundență a celulelor.

Ținând cont de toate acestea, am decis ca meditația cu respirația integrativă să fie prima procedură de meditație a acestei cărți.

Practicând meditația cu respirația integrativă vă dați șansa să vă deschideți noi perspective pentru o viață mai frumoasă, și împlinitoare.

Vă invit cu bucurie să demarați experimentarea cărții *Meditația creativă* prin practica meditației cu respirația integrativă.
În acest demers vă dați șansa să obțineți rezultate care vor depăși cu mult imaginația dumneavoastră, în relația cu meditația creativă.

Meditația a II-a

MEDITAȚIA CU FLUIDE INCANDESCENTE

Meditația cu fluide incandescente este relativ similară cu meditația clasică, întrucât în timpul procedurii nu se mișcă niciun segment al corpului. Cu toate că în timpul meditației nu se mișcă niciun segment al corpului, sunt antrenate fluidele energetice incandescente de mare impact energetic pentru ființa umană.

În acest scop, în timpul meditației, într-o primă fază sunt antrenate energiile emanate de energia telurică venită din centrul pământului, pentru ca mai apoi să fie antrenate energiile emanate de soare.

Cele două energii au la bază fluide a căror temperatură atinge între 8.000 și 11.000 °C.

Antrenând fluide de o factură energetică atât de înaltă, ne purificăm atât în interiorul corpului cât și în câmpurile cuantice ale universului, pentru ca la finalul meditației să trăim ca într-o oază de pace și împlinire sufletească.

Meditația a III-a

MEDITAȚIA CU NUANȚE DE CULORI

Corpul uman are un număr de 7 centri energetici principali și fiecare dintre aceștia emană câte o energie specifică.

Fiecare centru energetic are o anumită vibrație energetică și este caracterizat de o anumită culoare.

Atunci când stimulăm generarea în noi și în jurul nostru a unei anumite culori, de fapt, generăm în noi și în jurul nostru un spectru de energie stimulativ pentru un anumit program de viață.

Meditația cu nuanțe de culori ne ajută să stimulăm programe de viață specifice nevoilor noastre de astăzi și din viitor.

Meditația a IV-a

MEDITAȚIA PE GANTERE

La un moment dat am citit o carte numită *Reflexologia*.

Citind această carte am înțeles că în talpă sunt proiecțiile energetice ale tuturor organelor, aparatelor și sistemelor din corp.

Având încredere că această carte prezintă realitatea, am mers la un program de masaj aplicat la nivelul tălpii. Spre marea mea surpriză, am constatat că autoarea acelei cărți relata adevărul.

Aplicând presiuni asupra anumitor zone din talpă se pot genera energii de vindecare și armonizare în toată ființa.

Pentru că nu am răbdare să rămân prea mult timp pe masa de masaj, am căutat să aplic la mine acasă un masaj la tălpi, urcându-mă cu tălpile pe tijele ganterelor de 5 kg.

Masajul tălpilor mi-a produs o surpriză de proporții.

Masajul tălpilor m-a relaxat imediat și mi-a dat putere.

Mai mult decât atât, am sesizat că prin masajul tălpilor m-am conectat mai bine la energia pământului, acea energie care ne dă acces cu mai mare ușurință la bogățiile vieții.

Fiind stimulat de toate aceste constatări, am generat meditația pe gantere.

Meditația a V-a

MEDITAȚIA DE ENERGIZARE

Sunt un om care a avut multe deficiențe energetice întrucât am tendința de a fi conectat la energiile cerurilor, energii nepământene.

La un moment dat mi-a venit ideea să aplic un program de meditație în zona picioarelor, cu scopul de a-mi da acces cu prioritate la energiile pământene.

Acesta a fost începutul unei noi etape de amprentare a energiei mele în planul pământesc.

După ce am generat această meditație, am trecut la un nivel energetic de la care am materializat cu succes programul meu de manifestare a cunoașterii.

Meditația a VI-a

MEDITAȚIA RINICHILOR

De când mă știu, am o sensibilitate în zona rinichilor. Deseori simțeam dureri în această zonă a corpului.

Pentru că am constatat că mâinile sunt principalele generatoare de energie din ființa noastră, am aplicat mâinile la nivelul rinichilor și am început să număr.

La puțin timp după ce am aplicat mâinile în zona rinichilor, am simțit o căldură plăcută în această zonă a corpului.

Acesta a fost începutul unui șir de experimente care m-au condus la stabilizarea energetică la nivelul rinichilor.

Efectul nu s-a manifestat doar la rinichi.

Întreaga mea ființă s-a așezat pe un program de viață de mare stabilitate materială și socială.

Meditația a VII-a

MEDITAȚIA CU AMPLIFICATORUL DE PUTERE

Nu îmi place să beau apă întrucât nu am o relație energetică suficient de bună cu planul pământesc.

Având în vedere faptul că nu mi-a plăcut să beau apă, am început să lucrez cu apa pentru a o accepta mai ușor în corpul meu.

Un vechi dicton chinez spune că, dacă nu ne place ceva este semn că în ființa noastră acel ceva lipsește.

Așadar, pentru că în ființa mea lipsea apa, la propriu și în plan subtil, am început să lucrez cu apa generând o formă de terapie și antrenament.

Meditația cu amplificatorul de putere ne conectează cu resursele pragmatice ale vieții și ne susține să facem alegerile cele mai înțelepte!

Meditația a VIII-a

MEDITAȚIA DE ARMONIZARE

Mi se întâmplă uneori, în special dimineața după ce mă trezesc, dar și seara înainte de culcare, să simt dureri în tot corpul.

Aceste dureri sunt cauzate de nemișcare și de conflictele energetice pe care le avem cu învățătorii noștri care vin din zona întunecată.

Pentru a asigura o buna susținere pe calea vieții, este necesar să rezolvăm blocajele energetice acumulate în corp.

În acest scop am creat meditația de armonizare.

Meditația de armonizare ne susține să generăm un program de viață marcat de sănătate și succes!

Meditația a IX-a

MEDITAȚIA DE PURIFICARE A AUREI

Aura reprezintă câmpul energetic din imediata apropiere a corpului nostru.

Aura este un fluid similar cu apa. Așa cum apa devine impură atunci când intră în contact cu substanțe nepotrivite, la fel se întâmplă și cu aura noastră atunci când intră în contact cu energii nepotrivite.

Pentru a duce o viață curată și plină de belșug, este bine ca zilnic, înainte de a merge la culcare, să ne purificăm aura.

Meditația aurei constituie un argument bun pentru o viață curată și plină de belșug!

Meditația a X-a

MEDITAȚIA ABUNDENȚEI

Cu toții ne dorim să accesăm abundența, dar puțin știm că abundența depinde de energiile pe care le vehiculăm în ființa noastră.

Am generat meditația abundenței cu scopul de a aduce cât mai multă abundență în viața mea și a semenilor mei.

Pentru a atinge acest nivel, am combinat mai multe forme de meditație prin intermediul cărora să stimulez accesul la energiile aducătoare de abundență și succes.

Meditația abundenței este un suport de mare impact pentru toți cei care doresc să își dea acces la o viață marcată de realizări mărețe.

Meditația a XI-a

MEDITAȚIA UMERILOR

Umerii reprezintă zonele de acces a energiilor empatice către sufletul uman.

Pentru că trăim într-o lume marcată de competitivitate și ego, de multe ori ajungem să fim afectați de anumite blocaje la nivelul umerilor.

Meditația umerilor ne susține în fluidizarea acumulărilor energetice abuzive și ne dă acces către un parcurs sănătos, aducător de vitalitate pentru sufletul uman.

Meditația a XII-a

MEDITAȚIA INIMII

Inima este principalul generator de energie pentru ființa noastră.
Fiind în continuă activitate, de când ne naștem și până ce plecăm de pe acest pământ, inima poate fi afectată de anumite energii potrivnice.

Genetic sunt afectat de lipsa energiei la nivelul inimii.
Pentru că am această predispoziție, mereu am fost atent să găsesc o soluție pentru a mă extrage din suferință.

Într-un moment de mare criză energetică mi-a venit ideea să mă așez într-o anumită poziție la marginea patului.
Atunci am simțit o renaștere a sufletului cu efect în întreaga ființă.
Acela a fost momentul în care am generat meditația inimii.

Meditația inimii ne susține să ne amplificăm energiile la nivelul pieptului, iar pe acest fond ne putem susține să cucerim noi trepte de evoluție.

Meditația a XIII-a

MEDITAȚIA CEREBRALĂ

Trunchiul cerebral reprezintă poarta de acces a energiilor dintre trunchi și cap.
În multe situații putem acumula blocaje energetice în zona gâtului și capului, în special la nivelul coloanei vertebrale.
Meditația cerebrală ne susține să fluidizăm circulația energiilor dintre trunchi și cap, pentru ca mai apoi să putem genera un program de viață marcat de sănătate și stabilitate, în toate formele noastre de manifestare.

Meditația a XIV-a

MEDITAȚIA CAPULUI

Creierul reprezintă turnul de control al ființei noastre.

În momentul în care creierul ajunge să fie afectat, întreaga ființă ajunge să fie afectată, întrucât acolo se iau principalele decizii ale vieții.

Creierul nu lucrează doar la nivel mental așa cum am crede noi în mod obișnuit.

Peste 95 % din creier se ocupă de acțiunile din planul subtil al ființei noastre.

Așadar, peste 95 % din creier nu poate fi estimat și controlat.

Acesta este motivul pentru care majoritatea suferințelor de la nivelul capului nu au un răspuns benefic venit din partea terapiilor obișnuite.

Meditația capului antrenează creierul într-un program de refacere și vitalizare, stimulându-ne astfel să trăim o viață benefică și împlinitoare.

Meditația a XV-a

MEDITAȚIA DE PALPARE A CAPULUI

Inima și creierul sunt două organe care au o influență puternică asupra vieții noastre.

Pot fi situații în care cele două organe să nu fie conectate suficient de bine la nivel energetic. Ca urmare, în ființa noastră se poate declanșa un fenomen de disociere a puterilor.

Meditația de palpare a capului ne ajută să reîntregim ființa, iar apoi să accedem cu succes pe calea dreaptă.

Meditația a XVI-a

MEDITAȚIA CU MANTRE

Cuvântul conține energie. În momentul în care pronunțăm în mod repetat un anumit cuvânt, acesta își amplifică energia.

Dacă acel cuvânt este introdus într-o expresie în care am pus și o intenție, atunci energia este dirijată spre un scop clar și precis.

Meditația cu mantre pune în evidență câteva dintre cele mai puternice cuvinte și expresii care ne pot conduce la îmbunătățirea vieții în toate aspectele.

Meditația a XVII-a

MEDITAȚIA IERTĂRII

Iertarea este una dintre cele mai înțelepte atitudini în viață!

În cartea ***Puterea cunoașterii*** am dedicat un întreg capitol programelor de iertare.

Terapia iertării este una dintre cele mai puternice forme de vindecare umană.

Pentru că iertarea este atât de puternică în manifestare, am generat o meditație care să stimuleze și mai mult energiile iertării.
Meditația iertării ne ajută să ne eliberăm de balastul vieții și ne plasează pe o perspectivă sănătoasă și aducătoare de frumos.

Meditația a XVIII-a

MEDITAȚIA CU GLOBUL DE LUMINĂ

Palmele sunt cei mai puternici poli energetici din ființa noastră.

Atunci când palmele sunt apropiate, se creează un glob de lumină.

Globul de lumină creat în jurul palmelor funcționează ca un generator energetic de purificare și de modelare a ființei umane.

Am plasat această meditație chiar la finalul cărții, întrucât prin meditația cu Globul de lumină ne pregătim pentru a accesa o nouă formă de manifestare a geniului uman numit Dansul energetic.

Meditația a XIX-a

MEDITAȚIA CU SOARE
LE

Soarele, principalul astru al zilei, ne aduce lumină și căldură în suflet. Nu este întâmplătoare această sintagmă!

Soarele este principala noastră sursă de viață în acest univers.

Pentru că soarele este atât de important, este bine ca, în mod periodic, să ne conectăm cu energia acestuia.

Meditația cu soarele ne ajută să ne încărcăm cu energia necesară unei vieți pline de lumină și de pace în suflet.

Meditația a XX-a

MEDITAȚIA DE ÎNTREGIRE A SUFLETULUI

Conform legilor fizicii cuantice, sufletul este o entitate energetică infinită în timp și spațiu.

În călătoria lui prin univers, ca urmare a interacțiunii lui cu alte tipuri de energii, multe dintre acestea potrivnice vieții, sufletul pierde anumite părți din structurile lui.

De asemenea, atunci când suntem vulnerabili, de suflet se atașează și alte energii care nu i se potrivesc.

Meditația de întregire a sufletului ne ajută să eliberăm părțile de suflet care nu ne aparțin și să readucem în noi părțile de suflet care ne aparțin, reîntregind astfel sufletul așa cum am fost la început.
Atunci când sufletul este întregit, își îndeplinește cu mai mare ușurință misiunea pentru care a venit pe acest pământ.

Meditația a XXI-a

MEDITAȚIA SUCCESULUI

De când mă știu, am dorit să cultiv succesul în toate aspectele vieții, dar arareori am reușit să ating toate bornele pe care mi le-am stabilit. Deși am obținut beneficii materiale nu am împlinit chiar tot ce aș fi vrut.

S-a întâmplat acest fenomen întrucât n-am știut să pun în valoare întregul potențial pe care îl putem utiliza.

Meditația succesului pune în valoare puterea eului uman în concordanță cu câmpurile cuantice ale universului, locul în care se generează resursele succesului.

Meditația succesului ne pregătește pentru creșterea potențialului uman în vederea atingerii cu ușurință a celor mai îndrăznețe idealuri umane.

6. Conviețuirea cu Meditația creativă

Am descoperit și pus în valoare Meditația creativă într-un moment de mare importanță pentru viața mea.
Doream să fiu într-o formă cât mai bună pentru a pune în aplicare, în mod creativ și vizionar, întregul meu program de viață.

Într-o primă fază am creat câteva tipuri de meditație și credeam că acestea mă vor împlini și îmi vor rezolva toate problemele.

Nu a fost să fie așa! Pe măsură ce apăreau alte probleme, cream noi meditații pentru a mi le rezolva.

Din aproape în aproape, de-a lungul mai multor ani de căutare în necunoscut, am ajuns să generez un număr de 21 de meditații.

Nu este întâmplător acest număr!

Din punct de vedere numerologic, numărul 21 este numărul eliberării.

Așadar, prin practica celor 21 de meditații ne dăm șansa să ne eliberăm de karma neamului din care provenim și să ne conectăm la resurse de viață de mare impact sufletesc, spiritual și social.

Cele 21 de Meditații creative ne ajută să devenim din ce în ce mai pragmatici și eficienți pe calea vieții.

Dragi cititori, aveți în mână o carte în care sunt prezentate toate cele 21 de Meditații creative.
Nu este o carte de lectură, ci este o carte de antrenament spiritual, empatic și corporal.

Vă invit cu bucurie ca într-o primă fază să citiți toată lucrarea pentru a vă familiariza cu întregul concept de materializare a Meditației creative, iar apoi să practicați, în mod elaborat, fiecare dintre cele 21 de meditații.

După ce practicați cele 21 de meditații, puteți trage concluzii asupra acelora care răspund nevoilor iminente.
De asemenea, puteți practica Meditația creativă în mod țintit, pentru atingerea unui scop clar și precis.

Nu am o meditație favorită întrucât fiecare dintre acestea acționează în mod specific pe un anumit spectru de energii. De fiecare dată aleg să practic meditația care generează efectul cel mai bun, în funcție de necesitățile care apar în viață.

Având la dispoziție o întreagă panoplie de meditații, cred că și dumneavoastră puteți aborda aceeași atitudine. Veți utiliza meditațiile în funcție de necesități și posibilități, cu scopul de a genera cele mai potrivite energii.

La scurt timp după ce am început să dăruiesc o parte din Meditația Creativă, am primit un feedback minunat.
Persoanele care practică Meditația Creativă sunt fascinate și cucerite de această forme de terapie și antrenament.

În cele ce urmează vă prezint relatarea unei doamne psihoterapeut care, într-o primă fază a practicat dansul energetic, iar apoi a început să practice și meditația creativă.

„Apariția Meditației creative a reprezentat pentru mine o adevărată revelație, care a încununat și a completat perfect, armonios, practica mea în dansul energetic.

Diversele tipuri de meditație cuprinse în acest concept reprezintă un prilej de a explora miliardele de căi prin care energia circulă în corp, oferindu-ne ocazii de a ne aventura spre noi înșine și spre incitantele hotare ale cunoașterii.

Practicând aceste meditații fabuloase, am învățat să mă ajut de energie pentru a obține mult râvnitul echilibru interior, simțind, fără putință de tăgadă, cum creativitatea și vitalitatea mea prind elan și ating cote maxime.

Mi-ar fi foarte greu să aleg anumite meditații sau să fac un clasament precis al importanței acestora, în schimb pot spune că toate sunt atât de eficiente, precise și țintite oricăror nevoi, nefiind necesară o anumită dibăcie pentru a le ordona și organiza într-o anumită formă sau context.

Corpul nostru este impregnat de înțelepciune și de o mare inteligență, captând, în mod intuitiv, atunci când îi dăm voie și acționăm cu toată încrederea pe teritoriul atât de pasionant și ofertant al minții și al energiei.

Voi încerca totuși succint să descriu aceste instrumente și câteva dintre meditațiile care și-au câștigat un loc important în rutina vieții mele.

Meditația pe gantere este alternativa perfectă la masajul reflexogen, nefiind necesare cunoștințe specifice reflexoterapiei, are cel puțin aceleași efecte în înlăturarea tensiunii și a stresului, iar la mine apar reacțiile în doar zece minute de practică, oferindu-mi fluxuri de energie care îmi străbat întregul corp, senzații de căldură și frisoane, ca o apă caldă, o miere caldă sau lavă care curge prin corp.

Meditația de energizare este prilejul perfect de a-mi antrena corpul și a devenit rutina mea zilnică pentru că îmi place să am un corp tonifiat, dar cel mai important beneficiu pe care l-am obținut este reducerea semnificativă a durerii de genunchi.

Acest lucru a fost posibil datorită tipurilor de mișcări cu grade diferite de dificultate, adaptabile fiecărui nivel de antrenament.
Pentru că sunt o fire sportivă, am ales maximum de dificultate care, evident vinc la pachct cu maximul dc rczultatc.

Am integrat perfect această practică și încep fiecare clasă pe care o predau cursantelor mele cu această serie de exerciții.

Despre **meditația rinichilor** simt să mă exprim cu iubire, blândețe și acceptare, pentru că exact aceste stări și atribute obținem atunci când o practicăm, pe lângă senzația de calmare a eventualelor dureri sau disconfort în această zonă atât de vulnerabilă pentru mulți dintre noi.

Atunci când aducem în viața noastră relația cu apa, ne dăm șansa trăirii unei vieți cu sens, în deplină sănătate și ghidați de unica forță care contează, și anume iubirea.

Meditația cu amplificatorul de putere ne amintește de miracolul din apă. Dacă o utilizăm, ne oferim puteri nebănuite, amplificându-ne câmpul energetic cât se poate de mult în univers.

Meditația de armonizare reprezintă, din punctul meu de vedere, opțiunea cea mai plăcută și eficientă de a ne pregăti corpul pentru activitățile curente, încărcându-ne cu vibrații înalte, pe lângă detensionarea mușchilor și articulațiilor și obținerea de rezultate dintre cele mai bune.

Este o procedură complexă ce merită toată atenția și implicarea!

Meditația de purificare a aurei este, de departe, preferata și slăbiciunea mea, pentru că știu că orice formă de putere, energie, mișcare pornește din corp, din abdomen, care este centrul universului ce unește cerul cu pământul și care, combinată cu ideea de purificare a aurei, reprezintă formula ideală de a dobândi putere și forță.

Acestea sunt doar câteva dintre formulele de meditație ce alcătuiesc acest concept minunat, și anume, meditația creativă, pe care o recomand ca instrument complex și eficient ce ne ajută în înțelegerea, dezvoltarea și conștientizarea energiei pe care o putem utiliza cu succes în descoperirea de soluții la orice problemă.

În același timp, generează în noi o schimbare ce reprezintă de fapt trezirea la o relație mai profundă cu esența noastră spirituală."

Ștefania Frigioiu, Psihoterapeut

Am prezentat cu bucurie această relatare minunată venită din partea unei persoane profund implicată în programele de terapie și antrenament.

Pentru că Meditația creativă este de un impact atât de mare în viața noastră, în cadrul Academiei Terranova am generat un curs numit „***Meditația creativă***".

Participând la acest curs puteți urmări filme în care sunt prezentate meditațiile descrise în această carte.

De asemenea, în cadrul cursului „***Meditația creativă***", venim cu propuneri de antrenamente specifice care să ne conducă spre a genera un model de viață aducător de sănătate și succes.

În cele ce urmează vă prezint, rând pe rând, toate cele 21 de meditații care au produs transformări miraculoase în viața mea.

Vă doresc să aveți succes deplin în practica Meditației creative!

Meditația I

MEDITAȚIA CU RESPIRAȚIA INTEGRATIVĂ

1. Aerul este cel mai important dar al vieții

Aerul este principalul component care susține toate procesele biologice din noi.

Nu este important doar să respirăm, ci este important și cum respirăm.

Atunci când respirăm corect, între noi și univers se creează o sinergie.

Trăind în sinergie cu universul, ne dăm acces la bogățiile universului.

Referitor la bogățiile venite din resursele infinite ale universului, marele om de afaceri Carlos Slim, cel care la un moment dat a ajuns pe primul loc în topul celor mai bogați oameni de pe pământ, a făcut următoarea afirmație:

„Cele mai importante bogății ale vieții le primim gratuit de la univers."

Voi completa afirmația lui și voi spune că cea mai importantă bogăție a vieții este aerul pe care îl primim în mod gratuit de la univers.

Pentru că aerul este în tot și în toate, pentru că aerul ne poate îmbogăți în toate aspectele vieții, consider că este absolut important să îl utilizăm cu cât mai multă pricepere și tact.

Sunt pasionat de domeniul programelor de dezvoltare umană.

În căutările mele am descoperit o procedură de respirație de mare eficiență în creșterea potențialului uman.

Această procedură se numește Uddiyana bandha și provine din cultura yoghină de origine hindusă.

Cu toate că este o formă de antrenament de mare efect, în Europa este practicată foarte rar întrucât este destul de laborioasă pentru spiritul nostru pragmatic, de tip occidental.

Probabil, din această cauză nici eu nu am simțit să o introduc în programele mele de antrenament.

Totuși, de multe ori am simțit nevoia să practic exerciții de respirație.

Pentru că procedura Uddiyana bandha este dificilă de executat, de mai multe ori am căutat să o simplific, spre a fi mai bine adaptată filosofiei minimaliste promovată de cultura occidentală.

Nu am reușit să identific o soluție pe această direcție, așa că au trecut mai mulți ani fără să aplic o metodă simplă și eficientă de stimulare a procesului de respirație.

Toată această amânare a durat până într-o zi când, fiind forțat de împrejurări, am fost pus în situația de a identifica o metodă de respirație mai simplă decât Uddiyana bandha.

Iată cum s-au petrecut lucrurile:

Relatare: Cum am descoperit respirația integrativă?

Într-o zi, dis de dimineață a fost necesar să plec într-o scurtă vacanță împreună cu familia. Pentru că destinația era la câteva sute de kilometri și nu este aeroport în acea zonă, am ales să parcurgem această distanță cu mașina.

Nu avusesem timp să mă pregătesc pentru această deplasare întrucât, în seara precedentă, la o oră foarte târzie, sosisem dintr-o delegație.

Din acest motiv, înainte de a pleca la drum, dormisem doar 2 ore și ceva.

Cu toate că eram foarte obosit, în momentul în care m-am trezit, fiind important să mă încadrez și în programul familiei, mi-am făcut bagajul în mare grabă și am urcat în mașină.

La acel drum, conducea fiica mea, așa că m-am așezat pe scaunul din dreapta.

De-a lungul călătoriei, am încercat să dorm dar nu a fost posibil să ating acest deziderat.

Cei doi nepoți aflați pe bancheta din spate a mașinii, făceau o gălăgie de nedescris. Se bucurau din plin de vacanță, în special de faptul că urmează să ajungă la un mare parc de distracție.

La un moment dat circulam cu mașina pe serpentinele Munților Carpați.

Pentru că eram foarte obosit și pentru că mașina se balansa în toate părțile, ca urmare a drumului șerpuit printre munți, am început să simt o ușoară stare de amețeală.

Nu voiam să cer să ne oprim din drum întrucât, nu voiam să întrerup joaca nepoților, așa că am căutat să rezist acestui puseu de amețeală.

Am început să respir adânc.

Cu toate acestea, pe măsură ce urcam pe serpentine, mă simțeam din ce în ce mai rău.

Voiam să mă salvez din situația în care mă aflam, fără să fie necesar să mai oprim mașina.

Fiind în dificultate, am început să respir și mai profund.

Pentru a da o eficiență mai mare procesului de respirație, după ce eliminam aerul din plămâni cream o stare de vid la nivelul cavității toracice.

Spre marea mea bucurie, după doar câteva respirații de acest tip, m-am simțit mult mai bine.

Pentru că m-a încurajat acest reviriment neașteptat, am reluat procedura de respirație căutând să elimin și mai mult aer, amplificând astfel starea de vid.

În acest scop, pentru a stimula eliminarea aerului din plămâni, în timp ce mă aplecam spre direcția înainte, urcam mușchiul diafragmei cât mai mult către stomac.

Astfel starea de vid se amplifica.

Imediat după ce am mai practicat câteva respirații cu aplecarea corpului spre direcția înainte, m-am simțit complet revigorat, ca și cum nu aș fi dormit un somn odihnitor.

Pentru că m-am simțit atât de bine imediat după ce am făcut această procedură de respirație, am continuat să o practic în mod consecvent în toate cele 4 zile de vacanță.

Ca urmare a aplicării acestei proceduri, am perceput o îmbunătățire evidentă a vitalității corpului.

Dintr-o dată mi-a crescut rezistența la efort.

De asemenea, în toată ființa mea s-a așternut o stare de pace, ca și cum aș fi ajuns „acasă” după o lungă și grea călătorie.

I-am dat denumirea de ***respirație integrativă*** întrucât, prin intermediul acesteia ne dăm șansa să ne conectăm și mai bine cu aerul – cea mai importantă dintre toate bogățiile vieții.

2. Efectele benefice generate de respirația integrativă

Dragi cititori, în secțiunea precedentă v-am prezentat efectele generate de respirația integrativă, într-o conjunctură în care am pornit de la a avea stări de vomă și amețeală, până ce am ajuns să trăiesc o stare de beatitudine și pace.
Imensa transformare a intervenit ca urmare a faptului că am aplicat respirația integrativă.

Dacă după primele zile de practică, aceste stări reprezentau pentru mine o adevărată surpriză, acum, după ce am experimentat îndelung, pot să afirm că respirația integrativă reprezintă un suport de viață sănătoasa.

Ca urmare, ori de câte ori simt nevoia de a mă revitaliza sau de a mă repoziționa pe stări benefice, mă opresc din activitate și practic respirații integrative.
De asemenea, înainte de a începe programul zilnic și înainte de a mă pune în pat, la odihnă, aplic un program de respirații integrative.

Pe măsură ce practic respirația integrativă, ființa mea se transformă în mod miraculos.
Dintr-o dată mă simt bine, corpul meu întinerește.
Starea de întinerire este dată de faptul că celulele sunt hrănite cu un supliment de aer proaspăt. Ca urmare, organele, aparatele și sistemele lucrează la nivelul lor optim.

De asemenea, starea sufletească se îmbunătățește în mod considerabil.
Fiind bine cu mine însumi, mă manifest cu mare încredere în toate aspectele vieții.
Toate aceste îmbunătățiri au generat transformări benefice care se pot cuantifica și la nivelul corpului fizic.
Iată care sunt cele mai importante transformări ale corpului fizic:

- Au dispărut durerile articulare, iar corpul a devenit mai elastic;
- Au dispărut unele depozite de grăsime, iar corpul a devenit mai armonios;
- S-a îmbunătățit postura corpului;
- Pielea este mai frumoasă, elastică și catifelată;
- Mi-a crescut capacitatea de efort.

Toate aceste îmbunătățiri au fost posibile datorită faptului că arderile din corp au devenit mult mai eficiente.

Sunt posibile aceste procese întrucât, imediat după ce practic respirația integrativă, respirația devine mai lentă și mai completă.

Respirația lentă este determinată de faptul că întregul corp este mai relaxat.

În noua situație, sistemul muscular nu mai consumă aerul pentru a alimenta starea de încordare a mușchilor, așa cum se întâmpla înainte de a aplica procedura de respirație.

Respirația completă se manifestă atunci când eliminăm din plămâni cea mai mare cantitate de aer și o înlocuim cu o cantitate similară de aer proaspăt.

Prin respirație integrativă, se cooptează mai multe alveole pulmonare care să participe la procesul de respirație. În mod practic, prin respirația integrativă se crește suprafața de transfer de aer de la nivelul plămânilor.

De asemenea, respirația integrativă relaxează mintea.

Pe acest fond, sufletul preia conducerea principalelor activități din ființa noastră conectându-ne la setările cu care am venit pe acest pământ.

Din punct de vedere biologic, efectele benefice generate de respirația integrativă au următoarea explicație:

Succesiunea stărilor de vid și de presiune din cavitatea toracică și abdominală supun celulele la cicluri de compresie și relaxare.

În urma acestor cicluri, celulele se hrănesc cu mai mult oxigen, devenind astfel mai puternice și sănătoase.

Din punct de vedere cuantic, în momentul în care corpul asimilează mai mult oxigen, țesuturile se alcalinizează.

Ca urmare, întreaga ființă se conectează mult mai bine la energiile pământului.

Este absolut necesar să ne conectăm cât mai bine la energiile pământului, întrucât, din cauza activităților mentale în care suntem angrenați, avem tendința de a deveni preponderent „aerieni”.

Starea de a deveni aerieni ne face să ducem o viață agitată și plină de neprevăzut.

Pentru a readuce stabilitatea în viața noastră este prioritar să ne conectăm la energiile pământului.

În momentul în care suntem conectați la energiile pământului devenim mai calmi, mai relaxați și mai atenți la nevoile reale ale vieții.

Aceste stări ne ajută să fim mai bine focalizați pe scopul vieții, axându-ne cu încredere pe activitățile prioritare. Adoptând o asemenea atitudine, ne conectăm la valori mai înalte și mai pline de conținut.

Pentru a da și mai mare putere respirației integrative, vă sugerez să adăugați instrumente care pot stimula procesele benefice.
În acest scop, vă îndemn să includeți următoarele proceduri:

- purificarea aerului,
- focalizarea energiilor către zonele de interes,
- programul de manifestare a intenției.

Pentru purificarea aerului, vă sugerez să aplicați proceduri de fumigație cu tămâie, scorțișoară, smirnă sau alte componente provenite de la plantele medicinale.

Vă sugerez să folosiți doar componente din plante, întrucât cele mai multe dintre uleiurile esențiale și bețișoarele parfumate conțin stabilizatori și aditivi chimici de stimulare a mirosului.

Pentru a vă conecta și mai bine în programul de respirație, vă îndemn să aplicați la nivelul ochilor o pereche de ochelari de somn.
Ochelarii de somn aplicați la nivelul ochilor, facilitează o stare de interiorizare profundă în timpul programului de respirație. Pe acest fond, sunt mult mai bine stimulate procesele de vindecare și vitalizare din întreaga ființă.

De asemenea, programele de manifestare a intenției sunt de mare eficiență în îndeplinirea scopului pe care dorim să-l atingem.

Pentru că respirația integrativă ne conectează eficient la puterile infinite ale universului, vă sugerez ca anterior programului de respirație integrativă, să aplicați un **program de manifestare a intenției**.
În cele ce urmează vă prezint programul de manifestare a intenției.

3. Procedura de manifestare a intenției

1. Vă așezați pe un scaun, închideți ochii sau îi acoperiți cu o pereche de ochelari de somn. „Pășiți" într-o stare de meditație.
   În acest timp, veți „privi" necesitățile dumneavoastră în ansamblu. Vă stabiliți obiectivul principal pentru care veți lucra în timpul

antrenamentului. Vă sugerez să vă stabiliți un singur obiectiv clar și precis.

2. Luați o bucată de hârtie și scrieți denumirea obiectivului pe care intenționați să-l atingeți.
Dacă timpul vă permite, descrieți-l până la cel mai mic amănunt.

Pentru a da și mai mare putere actului de manifestare a intenției, scrieți de mai multe ori denumirea obiectivului.

3. Vă concentrați la nivelul inimii, căutând să duceți în lăcașul sufletului acel obiectiv. Vă imaginați scenariul optim prin care vă atingeți obiectivul.
Timp de execuție, 5-10 minute.
Mulțumiți lui Dumnezeu pentru darul împlinirii acelui obiectiv.

În cadrul programului de aplicare a respirației integrative vă veți concentra pe obiectivul la care aspirați.

În timp, structurile energetice din univers vor fi impregnate cu energiile intențiilor noastre, generând astfel sincronicități benefice care ne pot conduce cu succes spre scopurile la care aspirăm.

4. Când este indicat să aplicăm respirația integrativă?

Majoritatea suntem tentați să avem o respirație superficială.

Studiile arată că este bine să avem o respirație profundă pentru că în procesul de expirație să eliberăm cât mai mult aer, apoi, în procesul de inspirație să asimilăm cât mai mult aer proaspăt.

Respirația integrativă vine cu un aport de stimulare a unei respirații corecte, bine orientată pe efectele benefice ale vieții.

De când am descoperit respirația integrativă, o aplic zilnic, în mai multe momente ale zilei, în special dimineața după ce mă ridic din pat și seara înainte de odihnă, întrucât generează programe de mare impact în toate aspectele vieții.

Ținând cont de efectele profund benefice ale respirației integrative, sugerez cu încredere să o aplicați în următoarele situații:

- **Înainte de a începe o activitate care presupune efort fizic intens**;

Respirația integrativă aduce mai mult aer în celule.
Atunci când celulele sunt bine hrănite cu oxigen, își amplifică potențialul de a face față efortului fizic.

Ca urmare a programului de respirație integrativă, mi-a crescut capacitatea de efort cu aproximativ 15 %.
De exemplu, dacă în trecut făceam un anumit număr de flotări, acum, folosind aceeași doză de efort, fac un număr de flotări mai mare cu 15%.
Același fenomen poate fi extrapolat la toate formele de efort.

- **După ce depunem efort fizic intens;**
În timpul efortului fizic intens, celulele sunt suprasolicitate, consumând din rezervele de oxigen. Atunci când aplicăm respirația integrativă, refacem zestrea de oxigen de la nivel celular.

- **În cazuri de anxietate și panică;**
Stările de anxietate și panică intervin ca urmare a ruperii legăturii energetice cu pământul.
Atunci când omul este anxios sau panicat, i se recomandă să respire profund pentru a se elibera de teamă.
Respirația integrativă alcalinizează ființa și reface legătura energetică în raport cu pământul, generând starea de siguranță.

- **În momente de tristețe, deznădejde, ură și furie;**
Momentele de ură și de furie sunt influențate de legăturile exacerbate cu energiile cerului. Respirația integrativă armonizează raportul dintre energiile cerului și ale pământului.

- **În cazul excesului de greutate;**
Respirația integrativă întețește arderile în corp. Pe acest fond, se intensifică procesele de ardere a grăsimilor și cele de eliminare a apelor reziduale din corp.

Am perceput acest fenomen în doar câteva zile de când am început să practic respirația integrativă.
Dintr-o dată corpul meu a devenit mai zvelt și mai armonios.
După ce am practicat respirația integrativă timp de câteva săptămâni, am constatat că mi s-a redus greutatea corpului cu câteva kilograme.

- **În cazuri de suferințe cronice;**
Respirația integrativă vine cu un aport energetic suplimentar, cu efect benefic în toate formele de viață.

În momentul în care avem un aport suplimentar de aer, acesta se implementează la nivel celular generând astfel revitalizarea întregii ființe.

- **În cazuri de îmbătrânire prematură;**
  Procesul de îmbătrânire este cauzat de procesele de oxidare din corp. Respirația integrativă practicată în mod consecvent încetinește procesul de îmbătrânire.
  Acesta este motivul pentru care, imediat ce practicăm un program de respirație integrativă, ne simțim mai frumoși și luminoși.

- **Imediat după trezire;**
  În timpul somnului nu suntem la fel de bine conectați cu procesele din ființa noastră, așa cum suntem în timp ce suntem treji. Ca urmare, există riscul ca în timpul somnului să se acumuleze blocaje energetice. Pentru a ne armoniza ființa, vă îndemn ca imediat ce v-ați dat jos din pat, să practicați o serie de cel puțin 12 respirații integrative.

- **Înainte de culcare;**
  Este important să avem un somn liniștit și eficient, atunci când în ființa noastră este liniște și pace. Pentru a genera un somn de bună calitate, vă sugerez ca înainte de culcare să practicați o serie de cel puțin 12 respirații integrative.

- **Înainte de începerea și după finalizarea unui program de terapie și antrenament;**
  Un conținut optim de aer la nivel celular stimulează rezultate bune în toate acțiunile vieții.
  Când urmează să aplicați un program de dezvoltare umană, este bine să aveți un conținut optim de aer în corp.
  În acest scop, vă sugerez ca înainte de a începe orice program de terapie și antrenament, să aplicați un program de respirații integrative.

  De asemenea, este bine ca după ce ați aplicat un program de terapie și antrenament, să aplicați câteva proceduri de respirație integrativă.
  Prezența oxigenului la nivel optim în organism, fixează și stabilizează efectele benefice generate de programul de terapie și antrenament.

- **În pauzele de lucru**
  În timpul activităților de peste zi, suntem distrași de prioritățile venite din planul social și nu mai suntem atenți la nevoile reale ale ființei noastre.
  Ca urmare, în multe situații, celulele ajung să lucreze în regim anaerob.

Pentru a ne repune pe un trend benefic, vă îndemn ca din oră în oră, să vă opriți din activitate și să practicați câteva respirații integrative. În acest fel, pe întregul parcurs al zilei veți fi în cea mai bună formă.

În toate aceste situații, aplicarea programului de respirație integrativă ne dă șansa să trăim o viață mai bună și mai frumoasă.

Am ajuns la această concluzie întrucât, c**alitatea vieții este dată de nivelul proceselor de ardere din noi.**

Dacă ne antrenam cu scopul de a ne seta să vehiculăm o cantitate optimă de oxigen, atunci trăim o viață intensă și plină de conținut.
Dacă nu ne antrenăm, celulele noastre funcționează în regim anaerob iar viața noastră devine ternă și lipsită de conținut.

Ținând cont de cele două alternative, vă sugerez să aplicați respirația integrativă, cât mai mult timp, pe întreg parcursul vieții.

5. Tipurile de respirație integrativă

Este foarte importantă postura corpului în timpul programului de respirație integrativă.
După mai multe încercări de aplicare a programelor de respirație, am ajuns la concluzia că cea mai bună poziție în care putem aplica acest tip de antrenament este stând în șezut.

Iată și care sunt argumentele carc susțin practicarea respirației integrative stând în șezut:
Respirația se desfășoară la nivelul plămânilor.
Conform concepției lui Einstein, acolo unde se duce atenția, se duce și energia.

Așadar, pentru a stimula ca energia să se canalizeze la nivelul plămânilor, este necesar să ne concentrăm cu prioritate la nivelul plămânilor.
Atunci când suntem în șezut, ne putem focaliza cu cea mai mare ușurință la nivelul plămânilor întrucât, nu mai este necesar să controlăm poziția corpului așa cum o facem atunci când suntem în picioare.

De asemenea, stând în șezut, putem practica respirația integrativă în orice moment al zilei, chiar și în timpul serviciului, fără a deranja pe cei de lângă noi.

Sunt două forme de respirație integrativă:

- **respirația integrativă,**
- **respirația integrativă simplificată**

Respirația integrativă presupune aplecarea corpului spre pe direcția înainte, în momentul în care eliminăm aerul din plămâni.

Pentru a da și mai mare putere acestei proceduri, sugerez ca în timpul terapiei să aplicați la nivelul ochilor o pereche de ochelari de somn.

Respirația integrativă simplificată se practică fără aplecarea corpului în față, în momentul în care eliminăm aerul din plămâni.

Respirația integrativă prezintă avantajul că asigură o eliminare mult mai bună a aerului din plămâni, iar pe acest fond se creează un vid mai înaintat în cavitățile trunchiului.

Respirația integrativă simplificată se face fără aplecarea corpului spre direcția înainte.

Respirația integrativă simplificată, prezintă avantajul de a fi practicată stând pe șezut, fără să modificăm poziția corpului.

Această procedură poate fi practicată atunci când suntem într-un spațiu public și nu ne putem apleca spre direcția înainte.

Dacă sunteți în intimitatea voastră, vă îndemn să practicați cu prioritate respirația integrativă.

Acest tip de respirație pune în valoare cel mai bine potențialul de care dispuneți.

Pentru a aplica cu succes respirația integrativă este bine să intrați în meditație și să aplicați atât respirația integrativă cât și respirația integrativă simplificată.

Aprofundând cele două tipuri de meditație puteți să le aplicați în funcție de oportunități și necesități.

În cele ce urmează vă prezint procedurile de execuție a celor două tipuri de meditație cu respirație integrativă.

6. Meditația cu respirația integrativă - procedură

1. Aerisiți încăperea. Purificați aerul folosind tămâie sau alte produse naturale de fumigație.
2. Aplicați procedura de manifestare a intenției.

3. Vă așezați pe scaun. Puneți palmele pe genunchi.
Veți urmări să nu aveți nici un obstacol în apropiere, în așa fel încât să vă puteți apleca liber pe direcția înainte.

4. Acoperiți ochii cu o eșarfă sau o pereche de ochelari de somn, cu scopul de a întrerupe conexiunea aparatului vizual cu mediul înconjurător.
În acest timp căutați să „priviți" în interiorul ființei voastre, acolo unde sălășluiește sufletul.

5. Inspirați cât mai mult aer apoi expirați lent.
Pe măsură ce eliminați aerul din plămâni, aplecați ușor trunchiul în față.

6. În momentul în care ați eliminat din plămâni cel mai mare volum de aer, blocați respirația și începeți să ridicați trunchiul spre planul vertical.
Pe măsură ce ridicați trunchiul, începeți să expandați pieptul trăgând în jos de umeri și împingând osul sternului pe direcția înainte, cu scopul de a crea o stare de vid cât mai înaintată în torace.

Concomitent cu aceste acțiuni, trageți mușchiul diafragmei cât mai adânc în cutia toracică.
Atunci când ați adus trunchiul în poziție verticală, veți căuta să mențineți starea de vid o cât mai lungă perioadă de timp.

7. În momentul în care nu mai puteți menține starea de vid, respirați liber timp de câteva secunde.
După câteva respirații libere, puteți relua procedura de respirație integrativă, începând cu punctul 5.

8. Mulțumiți lui Dumnezeu pentru darurile primite prin intermediul respirației integrative.

7. Meditația cu respirația integrativă simplificată - procedură

1. Aplicați procedura de manifestare a intenției.

2. Vă așezați pe scaun urmărind să fiți în poziție corectă, având spatele drept, privirea înainte și pieptul ușor împins în față. Închideți ochii.

Așezați palmele pe genunchi.

3. Trageți cu încredere cât mai mult aer în plămâni.
Începeți să eliminați aerul din plămâni. Pe măsură ce eliminați aerul din plămâni, lăsați umerii să cadă relaxați pe lângă corp.
4. În momentul în care simțiți că ați eliminat din plămâni cel mai mare volum de aer, blocați respirația.
Începeți să expandați pieptul prin împingerea sternului spre direcția înainte și să trageți umerii în spate, pentru a crea o stare de vid cât mai înaintată în cutia toracică.
5. Veți căuta să mențineți starea de vid o cât mai lungă perioadă de timp.
6. În momentul în care nu mai puteți menține stare de vid, respirați liber timp de câteva secunde.
După câteva respirații libere, reluați procedura de respirație integrativă, începând cu punctul 5.
7. Aplicați 1-2 minute de mentalizare, timp în care mulțumiți lui Dumnezeu pentru darurile primite prin intermediul respirației integrative.

8. Concluzii

Dragi cititori, v-am prezentat cu bucurie procedurile de meditație cu respirația integrativă. Practica asiduă a respirației integrative vă poate conduce către noi orizonturi de cunoaștere și manifestare.

Fac această afirmație pornind de la faptul că, în doar câteva zile de când am început să practic respirația integrativă, viața mea a căpătat un nou sens.
Noutatea constă în faptul că lucrurile se petrec mai repede, iar destinul meu curge cu mai mare ușurință spre scopul vieții.

Efectele benefice sunt determinate de faptul că respirația integrativă generează în organism stări succesive de compresiune-vid care se manifestă în mod simultan în cele trei cavități esențiale: abdomen, torace și cutia craniană, antrenând în fenomenul terapeutic, toate aparatele și sistemele.

Nu sunt întâmplătoare aceste concentrări de forțe: din punctul de vedere al fizicii cuantice, în abdomen se află punctul de aplicație al energiilor trupului, în torace se află punctul de aplicație al energiilor sufletului, iar în cutia craniană se află punctul de aplicație al energiilor spiritului.

Prin respirația integrativă se dinamizează în mod simultan energiile trupului, sufletului și spiritului

Ca urmare, întreaga ființă (trup, suflet si spirit) se conectează cu mai mare eficiență la puterile infinite ale universului, generând în noi și în universul nostru, transformări benefice de mare impact.

Ținând cont de efectele pe care le generează respirația integrativă, ținând cont de versatilitatea respirației integrative, vă sugerez să o practicați cât mai des cu putință, în orice perioadă a vieții, atât în momente benefice, cât și în momente mai puțin benefice.

Respirația integrativă practicată în momente benefice aduce mai mare putere de manifestare a potențialului uman, iar pe acest fond amplifică performanțele vieții.

Respirația integrativă practicată în momente mai puțin benefice, armonizează ființa și o susține să se plieze pe programe de vindecare de mare eficiență.

Respirația integrativă este atât de benefică întrucât, imediat după ce este practicată o lungă perioadă de timp, procesul de respirație devine mai amplu și mai profund decât este în mod obișnuit.

Pornind de la toate aceste avantaje, vă îndemn să practicați meditația cu respirația integrativă de cel puțin două ori pe zi, dimineața imediat ce v-ați ridicat din pat și seara înainte de culcare.

De asemenea, dacă doriți ca performanțele vieții să crească în mod simțitor, vă sugerez să practicați meditația cu respirația integrativă în cât mai multe sesiuni pe întreg parcursul zilei.

Practicând în mod consecvent meditația cu respirația integrativă, viața dumneavoastră poate să capete un nou sens, mai împlinitor și fericit.

Vă susțin cu bucurie în acest frumos dar al vieții numit **respirație integrativă!**

Meditația a II-a

MEDITAȚIA CU FLUIDE INCANDESCENTE

1. Cum am generat meditația cu fluide incandescente

La începutul căutărilor mele în cunoaștere nu am fost adeptul meditației pentru că eram un om foarte dinamic. Nu aveam răbdare să stau locului decât atunci când dormeam.

Toate astea s-au petrecut până în momentul în care am fost afectat de o suferință grea la coloana vertebrală, în zona bazinului.

Atunci am fost pus în situația de a practica diferite forme de antrenament fără să îmi mișc corpul prea tare. Am avut răbdare cu mine și am explorat forme de antrenament care nu presupun mișcarea corpului.

În cele ce urmează vă prezint o relatare în acest sens.

Relatare: Cum am creat meditația cu fluide incandescente?

La un moment dat aveam mari dureri în zona bazinului și în zona lombară a coloanei vertebrale.

Țin minte că treceam prin momente în care durerile erau atât de intense încât nici măcar nu puteam să mă așez pe scaun.

Pentru că nu puteam să mă așez pe scaun, preferam să petrec mult timp în picioare și cu mâinile împreunate la nivelul inimii.

La un moment dat, în timp ce eram în această postură, am simțit să mă raportez la centrul Pământului.

Conform cercetărilor, centrul pământului are o temperatură de aproape 9000 °C. Acesta este motivul pentru care materia din centrul pământului este sub formă de lavă și are culoarea brun-roșcat.

Am simțit să mă raportez la aceasta întrucât simțeam să aduc o energie fierbinte în corpul meu cu scopul de a compensa energia stagnantă și rece cauzată de durerile din zona lombară.

Am vizualizat că sunt în conexiune cu lava din centrul pământului, iar apoi am urcat energiile incandescente ale acestei lave până la nivelul tălpilor.
Spre marea mea surpriză, puterea energiei emanate de lava pământului era atât de mare încât am simțit că mi se încălzesc tălpile.

Mi-am zis atunci că ar fi bine să încălzesc tot corpul cu această energie.
Am început să antrenez energia lavei pământului prin tălpi și prin glezne.
Am urcat apoi energia prin gambe, prin genunchi, prin pulpele picioarelor, prin fese, prin bazin și, în special, prin zona lombară.

M-am concentrat cu multă dăruire în zona lombară, acolo unde aveam dureri foarte mari.
Dintr-o dată mi s-a încălzit zona lombară și apoi întregul bazin.
După ce am simțit căldură în zona lombară, am antrenat energia lavei pământului prin toată cavitatea abdominală.

Am simțit cum mi se încălzesc toate organele din cavitatea abdominală.
Am antrenat apoi energia lavei pământului la nivelul inimii și al celor doi plămâni.
Atunci când energia lavei pământului a umplut cutia toracică, aceasta s-a revărsat prin brațe și apoi, prin vârful degetelor, a emanat în univers jeturi de lumină.

În scurt timp mi s-a încălzit întreaga cutie toracică. De asemenea, brațele și palmele erau fierbinți.
Am antrenat apoi energia lavei pământului în gât și spre cap.
De asemenea, am simțit o încălzire la nivelul gâtului și al capului.

Pentru că am simțit și presiune în cap, am deschis fontanela și am lăsat ca lava pământului să expansioneze în univers ca și cum ar fi fost craterul unui vulcan cu mare putere de erupție.

Am fost atent la starea corpului. Prin tot corpul circula o energie fierbinte care ardea impuritățile din ființa mea.
Am lăsat să circule în continuare lava pământului accesând corpul prin tălpi și eliberându-se din corp prin fontanelă, iar atenția mea s-a îndreptat spre soare.

Între cel de-al treilea ochi (aflat în centrul frunții) și soare s-a creat o punte de lumină. Prin această punte de lumină a început să curgă un râu de lavă incandescentă provenită din centrul soarelui.

Dacă lava pământului era de culoare brun-roșcat pentru că avea temperatura de 8000°C, lava din centrul soarelui era de nuanță galben-auriu spre alb întrucât temperatura acesteia tindea spre 11.000 °C.

Am lăsat ca lava soarelui să curgă pe cap și apoi să se prelingă de jur împrejurul corpului ca și cum aceasta ar fi provenit din pălăria unui duș fierbinte. Dintr-o dată pielea mi s-a purificat ca și cum am fost trecut printr-un cuptor incandescent.

Cu ajutorul brațelor, prin mișcări lente ale palmelor de jur împrejurul corpului, am antrenat apoi lava soarelui în universul meu subtil pentru a purifica toate câmpurile cuantice amprentate cu viața mea.

M-am lăsat scăldat apoi de lava soarelui până ce am simțit că m-am purificat în planul exterior al corpului, după care am întrerupt conexiunea cu acest flux de lumină incandescentă.

Am întrerupt apoi și fluxul de lavă incandescentă venită din centrul pământului.

După această experiență m-am simțit curat, ca și cum atunci aș fi venit pentru prima dată pe acest pământ.

Când m-am raportat la suferința care mă afectase atât de mult în ultima perioadă de timp, am sesizat că bazinul și coloana vertebrală erau fierbinți.

Durerile din zona lombară dispăruseră ca prin minune.

Întreaga mea ființă era cuprinsă de o oboseală plăcută. M-am așezat în pat.

Nu mai simțeam nicio durere în corp, ci doar o stare de beatitudine și pace. Am adormit imediat în poziția fetusului, pe partea stângă.

Pentru că m-am simțit atât de bine, în zilele următoare am practicat mai multe variante de meditație în cadrul cărora am antrenat fluidele incandescente provenite din centrul pământului și din centrul soarelui.

De-a lungul anilor am practicat mai multe variante de meditație, antrenând în mod prioritar cele două fluide incandescente, provenite de la pământ și de la soare.

De la un moment dat, cineva mi-a povestit despre puterea extraordinară pe care o are glanda pituitară în bagajul energetic și informațional al omului.

Așa am aflat că glanda pituitară răspunde de starea de sănătate a tuturor glandelor din ființa noastră. Asta înseamnă că glanda pituitară influențează în mod direct puterea tuturor centrilor energetici din ființa noastră.

Pentru că glanda pituitară are o importanță atât de mare în bagajul vieții, am inclus-o în programul de meditație cu fluide incandescente.

De asemenea, la finalul meditației, pentru a crea un mediu de viață cât mai bun, am condus ființa umană într-o frumoasă grădină, plină de verdeață și de flori.

Aceasta a fost experiența mea în relația cu acest tip de meditație. Practic această meditație ori de câte ori simt că am nevoie de purificare și vitalizare a întregii ființe.

O practic în mod special atunci când sunt într-un loc în care nu pot să mișc segmentele corpului. În cele ce urmează voi detalia procedura de aplicare a meditației cu fluide incandescente.

2. Procedura meditației cu fluide incandescente

1. Aerisiți camera. Ionizați aerul utilizând proceduri de fumigație;
2. Puneți să se deruleze o melodie blândă, suavă și plăcută, de înaltă vibrație energetică;
3. Vă așezați pe scaun într-o poziție comodă în așa fel încât corpul să fie cât mai relaxat;
4. Închideți ochii sau îi acoperiți cu o pereche de ochelari de somn;
5. Vă concentrați la glanda pituitară aflată în centrul capului. Vizualizați glanda pituitară ca fiind o sursă de lumină;
6. Vizualizați cum glanda pituitară crește în lumină și luminează tot capul pe interior, apoi glanda pituitară crește în lumină și luminează tot corpul pe interior;
7. Vizualizați cum glanda pituitară aprinde lumina în suflet;
8. Vizualizați cum se unește lumina glandei pituitare cu lumina sufletului;
9. Împreună, glanda pituitară și lumina sufletului, proiectează o lumină în centrul pământului;
10. Vizualizați centrul pământului ca fiind o sferă incandescentă, de culoare brun-roșcat precum lava unui vulcan în erupție;
11. Din sfera de lavă incandescentă pornește un jet de lavă spre tălpile noastre;

12. Lava incandescentă ajunge la tălpile noastre;

13. Lava incandescentă intră prin tălpi și avansează spre cap, trecând prin glezne, prin gambe, prin genunchi, prin pulpele picioarelor și ajunge la nivelul bazinului. Lava incandescentă umple bazinul;

14. Percepeți prezența lavei în toată partea inferioară a corpului.
Toată partea inferioară a corpului este fierbinte pe interior;

15. Lava incandescentă avansează în zona inferioară a abdomenului, cuprinzând, rând pe rând, fiecare organ în parte;

16. Lava incandescentă avansează în cutia toracică cuprinzând inima și plămânii.
Tot trunchiul este fierbinte pe interior, ca și cum ar fi umplut cu lavă provenită din centrul pământului;

17. Lava incandescentă pătrunde în brațe, ajunge în palme și prin vârfurile degetelor se eliberează în univers;

18. Lava incandescentă avansează spre cap, pătrunzând prin gât pentru ca apoi să umple cutia craniană;

19. Sub presiunea lavei se deschide fontanela și lava incandescentă țâșnește spre cer precum jetul de lavă al unui vulcan aflat în erupție;

20. Prin corp se creează un curent de lavă care pornește din tălpi, pătrunde prin toate mădularele și apoi se eliberează în Univers prin degete și prin fontanelă;

21. Lava incandescentă arde toată karma din corpul nostru.
Purificăm toată ființa prin interior;

22. Prin fontanelă se amplifică fluxul de lavă și din ce în ce mai multă lavă se revarsă în univers;

23. În timp ce se menține presiunea de lavă incandescentă în corp, atenția se mută în centrul frunții, la nivelul celui de-al treilea ochi;

24. Cu cel de-al treilea ochi ne conectăm la soare.
Vizualizăm soarele din luna august, un soare arzând intens.
Soarele trimite spre noi un jet de lavă incandescentă;

25. Asupra noastră vine o ploaie de lavă incandescentă, care cuprinde întreaga ființă;

26. Lava incandescentă se prelinge pe corp, cuprinzând rând pe rând capul, gâtul, umerii, brațele, pieptul, spatele, abdomenul, bazinul, fesele, picioarele, tălpile și apoi se descarcă în pământ;

27. Din direcția soarelui pornește un nou jet de lavă de o temperatură mult mai mare.
Acest nou jet de lavă incandescentă vine ca o ploaie și cuprinde întregul univers uman.
Noul jet de lavă arde karma întregii omeniri;

28. Ploaia de lavă purifică tot câmpul vieții noastre.
Trăim într-o ploaie de lumină. Toți cei dragi nouă trăiesc în această ploaie de lumină. Toată omenirea trăiește într-o ploaie de lumină;

29. În scurt timp, temperatura mediului scade și ploaia de lavă se transformă într-o ploaie blândă de primăvară.
În jurul nostru se creează o oază de verdeață și de flori.
Trăim într-o oază de verdeață și de flori;

30. Mulțumim lui Dumnezeu pentru această oază de verdeață și de flori!

31. Încet, încet, revenim în prezent. Deschidem ochii și privim în jur;

32. Vizualizăm că trăim într-o nouă viață în care domnește bucuria și împlinirea;

33. Împrăștiem în jurul nostru un sentiment de împlinire, marcat de iertare, acceptare, beatitudine și pace!

Aceasta este meditația cu fluide incandescente.
Este o meditație în care avem un număr de 33 de acțiuni. Nu este întâmplător acest număr!

Numărul 33 este numărul maestrului.
Practicând un număr de 33 de acțiuni în această meditație, vă dați șansa să avansați către un nou nivel de conștiință.

Practicând această meditație puteți deveni propriul dumneavoastră maestru.
Practicând această meditație puteți deveni chiar mai mult decât atât! Puteți deveni maeștrii celor dragi și apropiați, conducându-i astfel pe drumul de lumină care vi s-a dat prin practica meditației cu fluide incandescente.
Vă susțin cu drag pe acest drum!

Meditația a III-a

MEDITAȚIA CU NUANȚE DE CULORI

1. Puterea culorilor

De când mă știu, sunt pragmatic și realist. Pentru a-mi confirma calea spre adevăr mă bazez pe argumente care vin din mai multe surse de cunoaștere.

Știința este o resursă de cunoaștere de mare acuratețe întrucât se bazează pe argumente verificate. De aceea, atunci când descopăr o nouă informație, caut s-o trec prin filtrul științei pentru a o confirma.

La un moment dat am aflat că noi oamenii avem număr de 272 de centri energetici.

M-am întrebat atunci de ce sunt 272 de centri energetici și nu sunt mai puțini sau mai mulți?

Chiar în aceeași perioadă am aflat că ochiul omului distinge un număr de 272 de nuanțe de culori.

M-am întrebat apoi de unde vine această coincidență? Cum nimic nu este întâmplător, nici această coincidență nu este întâmplătoare.

Fiecare centru energetic emană o anumită vibrație energetică iar fiecărei vibrații energetice îi corespunde o nuanță de culoare.

Așadar, distingem 272 de culori întrucât ochiul este setat să distingă nuanțele de culori ale tuturor centrilor energetici din ființa noastră.

Aceasta este o dovadă clară că omul emană un număr de 272 de centri energetici.

Dintre cei 272 de centri energetici sunt șapte centri energetici principali, câte unul aferent fiecăreia dintre cele șapte glande endocrine.

Fiecare dintre cei șapte centri energetici emană o energie de culoare distinctă, conform spectrului ROGVAIV, după cum urmează:

1. Primul centru energetic emană culoarea roșie;
2. Al doilea centru energetic emană culoarea oranj;
3. Al treilea centru energetic emană culoarea galben;
4. Al patrulea centru energetic emană culoarea verde;
5. Al cincilea centru energetic emană culoarea albastru;
6. Al șaselea centru energetic emană culoarea indigo;
7. Al șaptelea centru energetic emană culoarea violet.

Cei 7 centri energetici și culorile lor corespunzătoare sunt prezentați în desenul care urmează.

Fig. 3. Dispunerea celor 7 centri energetici și culorile lor corespunzătoare

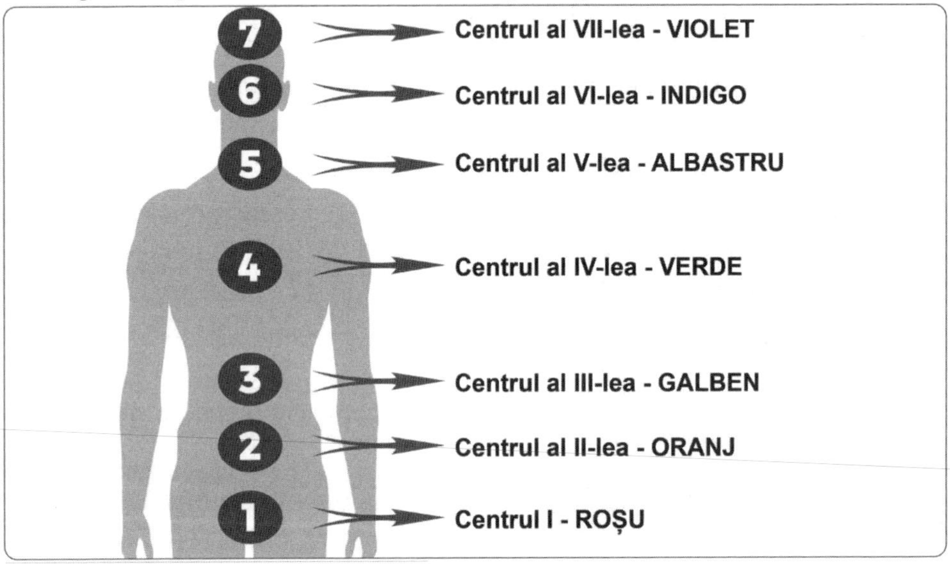

După cum observăm, cele șapte culori implementate în corp sunt de fapt, principalele resurse de putere din ființa noastră.

Atunci când culorile sunt pure, suntem bine sănătoși și ne manifestăm cu succes misiunea care ne-a fost încredințată pe acest pământ.

Nu este întâmplător faptul că atunci când suntem mulțumiți de viața pe care o ducem facem afirmația că avem o viață colorată.

De asemenea, atunci când suntem nemulțumiți de viață spunem că avem o viață lipsită de culoare.

În momentul în care cele șapte culori din ființa noastră sunt denaturate prin amestecul altor culori, manifestăm tendința de a intra în suferință.

Pornind de la această concluzie, consider că refacerea vieții omului constă în refacerea spectrului de culori pe care l-am avut de la începuturi.

Acum vine întrebarea: cum se impurifică nuanțele de culori din ființa noastră?

Cele mai multe energii care ne impurifică viața provin din zona capului.

Obiceiurile nepotrivite, gândurile limitative și șabloniste impurifică sufletul.

De asemenea, corpul fizic este impurificat cu tot felul de alimente și substanțe nepotrivite. Alimentele și substanțele nepotrivite impurifică sufletul.

Meditația culorilor redă culoarea sufletului nostru originar.

Purificând sufletul cu ajutorul nuanțelor de culori, ne redobândim puterea de a dăinui pe pământ.

Meditația culorilor ne dă puterea de a trăi în pace pe pământ.

În cele ce urmează voi prezenta o experiență în urma căreia mi-am recâștigat puterea prin resetarea spectrului de culori.

2. Cum mi-am recâștigat puterile

Într-o zi am avut o activitate atât de intensă încât seara, când a venit momentul să îmi pregătesc somnul, nu mai aveam nicio putere să mă mai antrenez.

Pentru că eram foarte obosit, atunci când am adormit nu mă antrenasem deloc înaintea perioadei de somn iar pe timpul nopții nu m-am simțit bine.

Când m-am trezit de dimineață am încercat să aplic o meditație creativă bazată pe mișcarea brațelor.

Eram atât de afectat încât nu îmi venea să mișc nici măcar degetele de la mâini. Aveam corpul înțepenit și rece.

Pentru că nu-mi venea să mișc nici măcar degetele de la mâini, m-am decis să aplic o meditație care poate fi realizată fără mișcarea vreunui segment de corp.

Am decis să aplic meditația cu nuanțe de culori.

În acest scop m-am concentrat la glanda pituitară aflată în centrul capului.

Mi-am imaginat că aprind un bec în locul în care se află glanda pituitară.

Becul respectiv emana o lumină strălucitoare cu tendință spre violet.

Am amplificat acea lumină în așa fel încât să-mi lumineze tot corpul.

Am proiectat apoi acea lumină la primul centru energetic.

Primul centru energetic este sub formă de sferă de nuanță roșie. Am aprins o lumină în sfera de nuanță roșie.

De la primul centru energetic am proiectat o lumină roșie la centrul pământului.

Am amplificat apoi lumina roșie și am expansionat-o în tot corpul.

Sfera de nuanță roșie a umplut tot corpul cu lumină de nuanță roșie.

Am amplificat și mai mult lumina roșie de la primul centru energetic. Lumina roșie a trecut de nivelul corpului și a expansionat în tot câmpul meu de conștiință.

Am stins becul din sfera de nuanță roșie și mi-am mutat atenția la cel de-al doilea centru energetic.

Am vizualizat o sferă de lumină de nuanță oranj.

Am aprins un bec de nuanță oranj în cel de-al doilea centru energetic. De la cel de-al doilea centru energetic am proiectat o lumină oranj la centrul Pământului.

Am amplificat apoi lumina oranj și am expansionat-o în tot corpul. Tot corpul a fost cuprins cu lumină oranj.

Am amplificat și mai mult intensitatea luminii oranj din cel de-al doilea centru energetic. Lumina oranj a trecut de nivelul corpului și a expansionat în tot câmpul meu de conștiință.

Am stins becul din sfera de nuanță oranj, și apoi mi-am îndreptat atenția la cel de-al treilea centru energetic.

Rând pe rând am aprins lumini specifice fiecăruia dintre cei șapte centri energetici, după care le-am expansionat în corp și apoi în întregul meu câmp de conștiință.

Am aprins apoi în mod simultan 7 becuri în toate cele 7 sfere energetice de nuanțe de culori din spectrul ROGVAIV.

Am umplut corpul cu cele șapte culori iar apoi le-am expansionat în întregul univers.

Fiind impregnat în mod intens atât în corp cât și în câmpul de conștiință cu toate cele șapte culori din spectrul ROGVAIV, aveam o stare de beatitudine și de pace.

Tot ce era în mine și în universul meu era marcat de o stare de relaxare pe care nu o mai percepusem de foarte multă vreme.

Corpul meu era fierbinte și elastic.

M-m ridicat apoi cu ușurință din pat și, fără să mai fac nici un alt tip de antrenament, am început activitatea zilei.

Întreaga zi a fost una plină de rezultate benefice și mi-am îndeplinit cu ușurință toate obiectivele.

Pentru că această meditație a adus în ființa mea o mare putere de vindecare și de manifestare a intenției, acest tip de terapie și antrenament a devenit o practică obișnuită în programele mele de terapie și antrenament.

De fiecare dată când aplic meditația cu nuanțe de culori mă plasez pe o curbă de potențial aducătoare de sănătate și succes.

3. Procedura de aplicare a meditației cu nuanțe de culori

1. Aerisiți bine camera și ionizați aerul utilizând proceduri de fumigație. Vă așezați pe scaun cu picioarele lipite de pardoseală.
2. Vă concentrați acum la glanda pituitară aflată în centrul capului. Aprindeți o lumină violet în centrul capului acolo unde se află glanda pituitară. Orientați lumina violet la primul centru energetic, aflat la baza coloanei vertebrale.
3. Vizualizați culoarea roșie, o nuanță de un roșu aprins.
   Aprindeți o lumină roșie în primul centru energetic - **centrul abundenței.**
   Vă concentrați acum la primul centru energetic și orientați lumina roșie la centrul pământului.
   Între primul centru energetic și centrul pământului se generează o punte de lumină de culoare roșie.
   Creșteți în intensitate energia primului centru energetic și lumina roșie expansionează în tot corpul, începând de la tălpi și până la creștetul capului.
   Pentru a stimula acest fenomen, rând pe rând vă veți concentra la toate părțile corpului, pornind de la tălpi și până la creștet.
   Pentru a da intensitate cât mai mare acestui fenomen, în momentul în care vă concentrați la o anumită zonă a corpului, pronunțați în gând cuvântul **roșu**.

Creșteți și mai mult energia primului centru energetic și lumina roșie trece prin toți porii pielii.
Creșteți și mai mult energia primului centru energetic iar aceasta expansionează în univers, în tot câmpul vostru de conștiință.
Vizualizați lumina de culoare roșie în tot câmpul vostru de conștiință.

4. Estompați ușor intensitatea luminii de la primul centru energetic și aprindeți o lumină oranj în cel de-al II-lea centru energetic - **centrul relațiilor**.
Vă concentrați la cel de-al II-lea centru energetic și orientați lumina oranj la centrul pământului.
Între cel de-al II-lea centru energetic și centrul Pământului se generează o punte de lumină de culoare oranj.
Creșteți în intensitate energia celui de-al II-lea centru energetic și lumina oranj expansionează în tot corpul, începând de la tălpi și până la creștetul capului.
Pentru a stimula acest fenomen, rând pe rând vă veți concentra la toate părțile corpului, pornind de la tălpi și până la creștet.
Pentru a da intensitate cât mai mare acestui fenomen, în momentul în care vă concentrați la o anumită zonă a corpului, pronunțați în gând cuvântul **oranj**.

Creșteți și mai mult energia celui de-al II-lea centru energetic iar lumina oranj trece prin toți porii pielii.
Creșteți și mai mult energia celui de-al II-lea centru energetic și aceasta expansionează în univers, în tot câmpul vostru de conștiință.
Vizualizați lumina de culoare oranj în tot câmpul vostru de conștiință.

5. Estompați ușor intensitatea luminii de la cel de-al II-lea centru energetic și aprindeți o lumină galbenă în cel de-al III-lea centru energetic - **centrul misiunii**.
Vă concentrați la cel de-al III-lea centru energetic și orientați lumina galbenă la centrul pământului.
Între cel de-al III-lea centru energetic și centrul pământului se generează o punte de lumină de culoare galbenă.
Creșteți în intensitate energia celui de-al III-lea centru energetic și lumina galbenă expansionează în tot corpul, începând de la tălpi și până la creștetul capului.
Pentru a stimula acest fenomen, rând pe rând vă veți concentra la toate părțile corpului, pornind de la tălpi și până la creștet.
Pentru a da intensitate cât mai mare acestui fenomen, în momentul în care vă concentrați la o anumită zonă a corpului, pronunțați în gând cuvântul **galben**.

Creșteți și mai mult energia celui de-al III-lea centru energetic iar lumina galbenă vă străbate prin toți porii pielii.
Creșteți și mai mult energia celui de-al III-lea centru energetic și aceasta expansionează în univers, în tot câmpul vostru de conștiință.
Vizualizați lumina de culoare galbenă în tot câmpul vostru de conștiință.

6. Estompați ușor intensitatea luminii de la cel de-al III-lea centru energetic și aprindeți o lumină verde în cel de-al IV-lea centru energetic - **centrul sănătății.**
Vă concentrați la cel de-al IV-lea centru energetic și orientați lumina verde la centrul pământului.
Între cel de-al IV-lea centru energetic și centrul pământului se generează o punte de lumină de culoare verde.
Creșteți în intensitate energia celui de-al IV-lea centru energetic și lumina verde expansionează în tot corpul, începând de la tălpi și până la creștetul capului.
Pentru a stimula acest fenomen, rând pe rând vă veți concentra la toate părțile corpului, pornind de la tălpi și până la creștet.
Pentru a da intensitate cât mai mare acestui fenomen, în momentul în care vă concentrați la o anumită zonă a corpului, pronunțați în gând cuvântul **verde**.

Creșteți și mai mult energia celui de-al IV-lea centru energetic și lumina verde vă străbate prin toți porii pielii.
Creșteți și mai mult energia celui de-al IV-lea centru energetic și aceasta expansionează în univers, în tot câmpul vostru de conștiință.
Vizualizați lumina de culoare verde în tot câmpul vostru de conștiință.

7. Estompați ușor intensitatea luminii de la cel de-al IV-lea centru energetic și aprindeți o lumină albastră în cel de-al V-lea centru energetic - **centrul comunicării**.
Vă concentrați la cel de-al V-lea centru energetic și orientați lumina albastră la centrul pământului.
Între cel de-al V-lea centru energetic și centrul pământului se generează o punte de lumină de culoare albastră.
Creșteți în intensitate energia celui de-al V-lea centru energetic și lumina albastră expansionează în tot corpul, începând de la tălpi și până la creștetul capului.
Pentru a stimula acest fenomen, rând pe rând vă veți concentra la toate părțile corpului, pornind de la tălpi și până la creștet.

Pentru a da intensitate cât mai mare acestui fenomen, în momentul în care vă concentrați la o anumită zonă a corpului, pronunțați în gând cuvântul **albastru**.

Creșteți și mai mult energia celui de-al V-lea centru energetic și lumina albastră trece prin toți porii pielii.
Creșteți și mai mult energia celui de-al V-lea centru energetic și aceasta expansionează în univers, în tot câmpul vostru de conștiință.
Vizualizați lumina de culoare albastră în tot câmpul vostru de conștiință.

8. Estompați ușor intensitatea luminii de la cel de-al V-lea centru energetic și aprindeți o lumină indigo în cel de-al VI-lea centru energetic - **centrul planificării vieții.**
Vă concentrați la cel de-al VI-lea centru energetic și orientați lumina indigo la centrul pământului.
Între cel de-al VI-lea centru energetic și centrul pământului se generează o punte de lumină de culoare indigo.
Creșteți în intensitate energia celui de-al VI-lea centru energetic și lumina indigo expansionează în tot corpul, începând de la tălpi și până la creștetul capului.
Pentru a stimula acest fenomen, rând pe rând vă veți concentra la toate părțile corpului, pornind de la tălpi și până la creștet.
Pentru a da intensitate cât mai mare acestui fenomen, în momentul în care vă concentrați la o anumită zonă a corpului, pronunțați în gând cuvântul **indigo.**

Creșteți și mai mult energia celui de-al VI-lea centru energetic și lumina indigo trece prin toți porii pielii.
Creșteți și mai mult energia celui de-al VI-lea centru energetic și aceasta expansionează în univers, în tot câmpul vostru de conștiință.
Vizualizați lumina de culoare indigo în tot câmpul vostru de conștiință.

9. Estompați ușor intensitatea luminii de la cel de-al VI-lea centru energetic și aprindeți o lumină violet în cel de-al VII-lea centru energetic - **centrul relației cu universul**.
Vă concentrați la cel de-al VII-lea centru energetic și orientați lumina violet la centrul pământului.
Între cel de-al VII-lea centru energetic și centrul pământului se generează o punte de lumină de culoare violet.

Creșteți în intensitate energia celui de-al VII-lea centru energetic și lumina violet expansionează în tot corpul, începând de la tălpi și până la creștetul capului.
Pentru a stimula acest fenomen, rând pe rând vă veți concentra la toate părțile corpului, pornind de la tălpi și până la creștet.
Pentru a da intensitate cât mai mare acestui fenomen, în momentul în care vă concentrați la o anumită zonă a corpului, pronunțați în gând cuvântul **violet**.

Creșteți și mai mult energia celui de-al VII-lea centru energetic și lumina violet trece prin toți porii pielii.
Creșteți și mai mult energia celui de-al VII-lea centru energetic și aceasta expansionează în univers, în tot câmpul vostru de conștiință.
Vizualizați lumina de culoare violet în tot câmpul vostru de conștiință.

10. Estompați ușor intensitatea luminii violet și apoi, în mod concomitent, amplificați la maxim luminile tuturor celor șapte centri energetici.
Expansionați în univers, la intensitate maximă, toate cele 7 culori ale spectrului ROGVAIV .
Tot cerul este cuprins de un curcubeu imens care se unește cu linia orizontului. Tot universul vostru este purificat.

11. Vă mișcați ușor și deschideți ochii. Vă simțiți cuprinși de o stare de acceptare și de pace care este emanată în câmpul din jurul vostru.

12. Mulțumiți lui Dumnezeu pentru darul meditației cu nuanțe de culori.

Sugestii si recomandări.

- Este posibil ca la un anumit moment dat meditația să vă copleșească de atâta energie.
  Pentru a putea conduce cu succes la un rezultat de mare efect puteți opri meditația în orice etapă și o puteți relua în orice moment.
  Meditația va fi oprită în momentul în care o anumită culoare este preponderentă și a cuprins tot câmpul vostru de conștiință.

- Pentru a aplica în condiții cât mai bune meditația cu nuanțe de culori, este bine ca înainte de a începe programul de meditație să priviți cu atenție toate cele șapte nuanțe de culori.
  În acest fel veți proiecta cu mai multă acuratețe pe fiecare dintre cele șapte nuanțe de culori.

- Puteți aplica meditația cu nuanțe de culori și cu palmele împreunate la nivelul pieptului. În această postură putem obține o mai bună concentrare a culorilor atât în corpul fizic cât și în câmpurile de conștiință ale ființei noastre.
- Puteți aplica meditația cu nuanțe de culori în orice postură sunteți. Am recomandat să aplicați meditația cu nuanțe de culori stând pe scaun întrucât în această postură sunteți relaxați iar tălpile sunt lipite de pardoseală.
  Puteți aplica meditația cu nuanțe de culori fiind și în poziția culcat cu fața în sus sau stând în picioare.

Aceasta este meditația cu nuanțe de culori.
Culorile ne nuanțează viața.
Culorile ne vindecă și ne dau putere.
Culorile ne conduc cu mai mare acuratețe spre scopul vieții.

Pentru că nuanțele de culori sunt atât de puternice în manifestarea lor consider că meditația cu nuanțe de culori poate fi una dintre cele mai importante și benefice forme de manifestare a vieții.

Meditația cu nuanțe de culori poate fi combinată cu toate celelalte tipuri de meditație.
Vă susțin cu bucurie în manifestarea meditației cu nuanțe de culori!

Meditația a IV-a

MEDITAȚIA PE GANTERE

1. Cum am descoperit meditația pe gantere?

De obicei, în timpul verii petrec o parte din vacanță la malul mării, cu scopul de a mă relaxa și de a-mi reface relația cu pământul, cu apa mărilor și oceanelor.

Îmi place marea. Iubesc marea atât pentru binefacerile ei cât, mai ales, pentru faptul că îmi dă posibilitatea să alerg pe nisipul umed, proaspăt scăldat de valuri.

Fiind cucerit de aceste daruri, imediat ce ajung la malul mării, alerg pe țărm cât mai aproape de apă.

A fost un an în care petrecusem mai mult timp la biroul de scris, spre deosebire de anii precedenți când, de regulă, aveam și activități dinamice.

Din această cauză, am ales să alerg cu frenezie pe malul mării.

După câteva zile de alergare intensă pe nisipul umed, am simțit că mi s-au secționat câteva porțiuni de piele aflate la intersecția dintre degete și talpă. Eram atât de mulțumit de starea generală bună pe care mi-o dăduse ieșirea la mare, încât nu am acordat nicio importanță acelor leziuni.

Imediat ce am revenit acasă, am constatat că între primele două degete mai mici de la picioare îmi apăruse o ciupercă.

Observând această situație, am început să îmi aplic terapiile obișnuite în astfel de situații.

Deși acordam o atenție deosebită problemei nou apărute, de această dată suferința nu ceda în nici un chip.

Mai rău decât atât, pe zi ce trecea, ciuperca devenea din ce în ce mai agresivă, extinzându-se și la celelalte degete. Pe acest fond, circulația sangvină era deficitară în zona tălpilor, iar laba piciorului era mult mai umedă decât de obicei.

Realizând că sunt într-o situație dificilă, am început să acord o și mai mare atenție acestei ciuperci care mă afecta din ce în ce mai mult.

Am început să îmi aplic un masaj intens în zona inferioară a piciorului.
Deși mă masam suficient de bine, realizam că mâinile nu reușeau să genereze acea energie necesară vindecării.

Simțind această stare, am ajuns la concluzia că aveam nevoie de un masaj mult mai intens și profund, cu scopul de a genera acel flux de energie de care aveam nevoie pentru a vindeca picioarele.

În timp ce urcam scările, am simțit nevoia să calc pe marginea treptelor, încercând astfel să îmi masez cât mai bine talpa.
M-am simțit bine după acest masaj, dar poziția era incomodă. Din această cauză am abandonat ideea de a mă mai masa la tălpi folosind muchia treptelor.

Privind de jur-împrejur, am observat ganterele pe care le utilizez de obicei la tonifierea brațelor. Când am sesizat că aș putea să urc cu tălpile pe pârghiile de prindere a ganterelor, am acționat imediat.

Am așezat două gantere, undeva, aproape de peretele camerei, cu scopul de a mă sprijini. M-am urcat cu tălpile pe pârghiile de prindere ale ganterelor.

La început am simțit dureri atroce în tălpi, glezne, gambe, genunchi și chiar la nivelul feselor.
Atunci am sesizat că în zona inferioară a corpului aveam mari blocaje energetice.
Constatasem cu surprindere că, de fapt, acea ciupercă dintre degetele mici de la picioare era doar vârful icebergului unei suferințe care mă afecta de mai mult timp.

Fără să țin cont de dureri, am continuat să îmi masez tălpile, trecând în mod alternativ greutatea corpului, când pe un picior, când pe altul.

Spre marea mea bucurie, pe măsură ce realizam aceste mișcări cu tălpile pe gantere, durerile se ameliorau.
Fiind încurajat de această stare, în zilele care au urmat am continuat să mă masez la tălpi, urcându-mă de mai multe ori pe cele două gantere.

Surprinzător, în doar câteva zile de practică a acestor exerciții, ciuperca a dispărut, iar circulația sangvină de la nivelul picioarelor s-a îmbunătățit în mod simțitor.

2. Efectele meditației pe gantere

În timp, pe măsură ce am aplicat meditația pe gantere am perceput transformări benefice în toate aspectele vieții datorită următoarelor fenomene pe care le generează această terapie:

- reface legătura cu pământul prin dinamizarea activității din zona inferioară a corpului;
- reface țesuturile afectate din zona tălpilor și a părții inferioare a corpului;
- combate afecțiunile din tălpi și gambe;
- elimină blocajele energetice din zona inferioară a corpului;
- remodelează structura energetică a aparatului digestiv stimulându-l să extragă cu mai multă eficiență substanțele nutritive și, în special, a sărurilor de calciu, potasiu și magneziu;
- permite stimularea centrilor reflexogeni din regiunea tălpilor cu efecte benefice asupra întregii ființe.

Din punct de vedere cuantic, meditația pe gantere reface circuitul energetic dintre cer și pământ.

Acest efect l-am putut remarca pe propriul meu corp întrucât, după mai multe zile de practică, am constatat că mi s-a îmbunătățit circulația energetică în întreaga ființă. Pe acest fond, culoarea pielii s-a omogenizat căpătând un aspect luminos și plăcut.

Ținând cont de toate acestea, meditația pe gantere acționează în următoarele situații:

1. Meditația pe gantere poate ameliora și chiar vindeca suferințe localizate în zona inferioară a corpului.

Aceste efecte benefice se pot manifesta atât în cazul atacului din partea ciupercilor și paraziților, cât și în cazuri de boli cronice cum este diabetul, obezitatea. De asemenea, armonizând circuitele energetice din partea inferioară a corpului fizic, putem ameliora și chiar vindeca suferințe localizate în zonele: genitală, anală și din cavitatea abdominală.

2. Meditația pe gantere reface legătura cu pământul.

După cum știm din fizica cuantică, legătura energetică în raport cu pământul determină fluxurile financiare din ființa noastră.

Așadar, dacă ne dorim să avem o relație mai bună cu pământul, ne putem antrena în meditația pe gantere. Prin aplicarea acestei proceduri ne dăm șansa să generăm o viață marcată de belșug și biruință.

Starea de belșug este dată de faptul că primul centru energetic ne asigură accesul la resursele materiale.

Starea de belșug generează accesul facil la energia banilor - fluidul cu care ne putem susține în toate aspectele vieții.

3. Recomandări în alegerea ganterelor utilizate în procedurile terapeutice

Vă sugerez să achiziționați un set de gantere din fontă turnată cu suprafața de așezare pe plată.

Fiind monobloc, ganterele ne dau sentimentul de siguranță și stabilitate.

Cele mai potrivite sunt ganterele cu o greutate cuprinsă între 3 și 5 kg, cu suprafață plată de așezare pe pardoseală, așa cum puteți vizualiza în imaginea următoare.

Fig. 4. Gantere potrivite pentru „Meditația pe gantere".

Dacă ganterele sunt prea mici nu ne conferă suficientă stabilitate, iar dacă sunt prea mari devin prea înalte și, de asemenea, nu avem stabilitate în utilizare.

Este foarte important să achiziționați o pereche de gantere care să aibă mânerele relativ groase pentru a genera o suprafață de așezare optimă la nivelul tălpilor.

4. Strategia de abordare a meditației pe gantere

Meditația pe gantere este un program de antrenament care poate fi accesat cu foarte mare ușurință.

Pe considerentul acestui avantaj, vă sugerez să îl aplicați cât mai des, chiar și de două-trei ori pe zi.

Ținând cont de faptul că în timpul somnului, atunci când suntem în poziție orizontală, corpul are tendința de a se deconecta de la energiile pământului, pentru a ne reface cât mai repede conexiunea cu pământul, vă recomand ca imediat ce coborâți din pat să aplicați meditația pe gantere, cel puțin câteva minute.

Este posibil ca în perioada de început a programului de aplicare a meditației pe gantere, să nu puteți rezista prea mult timp cu picioarele pe pârghia ganterelor.

Dacă resimțiți dureri intense în tălpi, este semn că sunteți afectați de anumite suferințe.

Suntem o mare hologramă. Tot ce este în noi, se reflectă la nivelul tălpilor.

De exemplu, la nivelul tălpilor se află proiecțiile tuturor centrilor energetici.

Conform aceluiași principiu, orice suferință este proiectată la nivelul tălpilor. Datorită acestui fenomen, atunci când urcăm pe pârghiile ganterelor, de cele mai multe ori, simțim dureri la nivelul tălpilor.

Durerile din tălpi sunt proiecții ale suferințelor din corp.

Din această cauză, este posibil să nu putem petrece prea mult timp în meditația pe gantere.

În astfel de situații, vă recomand să nu dezarmați. Pentru a petrece cât mai mult timp în meditația pe gantere, vă recomand să puneți una, două, trei sau mai multe perechi de șosete.

Având mai multe perechi de șosete, chiar dacă sunteți afectați de anumite suferințe, vă dați șansa să aplicați meditația pe gantere într-un program de 5-10 minute, timp în care energiile din tălpi se vor armoniza, trimițând în corp energii benefice.

Pe măsură ce veți practica meditația energetică pe gantere, veți realiza că sunteți din ce în ce mai bine, iar de la un moment dat, veți decide să renunțați la șosete.

Este important, ca pe tot parcursul terapiei să vă sprijiniți cu palmele de perete. Sprijinul de perete oferă un grad sporit de relaxare precum și stabilitate deasupra ganterelor.

Meditația pe gantere generează în ființa noastră energii de foarte mare potențial. O dovadă care susține această afirmație este aceea că, de la un moment dat, pe măsură ce meditàm pe gantere pot apărea senzații precum amorțirea brațelor sau chiar dureri.

Aceste stări sunt generate de fluxurile de energie de foarte mare amplitudine pe care le generăm în toată ființa noastră și, în special, la nivelul brațelor - traseul de tranzit al energiilor dintre suflet și univers.

Pentru a ne amplifica potențialul creator cu ajutorul meditației pe gantere, vă recomand să efectuați o bună încălzire a întregului corp, înainte de începerea meditației.
Recomand să faceți încălzirea. Acest tip de încălzire poate fi găsit în cartea *Dansul energetic*.
De asemenea, puteți să faceți orice formă de încălzire.
Este important ca atunci când vă așezați pe mânerele ganterelor să fiți ușor încălziți pentru ca energiile pe care le generați de la nivelul tălpilor să se fluidizeze în mod armonios în întregul corp.

Dacă doriți să dați o amploare și mai mare meditației pe gantere, vă sugerez ca înainte de a vă urca pe mânerele ganterelor să aplicați un program de dans energetic (sau o alta procedură de antrenament dinamic). Antrenamentul dinamic practicat înaintea meditației pe gantere asigură o și mai mare fluiditate energiilor în ființa noastră.

Puteți aplica dansul energetic (sau o alta procedură de antrenament dinamic) și după ce aplicați meditația pe gantere.

Meditația pe gantere relaxează întreaga ființă. Atunci când practicăm un antrenament dinamic fiind bine relaxați în zona tălpilor, ne conectăm în mod eficient cu resursele de putere venite din seva pământului.

Atunci când suntem bine conectați la energiile pământului ne dăm șansa să atragem asupra noastră bogățiile pământene, în special banii.

De aceea, este bine să practicăm meditația pe gantere în combinație cu un antrenament dinamic, cu scopul de a ne reconecta la planul material al vieții sociale.

În cele ce urmează prezint procedura de aplicare a meditației pe gantere.

5. Procedura de aplicare a meditației pe gantere

1. Aerisiți încăperea. Dați cu tămâie sau aplicați alte forme de armonizare și energizare a aerului.
2. Alegeți un fond sonor cât mai potrivit pentru a vă stimula să practicați o meditație intens creatoare. Puneți să se deruleze o melodie plăcută, o conferință spirituală sau apelați la orice formă de audiție care să vă capteze atenția și să stimuleze vehicularea unor energii de înaltă vibrație spirituală.
3. Aplicați un program de încălzire a corpului.
4. Aplicați încălzirea părții inferioare a picioarelor, efectuând un număr de 30 de flexări la nivelul gleznelor, după următoarea procedură:
   - plasați ganterele la o distanță de aproximativ 40-70 cm de perete cu scopul de a asigura un sprijin optim al corpului în timpul meditației;
   - vă sprijiniți cu mâinile pe perete și așezați, rând pe rând, câte un picior pe fiecare dintre cele două mânere ale ganterelor, la inserția dintre degete și talpa piciorului;
   - prin împingeri repetate la nivelul degetelor de la picioare, ridicați și coborâți corpul.

5. Fiind sprijiniți cu mâinile de perete, aplicați programul de presopunctură a primelor 6 din cele 7 puncte de proiecție a celor 7 centri energetici, pornind de la primul centru aflat în partea din spate a tălpii.
În figura 2 observați detaliile proiecțiilor centrilor energetici localizați plantar. Timp de execuție 12 min.

Fig. 5. Proiecțiile centrilor energetici la nivelul tălpilor.

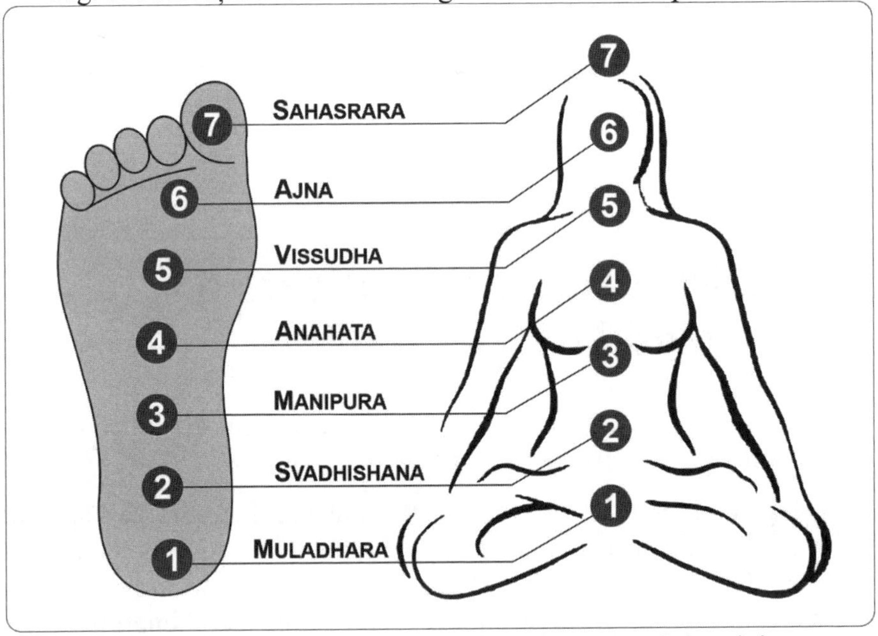

6. Coborâți de pe mânerele ganterelor și rămâneți în picioare sau vă așezați pe scaun. Relaxați corpul.
7. Mulțumiți lui Dumnezeu și întregului univers pentru darul acestei meditații!

Recomandări:

- Atât numărul de flexări ale gleznelor cât și timpii petrecuți pe gantere sunt orientativi. Fiecare va aplica procedura așa cum simte sau după cum îi permite corpul.
- Deplasările în plan vertical în programul de flexare a gleznelor se va face lent, cu scopul de a asigura o fluență benefică a energiilor la nivelul întregului corp.

- Dacă nu puteți suporta durerile resimțite la nivelul tălpilor, vă veți da jos de pe mânerele ganterelor și vă veți încălța cu una, două, sau chiar mai multe perechi de șosete.
- Dacă nu puteți aplica procedura nici în această variantă, veți aplica procedura stând pe scaun, cu tălpile așezate pe mânerele ganterelor.
- Pentru a realiza o cât mai bună conexiune dintre suflet și spirit, după ce ați deprins procedura meditației pe gantere, veți aplica la nivelul ochilor o eșarfă sau o pereche de ochelari de somn, cu scopul de a întrerupe conexiunea aparatului vizual cu mediul înconjurător.
  În timpul terapiei veți căuta să „priviți" în interiorul ființei voastre, acolo unde sălășluiește sufletul.
- Dacă aveți dureri mari la nivelul tălpilor este mai bine să amânați practicarea acestei proceduri.
  Dacă totuși puteți să o practicați, o veți aplica așa cum puteți și cât puteți urmând ca, în timp, să creșteți performanțele acestei benefice forme de meditație.

6. Dansul pe gantere

La un moment dat am generat *dansul abundenței.*

Dansul abundenței este o formă de antrenament intens energizant în toată ființa.

Fiind atât de benefic l-am practicat cu bucurie deplasându-mă pe covorul de dans.

La un moment dat am simțit că pot să aduc și mai mare putere în ființa mea, practicând dansul abundenței urcându-mă pe mânerele ganterelor.

Fără să mai stau pe gânduri, am așezat ganterele la aproximativ 60 cm de perete cu scopul de a dansa pe mânerele acestora.

Fiind cu palmele sprijinite pe perete, m-am urcat pe mânerele ganterelor și am început să dansez în ritmul muzicii disco utilizate în dansul abundenței.

Cu toate că dansul pe gantere a durat doar 3-4 minute, în ființa mea s-a declanșat o stare de pace și împlinire totală.

Atunci am realizat că prin dansul pe gantere ne dăm acces cu mai mare ușurință la cele mai intense forme de energizare în zona picioarelor.

Pentru că am obținut rezultate bune într-un timp atât de scurt, practic dansul pe gantere ori de câte ori simt nevoia de a genera în zona tălpilor energii de mare impact vitalizant pentru întreaga ființă.

Pentru practica acestei forme de antrenament se aplică o procedură similară cu cea utilizată în meditația pe gantere, doar că în loc să facem mișcări lente, practicăm balansări rapide ale corpului, când pe un picior când pe celălalt, în ritmul muzicii disco.

Toate activitățile de stimulare energetică la nivelul tălpilor vă dau posibilitatea să generați în voi și universul vostru o atmosferă de pace, ca urmare a acțiunii benefice pe care o manifestă energia pământului în ființa voastră.

Vă doresc să aveți succes deplin în această manifestare!

Meditația a V-a

MEDITAȚIA DE ENERGIZARE

1. Miracolul izvorât din dans

Eram după o lungă perioadă de suprasolicitare în toată ființa.
În aproximativ un an de zile am scris o carte și am susținut peste 30 de evenimente destinate programelor de dezvoltare umană.

Fiind angrenat într-un program atât de intens, nu am mai avut grijă de mine așa cum procedam de obicei.
Atunci când nu eram plecat de acasă, petreceam aproape toată ziua în fața calculatorului și nu îmi mai ofeream timp să îmi aplic obișnuitul program de antrenament.

Pe măsură ce persistam în nemișcare, mă simțeam din ce în ce mai obosit, ca și cum aș fi alergat la un maraton fără linie de sosire.

Într-un moment de luciditate, am decis să mă opresc. Am luat o pauză de la toate proiectele și am hotărât să mă ocup de mine.
Având mai mult timp la dispoziție, am început să mă antrenez cu scopul de a mă reface după această cursă solicitantă.

Cu toate că mă antrenam destul de mult, starea de sănătate nu se îmbunătățea.

Eram marcat de o oboseală profundă care se manifesta prin dureri în tot corpul și, în special, la nivelul capului și inimii.

Eram îngrijorat și mă întrebam ce să fac pentru a ieși din bucla de suferință în care eram prins.

Am început să mă antrenez și mai intens dar, cu toate astea, nu reușeam să mă salvez din această cădere care părea a fi ireversibilă.

La un moment dat am simțit că este necesar să dau mai mare putere antrenamentului integrativ.

În timp ce mă antrenam, mi-am pus intenția clară și precisă de a crea o terapie prin intermediul căreia să mă ridic din suferință.

Nu a durat mult și, în mod neașteptat, programul de manifestare a intenției a dat roade.

Iată cum s-au petrecut lucrurile!

Relatare: Cum am ajuns să meditez în fiecare zi?

Într-o zi am primit un mesaj de la un prieten care mă invita să particip la aniversarea zilei lui de naștere.

M-am bucurat mult când am văzut acel mesaj.

De obicei, la petrecerile lui, mă simt foarte bine pentru că se dansează mult.

Imediat ce am ajuns la eveniment, am început să socializăm. Eram cu toții bucuroși pentru că ne-am reîntâlnit după o lungă perioadă de timp.

La un moment dat invitații au început să danseze.

Era mare veselie. Fiecare se bucura în felul lui de conexiunea cu muzica prin intermediul dansului.

Fiind o atmosferă atât de frumoasă, n-am stat pe gânduri și m-am alăturat grupului de dansatori.

Fără să realizez, la puțin timp după ce am început să dansez, am intrat în meditație. Așadar dansul meu s-a transformat într-o meditație în mișcare.

Fiind în meditație, am avut o conștientizare care mi-a schimbat pentru totdeauna concepția despre dans.

Atunci când dansăm, iar mișcările se repetă de un număr mare de ori, intrăm în meditație.

Meditația este una dintre cele mai înalte forme de spiritualizare umană.

Această afirmație este susținută de următoarele raționamente:

- Universul are vibrația 1000 pe Scala Hawkins.

- În timpul meditației, fiind conectați cu universul ne creștem vibrația energetică tinzând spre 1000, atât cât este vibrația universului.

Așadar, **dansul este o meditație de energizare**.
Fiind încurajat de această conștientizare, la acea petrecere am dansat mai mult decât de obicei.

Cu toate că am petrecut până târziu în noapte, a doua zi dimineață eram pe deplin odihnit și aveam o stare foarte bună.
Nu mă mai durea capul sau un alt organ, așa cum se întâmpla în ultima vreme, imediat după trezire.

Pentru că mă simțeam atât de bine, am început să lucrez fără să mai practic obișnuitul antrenament de la prima oră a dimineții.

După aproximativ două ore de lucru intens, cu toate că aveam spor și mă simțeam bine, mi-am dorit să retrăiesc bucuria pe care am simțit-o în timpul dansului din seara precedentă.
M-am oprit din activitate, am pus să ruleze o muzică ritmată, am fixat cronometrul la 12 minute și am început să dansez.

Pentru că muzica era antrenantă și veselă, am început să practic un dans săltat, cu desprinderea simultană a ambelor picioare de pe covor.

După 10 minute de dans săltat, eram deja transpirat pe spate.
Chiar dacă eram transpirat, am continuat să dansez până ce s-a auzit cronometrul. Trecuseră cele 12 minute.

După acest dans eliberator m-am așezat pe scaun.
Cu toate că eram obosit, aveam o stare sufletească foarte bună.

La scurt timp după ce m-am așezat pe scaun, am perceput ușoare înțepături la mâini și la picioare. Acesta era semn că la extremitățile corpului s-a amorsat un câmp energetic foarte intens.

Fiind entuziasmat de efectul dansului pe muzică ritmată, în ziua respectivă am mai dansat de două ori, în reprize a câte 12 minute.

La un moment dat am început să vorbesc cu cineva. Am fost surprins de glasul pe care îl aveam.
Vocea mea era fermă și puternică. Evidenția faptul că eram foarte bine energizat în întregul corp.
Starea mea de energizare intensivă a fost generată de faptul că în timpul dansului am intrat în meditație, fiind în conexiune directă cu universul.

Am vrut să dau putere acestei metode de antrenament și am denumit-o „**Meditație de energizare**”.

2. Avantajele meditației de energizare

Suntem plasați între soare și pământ. Energia soarelui contribuie cu suportul de conștiință, iar energia pământului contribuie cu suportul material.
Energia Soarelui ne accesează prin zona superioară dreaptă a corpului iar energia pământului ne accesează prin zona inferioară stângă a corpului.

Ca urmare a utilizării în mod excesiv a gadget-urilor și prin înregimentarea în șabloane mentale, pe zi ce trece ne îndepărtăm de energia pământului.

Astfel omul a început să fie afectat din ce în ce mai mult de boli care se manifestă în partea inferioară stângă a corpului. Așa se explică incidența masivă a bolilor cu impact în această zonă.

De asemenea, persoanele disociate de energia pământului duc o viață lipsită de suportul planului material.
Oamenii care nu au o bună conexiune cu pământul, nu își pot da acces cu ușurință la bogățiile vieții.

Meditația de energizare urmărește reconectarea omului cu energia pământului.
Urmărim să dezvoltăm această relație întrucât energia pământului susține accesul la viața materială.
Energia pământului ne susține să ducem o viață sănătoasă, marcată de succes.

Meditația de energizare ne vitalizează în mod intens atât în corp cât și în câmpurile cuantice ale universului.
Această formă de dans ne împlinește în toate aspectele vieții.

Atunci când suntem bine energizați, putem să avem o relație foarte bună cu planul material, inclusiv cu banii, putem să avem relații armonioase cu semenii, inclusiv cu partenerul de viață.
De asemenea, fiind bine aspectați din punct de vedere energetic, ne putem îndeplini în mod creativ și vizionar misiunea pentru care am venit pe pământ.

Mai mult decât atât, atunci când suntem bine energizați, ne sunt amplificate fenomenele de însănătoșire, creându-se astfel șansa de a trăi mai bine și mai frumos.

Toate aceste avantaje ne pot motiva să ne implicăm în mod intensiv în meditația de energizare, ori de câte ori simțim nevoia de a ne repoziționa pe un nivel de viață benefic și împlinitor.

Pentru a trăi bine și frumos, vă recomand să practicați meditația de energizare, de două ori pe zi, în reprize de minim 12 minute, dimineața imediat ce vă ridicați din pat și seara înainte de culcare.

În cele ce urmează vă prezint procedura de aplicare a meditației de energizare.

3. Modul de practicare a meditației de energizare

Meditația de energizare are ca scop conectarea omului cu energia pământului, suportul esențial în manifestarea misiunii pentru care a venit pe pământ.

Pentru a avea performanțe în acest demers, vom utiliza atât calitatea corpului de a se conecta în mod instinctiv la energia pământului, dar și calitatea muzicii de a fi mijlocitor în relația omului cu universul.

Prin natura lui, omul este venit pe pământ cu scopul de a se conecta cu energia pământului.

De asemenea, sunetul muzicii reprezintă unda de energie prin intermediul căreia ne putem conecta energiile din câmpurile cuantice.

Atunci când sunetul este ritmat și are accente de bass, conexiunea cu universul este și mai intensă.

Muzica este atât de eficientă în conexiunea cu universul încât ne poate transforma într-un „toiag care bate la ușa succesului".

În timp ce ascultăm muzică și practicăm meditația cu desprindere de sol, suntem ca un pilon care se înfige din ce în ce mai mult în energia infinită a Pământului.

Fiind bine conectați cu energia pământului, ne putem da acces cu ușurință la bogățiile la care aspirăm.

Pentru a crește eficiența meditației de energizare, vom căuta să sărim cât mai sus.

Prin sărituri ample ne punem în valoare mușchii picioarelor, principala poartă de acces a energiilor Pământului către corp.

Este bine să practicăm mişcări cât mai variate adaptându-ne după ritmul muzicii, în funcţie de dispoziţia sufletească şi de posibilităţile noastre fizice. În acest scop vom adopta trei tipuri de mişcări şi anume:

- Ridicarea trunchiului fără desprindere;
- Saltul corpului cu desprindere;
- Alergarea pe loc.

Fiecare dintre cele trei tipuri de mişcări prezintă avantaje specifice, după cum urmează:

- **Ridicarea trunchiului fără desprindere** este mai puţin solicitantă şi are avantajul că nu produce zgomot şi nu transmite vibraţii mari la clădirea în care ne aflăm.
- **Saltul corpului cu desprindere** este profund benefic întrucât pune în valoare în mod intens sistemul muscular, dând senzaţia că suntem un pilon care se înfige cu eficienţă în scoarţa terestră.
  Această procedură amplifică mult conexiunea omului cu pământul.
- **Alergarea pe loc** prezintă avantajul că solicită mai puţin corpul fizic şi nu produce vibraţii mari la clădirea în care ne aflăm.
  Fiind mai puţin solicitantă, recomand a fi practicată în alternanţă cu saltul corpului cu desprindere.

Ţinând cont de specificul fiecăreia dintre cele trei tipuri de mişcări, în cadrul programului de antrenament le vom practica succesiv, în funcţie de starea sufletească şi de posibilităţile fizice.

În cele ce urmează vă prezint procedura de manifestare a meditaţiei de energizare.

4. Procedura meditaţiei de energizare

1. Vă pregătiţi locul de dans în aşa fel încât să aveţi cât mai mult spaţiu de manifestare.
2. Puneţi să se deruleze o muzică ritmată, energizantă şi plăcută.
3. Închideţi ochii, vă interiorizaţi şi vă stabiliţi o intenţie clară şi precisă.

4. Vă deplasați pe locul de desfășurare a meditației. Vă stabiliți poziția de dans în așa fel încât pieptul să fie împins ușor mai în față, iar coloana vertebrală să fie perpendiculară cu pământul.
   Țineți picioarele ușor flexate iar brațele lăsate să cadă libere pe lângă corp, cu degetele îndreptate spre pământ.
5. Împingeți cu rapiditate din picioare și apoi le relaxați în așa fel încât trunchiul să urce și să coboare 15-20 cm.
   Veți sălta corpul în ritmul muzicii, în așa fel încât să fiți susținuți de vibrația sunetului.
   Timp de execuție: 5-6 min.
6. Împingeți cu rapiditate de picioare până ce vă desprindeți de sol.
   Veți sălta corpul în ritmul muzicii în așa fel încât să fiți susținuți de vibrația sunetului.
   Timp de execuție: 5-6 min.
7. Alergați pe loc în așa fel încât să fiți tot timpul în ritmul muzicii.
8. Timp de execuție: 5-6 min.
9. Vă așezați pe scaun și mulțumiți lui Dumnezeu și universului pentru darul acestui dans.

În funcție de vitalitatea corpului și de necesitățile sufletești, puteți opta să prelungiți sau să reduceți anumite etape ale procedurii.

De asemenea, puteți să practicați doar etapele care vi se potrivesc cel mai bine. Puteți relua procedura ori de câte ori simțiți nevoia să o faceți.

Pentru a da o dimensiune mult mai profundă meditației de energizare, recomand să o practicați utilizând un covor rotund, iar la nivelul ochilor să aplicați o pereche de ochelari de somn.

În acest caz, covorul vă asigură spațiul bine delimitat în care să practicați meditația, iar ochelarii de somn vă asigură suplimentarea schimbului energetic dintre suflet și univers.

Pentru a atinge un asemenea scop, vă recomand să achiziționați un covor cu diametrul de 80-120 cm și o pereche de ochelari de somn.

Înainte de începerea meditației, vă veți plasa pe mijlocul covorului și apoi vă veți aplica ochelarii de somn la nivelul ochilor.

Pe timpul meditației, veți urmări să vă deplasați doar în spațiul delimitat de covorul rotund.

5. Meditația de energizare totală

Am prezentat cu bucurie meditația de energizare întrucât această formă de antrenament ne stimulează accesul prioritar la energiile pământului, energii care ne aduc pacea și stabilitatea.

Acest efect este determinat de faptul că majoritatea acțiunilor se desfășoară la nivelul părții inferioare a corpului și, în special, la nivelul gleznelor, genunchilor și bazinului.

Putem da o amploare și mai mare acestui program de antrenament dacă solicităm în mod intensiv și brațele.

Brațele sunt principalele resurse de energie pentru suflet.

În momentul în care brațele sunt solicitate, acestea își amplifică energiile meridianelor care pornesc din vârful degetelor și ajung la nivelul inimii, alimentându-ne astfel sufletul - cea mai puternică entitate energetică din noi.

Cel mai ușor putem stimula activitatea brațelor prin purtarea unor greutăți în timpul meditației.

În esență, în timpul meditației, vom ține în palme diferite greutăți în funcție de vitalitate și de obiectivul pe care intenționăm să îl accesăm.

După propriile evaluări, recomand ca bărbații să mediteze având în palme greutăți cuprinse între 3 și 8 kg, iar femeile să mediteze având în palme greutăți cuprinse între 2 și 5 kg.

Dacă studiem cu atenție efectul acestui program, constatăm că prin purtarea unor greutăți în timpul meditației reproducem mișcările înaintașilor noștri de acum câteva sute de mii de ani.

Strămoșii noștri cărau cu brațele toate cele necesare vieții simple specifice acelor vremuri.

Meditația de energizare totală ne dă posibilitatea să ne reîntoarcem la viața simplă din trecut și să construim în noi un edificiu energetic puternic, astfel încât să facem față cu succes tuturor solicitărilor venite din nevoile zilelor noastre.

În momentul în care ținem greutăți în palme, mâinile se energizează iar umerii se relaxează.

Practic, atunci când ţineam greutăți în palme ni se echilibrează întregul sistem energetic.

Percepem acest efect imediat după ce practicăm meditația de energizare totală.

Ca urmare a meditației, pieptul avansează ușor spre înainte în mod firesc și organic, fără să mai fie necesar să facem această acțiune pornind de la nivelul minții.

Acesta este semn că în ființa noastră energiile Yin și Yang sunt echilibrate la nivelul inimii. Atunci când energiile Yin și Yang sunt echilibrate la nivelul inimii, ființa noastră dobândește starea de pace.

Fiind în stare de pace viața curge lin și firesc spre scopul pentru care am venit pe acest pământ.

În esență, meditația de energizare totală presupune parcurgerea acelorași pași pe care îi parcurgem în meditația de energizare doar că, în palme, ținem ganterele.

În timpul meditației de energizare totală, fiind solicitați la nivelul brațelor, amplitudinea mișcărilor corpului în plan vertical va fi mai mică.

Cu toate că amplitudinea mișcărilor este mai mică, cele două gantere ținute în mâini vor solicita în mod suplimentar mușchii de la nivelul picioarelor.

Mai mult decât atât, ținerea ganterelor în palme amplifică circulația energetică în brațe, umeri și trunchi.

În mod practic acest tip de dans conduce la energizarea intensivă a întregului organism, corectând postura corpului.

Acesta este unul dintre motivele pentru care recomand să practicați meditația de energizare totală, în special atunci când suferiți de cifoză.

Atunci când dansăm cu ganterele în mâini se energizează brațele și, în special, antebrațele.

Având brațele intens energizante, zona pieptului este bine energizată iar pe acest fond coloana vertebrală tinde să își recapete forma optimă.

De asemenea atunci când zona pieptului este bine energizată inima este sănătoasă și funcționează bine.

Pentru a aplica meditația de energizare totală vă recomand să lecturați procedura meditației de energizare.

Veți aplica procedura meditației de energizare având în palme cele două gantere.

Ganterele pot fi ținute în palme cu mâinile relaxate pe lângă corp. De asemenea, puteți ține ganterele în consolă și chiar deasupra capului.

Pentru a ușura accesul la această procedură, vă recomand să începeți cu meditația de energizare, apoi să practicați meditația de energizare totală.

De asemenea, dacă în timpul meditației de energizare totală sunteți marcați de oboseală, puteți lăsa ganterele jos și să continuați antrenamentul practicând dansul energetic sau meditația de energizare.

6. Când este indicat să practicați meditația de energizare?

Meditația de energizare ne relaxează întregul sistem muscular și ne ajută să ne conectăm cu energiile infinite ale universului.

Acest fenomen este stimulat de faptul că în timpul meditației, ca urmare a conectării cu muzica, pe fondul dinamizării corpului, moleculele de apă din noi se reorientează spre a deveni receptive la energiile universului.

Fiind receptive la energiile universului, moleculele de apă vor stimula conexiunea energetică dintre om și univers.

Ținând cont de fenomenele benefice pe care le generează meditația de energizare, vă recomand să o practicați în următoarele situații:

- Imediat după trezire și înainte de culcare;
- În caz de surmenaj sau anxietate;
- Înainte și după efort fizic și intelectual;
- În cazuri de suferințe, atunci când nu există contraindicații de către medici și specialiști;
- În cazul în care nu aveți o conexiune bună cu banii;
- Atunci când vreți să creșteți randamentul în activitate;
- În caz de conflict;
- Pentru pregătirea unei întâlniri de mare succes.
- Atunci când dorim să avem un somn bun și vindecător.

Am recomandat 9 situații în care să practicați meditația de energizare.

Meditația de energizare vă susține pe un drum marcat de viață sănătoasă și succes.

7. Combinații de proceduri care includ meditația de energizare

Meditația de energizare produce o emulație în întreaga ființă.

Ca urmare a acestui fenomen, puteți să combinați meditația de energizare cu activități meditative cum ar fi meditația din poziția culcat sau stând pe scaun.

De asemenea, pentru a da și mai mare putere programului de conexiune energetică în relația cu pământul, recomand ca înainte de a practica meditația de energizare să practicați meditația pe gantere.

Meditația pe gantere amplifică energiile meridianelor de la nivelul tălpilor și gleznelor pentru ca apoi meditația de energizare să conducă energiile la nivelul întregului corp.

Având bine aspectate energiile pământului la nivelul întregului corp ne dăm acces la resursele materiale ale vieții, inclusiv la bani.

Meditația de energizare este foarte eficientă în combinație cu dansul cuantic.

Meditația de energizare amplifică energiile la nivelul corpului fizic iar dansul cuantic le conduce în câmpurile cuantice din profunzimea universului susținând astfel **programele de manifestare a intenției**.

Vă recomand cu încredere să practicați meditația de energizare în combinație cu cât mai multe forme de terapie și antrenament care au efect în câmpurile cuantice ale universului.

Meditația de energizare amplifică energiile iar procedurile de antrenament cuantic ne susțin în planurile subtile.

Atunci când suntem bine energizați atât în corp cât și în planurile subtile ne dăm șansa să trăim o viață sănătoasă și împlinitoare.

Meditația a VI-a

MEDITAȚIA RINICHILOR

1. Cum mi-am restabilit echilibrul

Relatare: Ziua în care mi-am iubit rinichii.

De aproximativ 10 ani concep și modelez programe de dezvoltare umană sperând ca prin această atitudine să ating un nivel de desăvârșire mulțumitor și împlinitor.

Pe măsură ce am avansat în căutările mele, am generat programe de terapie și antrenament prin intermediul cărora se găsesc răspuns la întrebările vieții.

Atunci când mă ocupam de corpul fizic, mă axam cu prioritate pe acțiuni asupra zonelor care presupun accesul facil al brațelor și în special al palmelor.

Așa am reușit să rezolv necesități venite din zona picioarelor, abdomenului, pieptului, gâtului și capului.

Atunci când m-am focalizat pe zona abdomenului, am stimulat la nivel energetic principalele organe interne respectiv intestinele, ficatul, pancreasul și stomacul.

Cu toate că, de multe ori am simțit căderi energetice la nivelul rinichilor, nu le-am acordat atenție întrucât, fiind amplasați în zona dorsală a corpului, nu puteam să îi accesez cu ușurință.

În momentul în care am reușit să energizez cu succes părțile ușor accesibile din corp, atenția mea a fost atrasă de zona rinichilor.

Zona rinichilor era singura pe care nu o abordasem până atunci cu ajutorul palmelor. Din această cauză mereu aveam ușoare dureri lombare.

Fiind marcat de aceste dureri, am simțit a venit momentul să-mi îndrept atenția asupra rinichilor.

Știam că rinichii sunt foarte importanți în bagajul vieții.

Conform medicinei tradiționale chineze, rinichii ne dau vârsta biologică și au o mare pondere în stabilirea speranței de viață.

Ne întrebăm acum, datorită cărui fapt rinichii au o importanță atât de mare?

Iată răspunsul! Tot din medicina tradițională chineză aflăm că rinichii sunt în strânsă legătură cu energia pământului. Atunci când rinichii funcționează normal, omul este bine conectat la energia pământului.

Când rinichii sunt afectați, omul își rupe legătura cu energia pământului trăind o viață marcată de nesiguranță și frică.

Acesta este motivul pentru care sentimentul de frică este cauzat de dizarmoniile apărute la nivelul rinichilor.

Cu toate că eram conștient de importanța rinichilor în viața mea, am tot neglijat aceste două organe. Atitudinea aceasta s-a perpetuat până într-o dimineață când m-am trezit cu profundă o stare de frică.

Atunci m-am gândit că această trăire ar putea fi de la rinichi.

Când am palpat zona rinichilor, am constatat că țesuturile corpului erau reci. De asemenea, la apăsare simțeam ușoare dureri.

Pentru că nu aveam motivație să mă ridic din pat, m-am întors cu fața în jos, am aplicat palmele direct pe piele în zona rinichilor și am început să le deplasez ușor spre cap și spre bazin.

Spre marea mea bucurie, imediat ce am pus palmele în zona rinichilor, am perceput o căldură blândă și plăcută.

În scurt timp, simțeam că rinichii s-au încălzit atât de mult încât aveam senzația că sunt ca două becuri incandescente care emanau o lumină difuză.

Fiind încurajat de starea în care eram, am continuat să aplic această procedură încă aproximativ 10 minute, după care m-am ridicat în picioare.

Imediat ce m-am ridicat în picioare, am constatat că mi s-a împins bazinul ușor în față. Acesta era semn ca energiile pământului au pătruns cu ușurință în ființa mea.

Așadar, prin acest tip de meditație mi-am amplificat conexiunea energetică în relația cu pământul, energii care încălzesc corpul și relaxează întreaga ființă.

Pentru că mă simțeam bine, în acea zi am practicat meditația rinichilor și stând în picioare. Pe măsură ce practicam meditația rinichilor, starea mea se îmbunătățea din ce în ce mai mult.

Nu am mai perceput stări de frică. Am devenit mai calm, mai relaxat, și toată ziua s-a desfășurat pe un trend benefic și crescător.

2. „Rinichii ne stabilesc vârsta biologică"

Am fost impresionat de faptul că prin meditaţia rinichilor mi s-a corectat postura corpului iar coloana vertebrală s-a îndreptat în mod organic, fără ca să intervin la nivel mental.

În zilele următoare am practicat deseori meditaţia rinichilor, atât din poziţia culcat cât şi stând în picioare.
Cel mai mult am practicat meditaţia stând în picioare întrucât aşa îmi era mai comod atunci când aveam la dispoziţie doar câteva minute libere.

Pe măsură practicam această meditaţie, am perceput o îmbunătăţire substanţială a circulaţiei sangvine la extremităţi şi, în special, în zona picioarelor.
De fiecare dată când aplic această meditaţie, picioarele mele devin fierbinţi ca şi cum aş fi conectat la o sursă infinită de energie.

Ca urmare a acestui tip de meditaţie, întregul regim de viaţă mi s-a îmbunătăţit.
Dacă la început nu înţelegeam cărui fapt se datorează acest fenomen, la un moment dat am înţeles că rinichii reprezintă principalul filtru de purificare a sângelui.

Atunci când rinichii sunt afectaţi, sângele rămâne impregnat cu reziduuri şi toxine.
Când sângele este impregnat cu reziduuri şi toxine, întreaga fiinţă este afectată.

Prin acest tip de meditaţie ne energizăm rinichii.
Atunci când rinichii sunt bine energizaţi, fiinţa se conectează mai bine la bogăţiile pământene.

Fiind bine conectaţi la bogăţiile pământene, ne eliberăm de frici, de anxietate şi stres.
Este absolut necesar să ne conectăm la bogăţiile pământene întrucât pe măsură ce înaintăm în civilizaţie, presiunea asupra noastră creşte din ce în ce mai mult.
Pe acest fond, scade ponderea energiei pământene, principala resursă de stabilitate din viaţa noastră.

Pentru ca viaţa să se desfăşoare pe un trend benefic şi crescător, este bine să practicaţi meditaţia rinichilor cel puţin o dată pe zi, dimineaţa înainte de a demara programul de activitate.

Ca urmare a unei asemenea meditații, ființa se stabilizează în relația cu planul pământesc, iar ziua care urmează va fi relaxantă și benefică.

Această meditație este recomandată în special persoanelor preponderent Yang.

O persoană care este preponderent Yang (conectată la planul ceresc), nu are o legătură bună cu planul pământesc.

Neavând o legătură bună cu planul pământesc, persoana preponderent Yang are tendința de a fi mereu nerăbdătoare.

Eu am tendința de a fi nerăbdător. Din această cauză meditația rinichilor a venit ca o binecuvântare.

De când practic această meditație viața mea s-a așezat pe un făgaș lin, ascendent, manifestând încredere și siguranță în acțiunile vieții.

Imediat după ce practic această procedură, starea mea sufletească se îmbunătățește în mod evident.

Mă simt ca o apă care se așază firesc în albia ei și nimic dinafară nu o mai poate perturba.

În mod surprinzător, mi s-a îmbunătățit și digestia.

Având o digestie mult îmbunătățită, mănânc mai puțin iar corpul este mai suplu, mai elastic și mai puternic.

Întrucât efectele acestei meditații sunt atât de benefice, am transformat-o în metodă de terapie și antrenament.

În cele ce urmează voi descrie procedura de aplicare a meditației rinichilor.

3. Meditația rinichilor - procedură

1. Aerisiți camera, aplicați proceduri de purificare și ionizare a aerului. Purificați palmele prin spălare abundentă cu apă și săpun sau apă cu sare

2. Frecați palmele între ele cu mare viteză până ce simțiți că acestea se încălzesc.
   Bateți din palme cu putere.
   Întrepătrundeți degetele și le contorsionați în toate direcțiile până ce încălziți bine palmele și degetele.

3. Închideți ochii, vă interiorizați și vă concentrați la scopul meditației.

4. Vă așezați pe pat cu fața în jos.
Puneți palmele pe corp în zona dorsală, la nivelul rinichilor.
Vă concentrați la zona de contact dintre palme și corp.

5. Trageți ușor de braț în așa fel încât să deplasați ușor palmele împreună cu pielea corpului din dreptul rinichilor pe distanța de aproximativ 2-3 cm.
Relaxați brațul în așa fel încât să deplasați ușor palmele împreună cu pielea corpului din dreptul rinichilor spre bazin, aceeași distanță.
La fiecare deplasare a palmei, veți rosti câte un număr.
Este bine să pronunțați numere de la 1 până la 120.
Veți aplica procedura numărând de 3 ori de la 1 până la 120.

6. Vă ridicați în picioare. Aplicați palmele pe corp în zona dorsală, la nivelul rinichilor.
Vă concentrați la zona de contact dintre palme și corp.
Trageți ușor de braț în așa fel încât să deplasați ușor palmele împreună cu pielea din dreptul rinichilor pe distanța de aproximativ 2-3 cm.
Relaxați brațul în așa fel încât să deplasați ușor palmele împreună cu pielea din dreptul rinichilor spre bazin, aceeași distanță.
La fiecare deplasare a palmei la nivelul corpului veți pronunța un număr.
Estc bine să pronunțați numere de la 1 până la 120.
Veți aplica procedura numărând de trei ori de la 1 până la 120.
Mulțumiți lui Dumnezeu și întregului univers pentru darul acestei meditații!

Observații și recomandări:

- Am prezentat procedura meditației care poate fi făcută atât din poziția culcat, cât și stând în picioare. Cel mai bine este să le realizați pe ambele deodată.
  Dacă nu simțiți să le aplicați pe ambele deodată așa cum este în procedură, puteți să aplicați numai o singură etapă a procedurii, din poziția culcat sau stând în picioare.
- Este bine ca deplasarea palmei la nivelul corpului să nu depășească mai mult de 2-3 cm ca să nu se rupă priza de contact dintre palme și piele.
- Puteți practica meditația având contact direct între palme și piele sau prin plasarea palmelor peste haine.
- Puteți aplica terapia și fără să deplasați palmele la nivelul corpului.

În acest caz, efectul energetic se diminuează în oarecare măsură. Pentru a crește efectul energetic al procedurii, puteți prelungi timpul de meditație.

4. Meditația de împământare cuantică

Am practicat meditația rinichilor și am constatat o armonizare benefică în raport cu energia pământului.

Fiind conectat cu energia pământului, am sesizat că pot să îmbunătățesc această conexiune combinând trei proceduri de antrenament și anume: meditația rinichilor, meditația pe gantere și dansul inimii.

Combinarea celor trei tipuri de antrenament pot aduce ființa umană într-o formă profund benefică în relația cu energia pământului.

Practicând cu asiduitate acest tip de antrenament vă puteți constitui un suport profund benefic de însănătoșire și vitalizare a întregii ființe.

Acest tip de meditație este foarte bun în situația în care corpul nu poate fi supus la activități dinamizatoare de mare intensitate, cum ar fi dansul abundenței sau alergarea pe bandă.

Procedura de aplicare a acestei meditații este următoarea:

Meditația de împământare cuantică - procedură

1. Aerisiți camera, aplicați proceduri de purificare și ionizare a aerului. Purificați palmele prin spălare abundentă cu apă și săpun sau apă și sare
2. Frecați palmele între ele cu mare viteză până ce simțiți că acestea se încălzesc.
   Bateți din palme cu putere.
   Întrepătrundeți degetele și le contorsionați în toate direcțiile până ce încălziți bine palmele și degetele.
3. Închideți ochii, vă interiorizați și vă concentrați la scopul meditației.
   Vă așezați pe pat cu fața în jos.
   Aplicați palmele pe corp în partea dorsală, la nivelul rinichilor.
   Vă concentrați la zona de contact dintre palme și corp.

Trageți ușor de braț în așa fel încât să deplasați ușor palmele împreună cu pielea din dreptul rinichilor pe distanța de aproximativ 2-3 cm.
Relaxați brațul în așa fel încât să deplasați ușor palmele împreună cu pielea din dreptul rinichilor spre bazin, aceeași distanță.
La fiecare deplasare a palmei la nivelul corpului veți pronunța câte un număr.
Este bine să pronunțați numere de la 1 până la 120.
Veți aplica procedura numărând de 3 ori de la 1 până la 120.

4. Vă dați jos din pat și vă urcați cu picioarele pe gantere. Vă sprijiniți cu mâinile de perete și aplicați programul de presopunctură a primelor 6 din cele 7 puncte de proiecție a celor 7 centri energetici, pornind de la primul centru aflat în partea din spate a tălpii.
Timp de execuție 12 min.

5. Vă dați jos de pe gantere și aplicați palmele pe corp la nivelul rinichilor.
Vă concentrați la zona de contact dintre palme și corp.
Trageți ușor de braț în așa fel încât să deplasați ușor palmele împreună cu pielea din dreptul rinichilor pe distanța de aproximativ 2-3 cm.
Relaxați brațul în așa fel încât să deplasați ușor palmele împreună cu pielea din dreptul rinichilor spre bazin, aceeași distanță.
La fiecare deplasare a palmei la nivelul corpului veți pronunța un număr.
Este bine să pronunțați numere de la 1 până la 120.
Veți aplica procedura numărând de trei ori de la 1 până la 120.

6. Puneți să se deruleze o muzică lentă și plăcută așa cum simțiți că vi se potrivește cel mai bine.

7. Vă plasați pe covorul de dans și vă purificați spațiul sacru.
Aplicați palma stângă pe piept cu patru dintre cele cinci degete îndreptate spre glanda Timus.

8. Efectuați mișcări de încălzire a mușchilor de la nivelul umărului prin rotirea energică a brațului stâng spre înainte și spre înapoi, prin pendularea brațului stâng spre dreapta și spre stânga.
În tot acest timp veți avea palma dreaptă lipită de piept cu degetele îndreptate spre glanda Timus.
Timp de execuție aproximativ 3-5 minute.

9. Începeți să deplasați brațul stâng în câmpul auric al corpului ținând palma stângă ușor desfăcută, ca și cum ați avea în mână o minge de handbal.

Veți căuta să vă urmăriți cu privirea palma ce se deplasează în câmpul auric al corpului.
Timp de execuție 11-21 min.

10. Mulțumiți lui Dumnezeu și întregului univers pentru darurile pe care le primiți prin această meditație!

5. Meditația capului în combinație cu meditația rinichilor

Am creat cu bucurie atât meditația capului cât și meditația rinichilor.
Ambele meditații au un mare impact în viața mea.
Ambele meditații mi-au dat posibilitatea să obțin rezultate foarte bune atât în privința stării de sănătate a capului cât și în privința stării de sănătate a rinichilor.

La un moment dat am simțit că am nevoie de mai mare dinamizare a energiilor, la nivelul capului dar și la nivelul spatelui.
Pentru că voiam să amplific atât energia de la nivelul capului cât și cea de la nivelul spatelui, m-am gândit că este important să aplic, în mod concomitent, două meditații cu focalizare în cele două zone ale corpului: cap și spate.

În acest scop m-am culcat pe pat cu fața în jos, în așa fel încât capul să stea în afara patului.
Am aplicat palmele în zona dorsală pe rinichi și am început să emit numere în univers.

Imediat ce am început să aplic această meditație, energia mea s-a amplificat în întregul corp.
Pentru că m-am simțit atât de bine în această formă de antrenament, am transformat-o în procedură de meditație combinată.

În cele ce urmează voi prezenta meditația capului în combinație cu meditația rinichilor.

Meditația capului în combinație cu meditația rinichilor - procedură -

1. Aerisiți camera, aplicați proceduri de purificare și ionizare a aerului.

Purificați palmele prin spălare abundentă cu apă și săpun.

2. Frecați palmele între ele cu mare viteză până ce simțiți că se încălzesc.
Bateți din palme cu putere.
Întrepătrundeți degetele și le contorsionați în toate direcțiile până ce încălziți bine palmele și degetele.

3. Închideți ochii, vă interiorizați și vă concentrați la scopul meditației.

4. Vă așezați pe pat cu fața în jos.
Vă repoziționați corpul în așa fel încât umerii să ajungă la marginea patului, iar capul să fie în consolă.
Pentru a ajunge cu capul în consolă, ne vom sprijini trunchiul pe pat, iar gâtul și capul vor fi în afara patului.

5. Aplicați palmele pe corp în partea dorsală, la nivelul rinichilor.
Vă concentrați la zona de contact dintre palme și corp.
Trageți ușor de braț în așa fel încât să deplasați ușor palmele împreună cu pielea din dreptul rinichilor pe distanța de aproximativ 2-3 cm.
Relaxați brațul în așa fel încât să deplasați ușor palmele împreună cu pielea din dreptul rinichilor spre bazin, cu aceeași distanță.
La fiecare deplasare a palmei, veți rosti câte un număr.
Este bine să pronunțați numere de la 1 până la 120.
Veți aplica procedura numărând de 3 ori de la 1 până la 120.
Mulțumiți lui Dumnezeu și întregului univers pentru darul acestei meditații!

Observații și recomandări:

- Vă sugerez să aplicați observațiile și recomandările specifice atât meditației capului cât și meditației rinichilor.

V-am prezentat cu bucurie meditația rinichilor. Această meditație poate fi practicată atât pentru energizarea corpului cât și în situația în care ați avea rinichii afectați.

Pentru a înțelege efectul benefic al acestei meditații, în cele ce urmează vă prezint două relatări.

Relatare 1: cum mi-am energizat corpul?

„Era o zi în care îmi era foarte frig, aveam mâinile și picioarele reci.
M-am decis să practic meditația rinichilor.

Am pus palmele direct pe piele si am început meditația numărând până la 120. Am simțit cum tot corpul meu se încălzise iar palmele frigeau.

M-am oprit din meditație după ce am ajuns la numărul 120. Îmi era cald. Simțeam o energie constantă la nivelul rinichilor ca și cum îi simțeam cum lucrează în scopul binelui meu.

Am decis în acel moment să mai fac încă un set. După ce am ajuns la 120, mâinile îmi erau transpirate și corpul la fel.

Nu-mi venea să cred că rinichii au o putere atât de mare la nivel energetic și că acea meditație îmi făcuse atât de bine. Mă simțeam energizată și plină de viață.

Din acel moment, am decis să practic meditația rinichilor ori de câte ori simt nevoia să mă conectez mai bine cu pământul sau să-mi energizez corpul fizic."

Anca

Relatare 2: cum mi-am îmbunătățit circulația periferică?

„În mod surprinzător, uneori, lucrurile simple ne pot ajuta cel mai mult!

Iată cum s-a întâmplat un miracol în viața mea!

De când mă știu am circulația periferică mai slabă. Din acest motiv, atât mâinile cât și picioarele îmi sunt mai reci.

În timpul Summitului de dans energetic am participat la două expuneri în care s-a predat „Meditația rinichilor". Inițial n-am înțeles prea bine despre ce era vorba și nici n-am crezut că această meditație poate avea un efect deosebit.

Această terapie presupune masarea zonei rinichilor, cu ambele mâini, în sus și în jos, în reprize de câte 120 de ori.

La început am simțit o încălzire în zona rinichilor. Această încălzire s-a extins pe tot spatele, urcând pe coloană spre zona cervicală.

La încheierea reprizei de 120 de masări, aveam mâinile și picioarele calde iar întregul corp era revigorat.

Am practicat apoi și două dansuri energetice.

Ca urmare a acestor practici, m-am simțit bine toată seara.

Am meditat la stările pe care le aveam și iată ce am înțeles prin practicarea acestei meditații:

Căldura care mi-a inundat corpul venea cu o energie benefică.

Am simțit o energizare atât de mare încât parcă îmi prisosea.

În acel moment am simțit că „ a venit momentul să dau mai departe" din ceea ce primisem.

Mi-am binecuvântat casa și familia.

Mi-am binecuvântat locul de muncă. Apoi am trimis binecuvântări către toți cei care participau la Summitul de dans energetic.

Consider că această meditație este un act de împuternicire pe care-l declanșează universul în corpul nostru.

În urma acestei meditații am mai înțeles cum putem aduce în corpul nostru energiile benefice venite din pământ pentru ca mai apoi să le dăm mai departe către toți cei ce sunt pregătiți să le primească.

Atunci când dăruim, universul ne răsplătește înzecit cu stări de bine și fericire.

Mulțumesc pentru această experiență minunată!

Am decis să includ această meditație în practica personală zilnică și mai mult decât atât, s-o împărtășesc și altor oameni."

Carmen

V-am prezentat cu încântare sufletească două relatări primite de la două persoane care practică în mod curent meditația rinichilor. Un număr din ce în ce mai mare de persoane practică această meditație, întrucât prin intermediul acesteia se generează energie de mare efect benefic.

Vă îndemn cu bucurie să practicați meditația rinichilor ori de câte ori simțiți nevoia de a vă armoniza și energiza în toată ființa.

Meditația a VII-a

MEDITAȚIA CU „AMPLIFICATORUL DE PUTERE”

1. Cum am descoperit „amplificatorul de putere”?

Întâmplările fericite ale destinului m-au pus în situația de a experimenta programe de viată care transcend granițele cunoașterii umane.
Lucrând la acest nivel am ajuns să pun în valoare resurse nebănuite.

Pe măsură ce am prins încredere în tehnicile și metodele novatoare de antrenament, le-am împărtășit cu toți cei care au fost dispuși să le experimenteze.
Ca urmare, cei care au experimentat aceste programe, au reușit să genereze în ei și în universul lor, noi resurse de dezvoltare umană.

Prin practicarea antrenamentului integrativ au generat performanțe miraculoase, atât în domeniul însănătoșirii corpului cât și în domeniul creșterii potențialului creator.

Una dintre resursele pe care le-am pus în valoare în mod eficient este apa.
Apa reprezintă un imens potențial pe care, dacă știm să îl valorificăm, ne poate schimba destinul.
În cele ce urmează voi relata despre efectul benefic pe care l-a generat apa într-un moment în care mă aflam în dificultate.

Relatare: Miracolul din apă.
Plecasem într-o vacanță.
Pentru că abia venisem dintr-o delegație, am plecat de acasă fiind marcat de o stare de oboseala accentuată.

Din păcate, în acea vacanță, a năvălit asupra mea un mare flux de energii negative venite din mai multe direcții.

De regulă, energiile negative atacă acolo unde ființa este mai sensibilă.

De când mă știu, inima mea este foarte sensibilă.

Tatăl meu a plecat de aici de pe pământ la doar 67 de ani, din cauza unor afecțiuni ale sistemului circulator.

Din câte am înțeles de la specialiștii în domeniu, din punct de vedere genetic, îl moștenesc pe tatăl meu.

Cunoscând acest punct nevralgic, de fiecare dată când inima îmi dă semnale de oboseală, caut să mă implic imediat într-un program de reabilitare energetică.

Pentru că era seara târziu și la acea oră nu aveam condiții de antrenament, am căutat să găsesc o soluție pentru a reduce afectul energiilor negative la care eram supus.

Uzitându-mă în jur, pe masă am remarcat o sticlă cu apă.

Știam că apa ajută la procesul de vindecare așa că, fără să mai stau pe gânduri, m-am așezat pe pat, m-am întors pe partea stângă și am așezat recipientul cu apă sub coaste, în dreptul inimii.

Apa avea o energie bună, așa ca am simțit să țin mâna pe recipient.

În timp ce eram cu mâna pe recipient, mi-a venit ideea să „activez" apa.

Cu vârful degetelor, am început să aplic impulsuri ușoare asupra recipientului.

În timp ce aplicam impulsurile, pentru că îmi fugea mintea în alte părți, am început să număr.

Intonarea numerelor ne conectează ființa la univers, tăind astfel aportul minții duale. Este posibil acest fenomen întrucât numerele își au rădăcini bine implementate în profunzimea universului.

Cunoscând toate aceste fenomene, mi-am pus intenția de a număra de la 1 la 120.

În timp ce pronunțam câte un număr, apăsam ușor cu degetele asupra recipientului cu apă.

Imediat ce am început să rostesc numere și să apăs ușor cu vârful degetelor asupra recipientului cu apă, am început să percep fenomene de relaxare profundă la nivelul mâinilor și picioarelor.

Pe măsură ce rosteam numere, fenomenul de relaxare se extindea la nivelul întregului corp.

Când am ajuns la numărul 30 am început să casc.

Spre marea mea surpriză, nu era un căscat normal, ci era un căscat foarte amplu și profund, cu efect de relaxare în toată ființa.

În toată perioada în care am numărat până la 120, am căscat încontinuu la intervale de câteva secunde.

De asemenea, când am ajuns pe la numărul 60, chipul mi-a fost invadat de lacrimi care șiroiau, prelingându-se apoi pe perna de sub cap.

Pentru că primul ciclu de 120 de palpări asupra recipientului cu apă a generat rezultate atât de bune, am continuat să aplic de trei ori același program.

Am aplicat încontinuu această terapie, timp în care am numărat de trei ori consecutiv până la 120.

Când m-am ridicat din pat eram refăcut, ca și cum aș fi dormit o lungă perioadă de timp. Fiind pe deplin mulțumit de rezultatul terapiei, înainte de a adormi am consumat cu bucurie toată apa din recipient.

Pentru că această metodă de lucru cu apă a dat rezultate atât de bune, în zilele care au urmat, am aplicat-o de mai multe ori, în mai multe conjuncturi.

Fără nici o excepție, imediat ce începeam să lucrez cu apa, în mine se producea o stare de relaxare profundă, iar pe acest fond, mă focalizam mai bine pe scopurile iminente.

V-am prezentat această experiență care a condus la primirea unuia dintre cele mai frumoase daruri ale vieții.

Această experiență m-a condus la a genera procedura de antrenament cu amplificatorul de putere.

Am dat denumirea de **antrenament cu „amplificatorul de putere”** întrucât, recipientul cu apă joacă rolul de amplificator al energiilor generate de intențiile noastre.

În mod practic, în cadrul acestei proceduri, prin intermediul apei din recipient, ne amplificăm puterile cu care suntem înzestrați.

Meditația cu amplificatorul de putere este atât de eficient întrucât, apa reprezintă vehiculul principal în toate formele noastre de viată.

În același timp, apa este una dintre componentele de bază ale universului uman.

Fiind prezentă atât în viața noastră, prin intermediul apei ne dăm acces la imensele bogății pe care le putem accesa în mod gratuit de la univers.

În cele ce urmează voi aduce argumente în acest sens.

2. Argumentele utilizării amplificatorului de putere

Imediat ce am descoperit calitățile amplificatorului de putere, am căutat să îl experimentez în cât mai multe situații.

În toate situațiile în care implic această terapie, reușesc să generez energii de mare impact, atât asupra propriei ființe, cât și în acțiunile pe care le întreprind.

Sunt posibile transformări atât de mari datorită faptului că amplificatorul de putere utilizează și pune în valoare trei tipuri de energie, și anume:

- Energia omului;
- Energia apei;
- Energia numerelor.

În cele ce urmează voi descrie în mod succint cele trei tipuri de energie.

1. Energia apei.

Cunoscutul cercetător japonez Massaru Emoto a demonstrat că apa este unul dintre cele mai versatile substanțe din univers.

Versatilitatea apei este dată de faptul că această substanță se adaptează cu foarte mare ușurință tuturor energiilor cu care intră în contact.

De exemplu, dacă asupra unui eșantion de apă emitem o energie benefică, aceasta produce efecte benefice.

De asemenea, dacă asupra aceluiași eșantion de apă emiteam semnale negative, aceasta provoacă efecte negative.

Pentru că apa are calitatea de a se transforma într-un vehicul benefic, o vom utiliza la constituirea unui amplificator de putere.

Eficiența amplificatorului de putere este dată de faptul că apa se găsește în procent foarte mare atât în noi, cât și în întregul univers.

Apa reprezintă mai mult de două treimi din volumul corpului uman.

De asemenea, în atmosfera terestră procentul de apă variază de la 50% în zonele aride, până la 99,9 % în zonele umede.

Conform fizicii cuantice, tot ce se află în univers are o structură de conștiință (memorie).

Memoria apei este pură întrucât aceasta provine din interiorul pământului, un loc pur și sănătos.

Atunci când ne conectăm la o structură de conștiință pură, structura noastră de conștiință se va modela în scopul binelui.

Ținând cont de această realitate, vom utiliza recipientul cu apă ca un instrument de purificare prin intermediul căruia ne dăm acces la valorile sănătoase ale vieții.

2. Energia omului

Studiile arată că noi oamenii avem un câmp energetic ce poate fi amplificat foarte mult în univers.

Acest câmp energetic are principalul punct de aplicație la nivelul pieptului, acolo unde se află sediul sufletului.

Mâinile și, în special degetele, au un rol foarte important în viața noastră.

Pe lângă faptul că mâinile sunt utilizate în programele de viață guvernate prin intermediul celor 5 simțuri, pot fi utilizate și cu scopul de a modela câmpurile cuantice ale universului.

Pentru a da forță din ce în ce mai mare amplificatorului de putere, cu ajutorul degetelor de la mâini vom aplica palpări (pulsații) ușoare asupra recipientului cu apă.

3. Energia numerelor.

Conform afirmațiilor lui Pitagora „tot ce se află în univers poate fi reprezentat numeric”.

Nu este întâmplător faptul că în domeniul informaticii se operează folosindu-se coduri numerice.

Geniul uman coopteazǎ în viața sa modelul folosit de divinitate la constituirea universului.

Ne adaptăm și noi modelului universal, iar în momentul în care acționăm asupra amplificatorului de putere, rostim numere.

Numerele pe care le pronunțăm, ne vor ajuta să ne conectăm la numere similare aflate în profunzimea universului.

Universul tinde la infinit iar prin intermediul numerelor ne putem conecta la valorile infinite ale universului.

Pentru că suntem la început în utilizarea codurilor numerice, recomand ca la primele antrenamente cu amplificatorul de putere să numărați de la 1 la 120.

Cu timpul, pe măsură ce veți lucra intens cu numerele, puteți experimenta coduri numerice din ce în ce mai complexe.

Cu cât codurile numerice pe care le pronunțați sunt mai lungi și mai complicate, cu atât mai mult vă conectați la valori energetice de mare efect.

Este posibil manifestarea acestui fenomen întrucât, atunci când rostim coduri numerice complexe, suntem distrași cu și mai mare eficiență de la valorile efemere ale vieții, stimulând astfel manifestarea sufletului, entitatea care asigură perpetuarea ființei noastre în univers.

Pornind de la aceste concluzii, vă recomand să vă antrenați cât mai mult lucrând cu amplificatorul de putere, ajungând să accesați energii de mare impact energetic și informațional.

Dragi cititori, acestea sunt principalele trei argumente care ne conduc la utilizarea cu succes a amplificatorului de putere.

Atunci când cele trei argumente conlucrează la unison, ne dăm șansa să generăm programe de viață care pot depăși cu mult performanțele cu care suntem obișnuiți.

În continuare voi descrie modul de constituire și utilizare a amplificatorului de putere.

3. Funcționarea amplificatorului de putere.

Instrumentul de bază în constituirea amplificatorului de putere este recipientul cu apă.

Cel mai potrivit recipient pentru constituirea amplificatorului de putere este o sticlă de apă de 1-2 litri, în care procentul de lichid este de două treimi.

Dacă nu aveți la îndemână un astfel de recipient, puteți utiliza recipiente de care aveți.

Dacă nu sunteți suficient de bine vitalizați vă recomand să utilizați recipiente de 0,5 litri.

Vă recomand să țineți recipientul cu apă de la ambele capete.

Prin această priză, energia mâinilor va tranzita amplificatorul de putere de la un capăt la celălalt.

E important, de asemenea, ca în timpul terapiei să stimulăm apa din recipient, cu scopul de a o activa să se conecteze cât mai bine atât la noi cât și la univers.

Procesul de stimulare a apei va fi realizat prin imprimarea asupra recipientului cu apă a unei mișcări de translație de aproximativ 5-6 milimetri.
În acest scop, prin contracția palmei, cu vârfurile degetelor, veți aplica impulsuri de scurtă durată asupra recipientului cu apă.

Procesul de stimulare a apei mai poate fi realizat și prin rotirea ușoară a recipientului.

Recomand ca atât mișcările de translație cât și cele de rotație să fie de ordinul a 5 - 6 milimetri, cu scopul de a nu solicita prea mult contribuția minții și a aparatului locomotor.
De asemenea, pentru a nu solicita brațele, recomand ca pe timpul terapiei, să sprijiniți recipientul, pe țesut la nivelul corpului.

Iată cum funcționează amplificatorul de putere:
Omul emite un câmp energetic care se concentrează în zona pieptului, centrul sufletului.

Practic, atunci când ne conectăm cu sufletul la apa din recipient, aceasta transferă astfel energia pe care o primește, către întregul univers.
Apa restructurată și programată cu o anumită intenție se transformă în amplificator de putere.

Este important să știm faptul că amplificatorul de putere nu lucrează doar în momentul în care este „activat".
Efectul terapeutic se manifestă mai multe zile la rând, cel puțin până când este eliminată din corp întreaga cantitate de apă restructurată pe care am consumat-o.
De aceea, este bine să consumăm apă restructurată în amplificatorul de putere.

Ținând cont de acest fenomen, este bine să fiți atenți la stări și la întâmplări, întrucât, zilele de după ce lucrați cu amplificatorul de putere pot fi marcate de succes și împlinire.

Se întâmplă acest proces întrucât, apa din noi fiind conectată la univers, acesta ne susține să luăm cele mai înțelepte decizii.
De asemenea, universul funcționând la cele mai înalte vibrații, determină sincronicități prin intermediul cărora ni se stimulează succesul în viață.

4. Când utilizăm amplificatorul de putere?

Amplificatorul de putere restructurează apa din noi și din universul nostru, modelând-o în scopul binelui.
În cele ce urmează voi da câteva exemple de programe în cadrul cărora putem pune în valoare imensul potențial al amplificatorului de putere.

A. Utilizarea amplificatorului de putere atunci când vrem să consumăm apă.

Apa este principalul liant al vieții.
Țesuturile corpului uman au un conținut ridicat de apă.
De asemenea, atmosfera în care trăim are un conținut foarte mare de apă.

Pentru a ne armoniza cu mediul de viață, este necesar să restructurăm apa din noi în așa fel încât să devenim cât mai receptivi la valorile sănătoase ale universului.

Pentru a restructura apa din noi este necesar să restructurăm apa pe care o bem.
Necesitatea de a restructura apa pe care o consumăm vine și de la faptul că în drumul ei de la izvor până ce ajunge în pahar, apa se încarcă atât cu energii neprielnice, cât și cu substanțe provenite de la materiile cu care intră în contact.

Efectul benefic al restructurării apei a fost demonstrat printr-o experiență în cadrul căreia un eșantion de apă a fost supus unui scurt program de rugăciune.
Iată cum s-au petrecut lucrurile:

Pentru a observa efectul acestui program, cu ajutorul unui aparat de biorezonanță a fost măsurată predispoziția apei la a cauza alergii.
La prima evaluare, aparatul a pus în evidență faptul că în cazul în care acea apă ar fi fost consumată, probabilitatea de a cauza alergii era de 73%.

După ce s-a făcut această evaluare, același eșantion de apă a fost supus unui program de rugăciune în cadrul căruia s-a rostit **„Tatăl nostru”.**

După rugăciune, a fost măsurată din nou predispoziția apei de a cauza alergii.
La a doua evaluare, aparatul a pus în evidență faptul că, în cazul în care apa ar fi consumată, probabilitatea ca aceasta să cauzeze alergii este de 3 %.

De aici tragem concluzia că doar prin rostirea unei simple rugăciuni calitatea apei s-a îmbunătățit în mod spectaculos.

Această experiență arată cât de mult putem influența calitatea apei, doar prin proiectarea energiilor benefice asupra acesteia.

Pornind de la acest argument, recomand să îmbunătățiți calitatea apei prin aplicarea programelor de restructurare, ori de câte ori aveți intenția de a o consuma.

De asemenea, recomand să utilizați apă restructurată, pentru stimularea oricărui alt act benefic pe care intenționați să îl manifestați.

Apa poate fi restructurată direct în pahar sau cu ajutorul amplificatorul de putere.

Amplificatorul de putere prezintă avantajul că într-o ședință poate fi restructurată o cantitate mai mare de apă ce va fi consumată în timp.

Metoda de restructurare cu amplificatorul de putere mai prezintă avantajul că procedura poate fi realizată atât în poziția stând în șezut cât și din poziția culcat.

B. Utilizarea amplificatorului de putere în cazuri de suferință

Este important ca, atunci când un anumit organ intră în suferință, să căutăm să facem tot ce este posibil pentru a genera energia necesară vindecării.

În acest caz, vă recomand ca pe lângă terapiile obișnuite să introduceți și terapia cu amplificatorul de putere.

În procedura standard, amplificatorul de putere se așează la nivelul picioarelor, în zona cuprinsă între genunchi și bazin.

În cazul în care aveți o suferință într-o anumită zonă a corpului, vă recomand să aplicați amplificatorul de putere deasupra zonei afectate.

În momentul în care plasați recipientul cu apă între organul afectat și palme, efectul terapiei crește foarte mult întrucât, energiile se propagă cel mai ușor în linie dreaptă.

De obicei, suferințele se instalează pe fondul scăderii aportului de energie telurică (generată de pământ).

Când lucrăm cu apa, ne reconectăm la energiile pământului generând astfel procese de vindecare.

Ținând cont de acest efect, vă recomand ca la primele semne de suferință să vă opriți din activitate și să aplicați programul de terapie cu amplificatorul de putere.

C. Utilizarea amplificatorului de putere înainte de a începe un nou proiect.

Așa cum bine știm, apa este în tot și în toate.

Atunci când lucrăm cu amplificatorul de putere, universul se aliază cu noi în intențiile benefice pe care le manifestăm

Pornind de la acest principiu, vă recomand să utilizați amplificatorul de putere în toate programele de viată, în special atunci când demarați un nou proiect.

Utilizarea apei ca vehicul pentru stimularea unui succes este un obicei străvechi.

Acum, după ce am reușit să aplic programul de antrenament cu amplificatorul de putere, am realizat că în trecut, tatăl meu, aplica un ritual similar.

În cele ce urmează voi prezenta o scurtă relatare prin care doresc să evidențiez faptul că, fără să fi conștientizat acest aspect, prin aplicarea programului de lucru cu amplificatorul de putere am ajuns să reproduc ritualul pe care îl practica tatăl meu, cu 50 de ani în urmă.

Iată cum proceda!

Tatăl meu era considerat a fi unul dintre credincioșii din sat.

Pentru că, datorită credinței și înțelepciunii lui, oamenii din sat îi atribuiau și un rol de autoritate în domeniul spiritualității creștine, era chemat să „binecuvânteze" locul în care urma să se facă o nouă fântână.

Ajuns la fața locului, lua o găleată, o umplea cu apă, făcea cruce asupra ei, apoi intona o rugăciune.

La un moment dat, cu o cană, turna apă pe locul în care urma să se construiască noua fântână, după care servea cu apă pe toți cei prezenți la acel eveniment.

La final, lua găleata cu apă, punea deasupra ei un prosop alb și o așeza într-un loc ferit, la umbra unui copac.

Înainte de plecare, tatăl meu, îndemna pe lucrătorii de la fântână să consume toată apa din găleată, considerându-se că astfel vor reuși să găsească cât mai repede un izvor de apă.

De cele mai multe ori, spre marea mea bucurie, după doar 2-3 zile de săpat la lăcașul pentru fântână, lucrătorii ne anunțau că au dat de apă.

Toți cei din zonă ne bucuram ca s-a mai descoperit un izvor de apă.

Dragi cititori, vă recomand cu încredere și bucurie ca înainte de a începe un nou proiect să aplicați un ritual de amplificare a puterilor voastre utilizând energia apei! Prin această acțiune creația dumneavoastră poate să devină un izvor de bucurie, atât pentru voi, cât și pentru semenii voștri.

D. Utilizarea amplificatorului de putere pentru hidratarea eficientă a corpului

Cei mai mulți dintre noi avem tendința de a neglija consumul de apă.

Din această cauză, în cea mai are parte a vieții corpul nu ne este deshidratat.

În momentul în care bem apă restructurată, devenim mai atenți la nevoia de apă a corpului întrucât, suntem mereu conectați cu gândul la amplificatorul de putere.

Necesitatea de a restructura apa vine și dintr-un motiv natural.

Cercetările arată faptul că cea mai mare cantitate de apă care ne tranzitează corpul nu este utilizată în procesul biologic întrucât, molecula de apă este hidrofugă (din punct de vedere electric, celula umană respinge apa).

În momentul în care apa este restructurată, devine prietenoasă celulelor, fiind astfel asimilată mult mai ușor.

E. Utilizarea amplificatorului de putere înainte de a începe o nouă zi

De regulă, dimineața după ce ne ridicăm din pat avem o stare de amorțeală ca urmare faptului că am petrecut mai mult timp în nemișcare.

Pentru a vă focaliza energiile pe programul optim de viată, vă recomand ca imediat ce v-ați ridicat din pat, să aplicați programul de antrenament cu amplificatorul de putere.

Ca urmare a acestui demers, sunt mari șanse ca ziua care începe să fie marcată de biruință.

Se întâmplă acest proces, datorită a faptului că pe întreg parcursul zilei, apa din univers vă oferă susținere în toate acțiunile dumneavoastră.

F. Utilizarea amplificatorului de putere înainte de somn

De obicei, seara înainte de culcare, rezervele noastre de energie ajung la nivel minim.

Amplificatorul de putere aduce în noi o profundă stare de liniște și pace.
Ca urmare a acestor stări, vom adormi repede, iar somnul va fi marcat de liniște și pace.

Pe timpul nopții, apa din noi și din universul nostru va lucra în scopul însănătoșirii și vitalizării noastre.
După o astfel de noapte, suntem odihniți și activi.

G. Utilizarea amplificatorului de putere în cazuri de supraefort

Atunci când supunem organismul la efort intens pentru o mai lungă perioadă de timp, în noi se instalează procesul de deshidratare.
Hidratarea corpului nu se realizează în mod instantaneu, imediat ce bem apă, ci pe măsură ce aceasta este extrasă din tubul digestiv și transportată la nivel celular.

Așadar, chiar dacă consumăm apă după efort fizic intens, efectul acesteia se manifestă cu oarecare întârziere.
Ca urmare, cu toate că bem apă, câmpurile noastre cuantice rămân secătuite de energia vindecătoare a pământului, cel puțin pentru o perioadă de timp.

În momentul în care lucrăm cu amplificatorul de putere, ființa umană se conectează cu energia apei venită pe canalele cuantice ale întregului univers, contribuind astfel la refacerea organismului într-un timp mult mai scurt.

Se întâmplă acest proces, întrucât, imediat ce începem să utilizăm amplificatorul de putere, întreaga ființa se relaxează, iar pe aceste fond, procesele de refacere și vitalizare se manifestă cu mare eficientă, atât în noi cât și în câmpurile noastre cuantice.

Nu este întâmplător faptul că de multe ori, după ce consumăm apă, mai ținem în mână sticla din care tocmai am băut.
Acest fenomen se manifestă din instinct de conservare.

Acum, pentru că știm să lucrăm cu amplificatorul de putere, putem ajuta ca sportivii de performantă să transforme sticla cu apă în stimulator de succes.

Amplificatorul de putere poate fi utilizat, de asemenea și înainte de intra în competiție.
Atunci când sportivii intră în competiție imediat după ce au lucrat cu amplificatorul de putere, pot abține rezultate miraculoase.

Întreaga viată este o competiție.
Dacă utilizați cu răbdare și tact amplificatorul de putere, vă puteți da acces la cele mai frumoase rezultate în competițiile vieții.

5. Programe de creșterea a efectelor generate de amplificatorul de putere

Este important ca înainte de începerea unui program de antrenament cu amplificatorul de putere să aplicăm proceduri de creștere a potențialului de manifestare a acestuia. În acest scop, veți lucra pe trei direcții principale și anume:

- Purificarea aerului;
- Întărirea atenției asupra amplificatorului de putere;
- Stimularea procesului de manifestare a intenției.

A. Purificarea aerului

Purificarea aerului este un procedeu străvechi.

Recomand ca înainte de a aplica programul de antrenament cu amplificatorul de putere să aplicați proceduri de fumigație cu tămâie, scorțișoară, smirnă sau alte componente din plante.

Recomand să folosiți doar componente din plante, întrucât cele mai multe dintre uleiurile esențiale și bețișoarele parfumate conțin stabilizatori și aditivi chimici de potențare a mirosului.

Este bine să evităm, pe cât posibil, să ne supunem riscului de a introduce în câmpul nostru respirator substanțe care conțin stabilizatori și aditivi chimici.

Dacă nu suntem suficient de atenți și utilizăm programe de aromaterapie cu substanțe provenite din procese de prelucrare industrială, există riscul ca programele de purificare a aerului să se transforme în programe de intoxicare a aerului.

Atunci când utilizăm o substanță provenită din secreția naturală a unei plante cum ar fi tămâia și smirna sau atunci când utilizăm o componentă a unei plante cum este coaja de scorțișoară, floarea de cuișoare sau tulpina de salvie, șansa noastră de a obține efecte benefice crește în mod simțitor.

Pentru a îmbunătăți efectul meditației cu amplificatorul de putere, vă recomand ca înainte de a începe programul de terapie să dați intens cu tămâie sau cu alte produse care să vă îmbunătățească procesul de respirație.

B. Întărirea atenției asupra amplificatorului de putere

Pentru a ne focaliza cât mai bine pe amplificatorul de putere, vă recomand să aplicați la nivelul ochilor o pereche de ochelari de somn.

Ochelarii de somn facilitează o stare de interiorizare profundă în timpul lucrului cu amplificatorul de putere și astfel nu vom fi distrași de obiectele din jur.

C. Stimularea procesului de manifestare a intenției

În carul programului de manifestare a intenției ne stabilim cu exactitate scopul pentru care facem acest demers.

Ca urmare, amplificatorul de putere, prin intermediul energiilor emise în univers, va funcționa în scopul binelui cel mai înalt pe direcția în care ne manifestăm intenția.

În cele ce urmează vă prezint programul de manifestare a intenției cu scopul de a stimula activitatea amplificatorului de putere.

Procedura de manifestare a intenției cu ajutorul amplificatorului de putere

4. Vă așezați pe un scaun, închideți ochii și pășiți într-o stare de meditație. În timpul acesteia realizați o „privire de ansamblu" asupra necesităților prioritare.
5. Vă concentrați la cel mai important scop pe care intenționați să-l manifestați în timpul meditației cu amplificatorul de putere.
   Vă veți stabili un singur obicctiv clar și precis.
6. Va gândiți la acel obiectiv. Vă concentrați la nivelul inimii, căutând să duceți în lăcașul sufletului acel obiectiv.
7. Închideți ochii sau îi acoperiți cu ochelari de somn.
   Timp de câteva minute căutați să vizualizați un scenariu prin care atingeți obiectivul în forma lui cea mai frumoasă.
8. În timpul procedurii de manifestare a intenției, vă veți concentra la scopul pe care doriți să îl atingeți.
   Mulțumiți universului pentru darul materializării acelui obiectiv.

Prin această acțiune veți genera suportul energetic necesar îndeplinirii obiectivului propus.

În continuare, vă prezint procedura de lucru cu amplificatorul de putere.

6. Procedura de lucru cu amplificatorul de putere

1. Aerisiți camera și aplicați proceduri de fumigație.
2. Luați un recipient cu apă de 1-2 litri. Reglați conținutul de apă în așa fel încât aceasta să ocupe fie aproximativ 70% din volumul vasului.
3. Vă așezați pe un scaun cu spătar.
4. Țineți recipientul cu apă în așa fel încât mâna dreaptă să-l cuprindă din partea inferioară, iar cu mâna stângă să-l cuprindeți din partea superioară.
5. Relaxați brațele și le așezați împreună cu recipientul deasupra coapselor.
6. Cu o mână așezați ochelarii de somn pe ochi, după care țineți din nou, recipientul cu apă, folosind ambele mâini.
   Dacă nu aveți ochelari de somn, veți închide ochii.
7. Vă concentrați la apa din recipient. Din direcția inimii emiteți spre apa din recipient o lumină intensă de culoarea alb-strălucitoare.
   Între inimă și recipient se va crea o punte de lumină, alb-strălucitoare.
   Contopiți energia inimii cu energia apei.
8. Aplicați programul de manifestare a intenției.
9. Prin contracția palmelor aplicați apăsări blânde (pulsații) cu vârfurile degetelor asupra recipientului cu apă.
   La fiecare acțiune cu degetele asupra recipientului, pronunțați câte un număr. Recomand să numărați de la 1 la 120.
10. Reluați procedura de la punctul 9, ori de cate ori credeți că vă este necesară.
    Recomand să aplicați cel puțin 3 cicluri a câte 120 de pulsații conform punctului 9.
11. Mulțumiți apei.
    Mulțumiți universului pentru darurile primite prin intermediul apei.
    Beți din apa din recipient pe măsură ce vă este sete.

Observații și recomandări:

- Recomand să pronunțați numerele la intervale de 2-3 secunde.

Dacă sunteți agitați, recomand ca la începutul procedurii să pronunțați numerele cu foarte mare viteză, pentru ca mai apoi, pe măsură ce vă relaxați să le pronunțați din ce in ce mai rar.

- Dacă vă vine mai ușor, puteți aplica procedura de lucru cu amplificatorul de putere fără să rostiți nici un număr.
  În această variantă recomand să rostiți rugăciuni sau invocații religioase.
  Pentru a vă orienta asupra duratei de timp pe care o dedicați terapiei, vă recomand să utilizați un cronometru.
  Recomand să aplicați procedura cu amplificatorul de putere timp aproximativ 12 minute.
- Dacă nu vă puteți da acces la condiții optime de manifestare, recomand să o aplicați în condițiile pe care le aveți.
  Orice activitate de stimulare a apei generează în univers un potențial de manifestare benefică.
- Stimularea apei poate fi realizată și prin rotirea ușoară a recipientului.

În acest caz, punctul 9 are următorul conținut:

Prin aplicarea unor mișcări de torsiune la nivelul palmelor aplicați recipientului cu apă un număr de 120 de rotiri ușoare.
La fiecare acțiune de rotire a recipientului, pronunțați câte un număr.
Recomand să numărați de la 1 la 120.

Cele mai importate aspecte ale programului de amplificare energetică sunt: contactul nemijlocit dintre mână și recipient, stimularea apei și rostirea numerelor.

În acest scop, în caz de necesitate, recomand ca în orice stare ați fi, să luați în mână o sticlă cu apă și, prin mișcări fine să stimulați ca aceasta să lucreze pentru sănătatea și reușita dumneavoastră.

Dacă lucrați în mod intens și consecvent cu amplificatorul de putere, transformările în viața dumneavoastră pot fi miraculoase.
Pot fi situații în care transformările să fie atât de mari încât să depășească limitele minții ancorate în șabloanele sociale.

În acest caz, vă recomand să vă implicați asiduu în cât mai multe forme de antrenament intens dinamizator.
Este necesar să vă antrenați în mod intens cu scopul de a fluidiza cât mai bine energiile generate de amplificatorul de putere.

Pentru a vă dinamiza viața cât mai intens, vă recomand ca pe lângă meditația cu amplificatorul de putere să practicați dans energetic, dans terapeutic, recalibrarea posturii corpului, exerciții fizice de forță, alergări, jocuri sportive, etc.

În cele ce urmează vă prezint câteva programe de succes în lucrul cu amplificatorul de putere.

7. Terapia cu mantre în timpul lucrului cu amplificatorul de putere

Mantrele reprezintă o formă de manifestare a unei intenții.
În momentul în care peste unda emisă de amplificatorul de putere vom genera o anumită intenție prin intermediul unei mantre, efectul meditației poate crește foarte mult.

Se întâmplă acest fenomen întrucât, amplificatorul de putere preia unda de energie a mantrei, o amplifică și o conduce peste tot în univers, în special acolo unde aceasta este programată să își manifeste puterea.

Pornind de la acest principiu, dacă vom combina efectul mantrelor cu efectul amplificatorului de putere șansa noastră de a genera un anumit scop crește foarte mult.

Ca urmare, vă recomand ca în meditația cu amplificatorul de putere, să lucrați în mod alternativ atât cu numere, cât și cu mantre.
Prin emiterea numerelor acționați în mod echidistant și creator spre țelul cel mai înalt, iar prin emiterea mantrelor generați un scop clar și precis asupra căruia vă concentrați atenția.

Ca urmare, prin intermediul mantrei puteți pătrunde cu mare precizie în profunzimea universului acționând pentru un scop clar și precis, generând astfel transformări miraculoase.

În lucrarea ***Meditația cu mantre*** am emis ipoteza lucrului cu cinci timpuri de mantre care cultivă bucuria de a trăi:

Cele 5 mantre sunt.

- **Mantra acceptării** - materializată prin expresiile: **„Te accept!" „Te accept ...!"**

- **mantra iertării** - materializată prin expresiile: **„Te iert!” „Te iert ...!” „Te rog să mă ierți!” „Te rog să mă ierți ...!”**
- **mantra iubirii** - materializată prin expresiile: **„Te iubesc!” „Te iubesc ...!”**
- **mantra mulțumirii** - materializată prin expresiile: **„Mulțumesc!” „Mulțumesc ...!” „Iți mulțumesc!” „Îți mulțumesc ...!”**
- **mantra păcii** - materializată prin expresia: **„Sunt în pace”.**

După cum observați, unele mantre conțin puncte.
În locul punctelor veți pune denumiri de persoane, organe, obiecte, sau alte entități energetice.

În momentul în care emiteți mantre către o anumită persoană, veți pronunța numele de botez al acelei persoane.
În acest timp vă veți concentra cu toată iubirea la acea persoană.

Pe lângă aceste cinci tipuri de mantre, mai puteți utiliza orice alt tip de mantră care răspunde scopului dumneavoastră.
Este important ca atunci când emiteți o mantră, să urmăriți ca aceasta să fie cât mai scurtă, de maxim două sau trei cuvinte.

Atunci când emiteți o mantră scurtă, peste aceasta se suprapune energia empatică de la nivelul inimii.
Atunci când emiteți o mantră lungă, peste aceasta se suprapune energia mentală de la nivelul creierului.
Conform cercetărilor energia mentală este de mii de ori mai mică decât energia empatică.
Așadar, este necesar ca mantrele să fie cat mai scurte pentru a fi emise în mod preponderent de la nivelul inimii.

Este foarte important ca în momentul în care pronunțați o anumită mantră să vă concentrați cu toată puterea la entitatea energetică pe care o apelați.
Imediat după ce ați realizat această conexiune, amplificatorul de putere va prelua energia mantrei, și o va transmite în univers, în toate locurile unde există apă.

După cum știm, apa este mult mai densă decât aerul.
Pornind de la acest considerent ajungem la concluzia că energia mantrei preluate de amplificatorul de putere poate crește foarte mult, generând astfel transformări miraculoase.

Procedura de lucru cu mantre și cu amplificatorul de putere este similară cu cea prezentată anterior. Singura diferență dintre cele două proceduri este că în locul numerelor veți pronunța mantre.

8. Programe integrative de lucru cu amplificatorul de putere

Prin natura sa, terapia cu apă este un antrenament de tip Yin întrucât ne reface legătura cu pământul.

Cu toții ne dorim să fim din ce în ce mai puternici și mai buni.

Pentru a atinge aceste performanțe, este necesar să fim cât mai compleți și armonioși.

Starea de a fi armonios se atinge atunci când în noi se manifestă în mod egal atât energiile de tip Yang (celest) cât și cele de tip Yin (teluric).

Așadar, recomand ca în antrenamentul integrativ să combinați terapia cu amplificatorul de putere (stimulativ de energii de tip Yin) cu alte programe de antrenament dinamizator. (stimulative de energii de tip Yang)

În cele ce urmează vă recomand trei programe de antrenament care includ terapia cu amplificatorul de putere:

Programul I.

1. Meditația cu amplificatorul de putere. Timp de execuție: 10 minute.
2. Dansul relațiilor sau dansul pendular. Timp de execuție:15 minute.
3. Recalibrarea posturii corpului, cu spatele la perete, Timp de execuție: 8 minute.

Programul II.

1. Meditația cu amplificatorul de putere. Timp de execuție: 10 minute.
2. Alergare pe bandă sau în natură. Timp de execuție: 20 minute.
3. Postura abandonului total. Timp de execuție: 12 minute.

Programul III.

1. Meditația cu amplificatorul de putere. Timp de execuție: 10 minute.
2. Dans energetic cu gantere. Timp de execuție:11 minute.

3. Recalibrarea posturii corpului, din poziția culcat. Timp de execuție: 12 minute.

V-am prezentat cu încredere și bucurie **meditația cu amplificatorul de putere.**

Practicându-l în mod consecvent, vă dați toate șansele să generați programe de viață nebănuite.

Vă susțin cu drag!

Meditația a VIII-a

MEDITAȚIA DE ARMONIZARE

1. Strategia meditației de armonizare

De fiecare dată când desfășurăm mai mult timp aceeași activitate sau intrăm în conflict cu cineva, în ființa noastră apar blocaje energetice.

Pentru a ne elibera de astfel de blocaje este necesar să facem o meditație prin intermediul căreia să armonizăm energiile în așa fel încât acestea să curgă lin și frumos, atât în corp, cât și în câmpurile subtile.

Am conceput o meditație cu scopul de armonizare, pentru a fi din ce în ce mai bine din punct de vedere energetic și sufletesc.

Acestei meditații i-am dat denumirea de **meditație de armonizare**.

Programul de armonizare energetică se va desfășura în trei etape succesive: în zona picioarelor, în zona trunchiului și apoi, la final, în zona gâtului, a capului.

Ținând cont de faptul că, de cele mai multe ori blocajele energetice apar ca urmare a suprasolicitărilor sau a conflictelor, iar pe acest fond se taie legătura cu energia pământului, într-o primă fază vom lucra la nivelul tălpilor, deplasându-le în toate direcțiile.

În etapa următoare ne vom orienta asupra zonei toracice lucrând cu brațele în toate direcțiile.

La final vom lucra în zona gâtului și a capului, legănând capul deoparte și de alta a poziției de echilibru.

Este bine să începem meditația cu un antrenament dinamizator cu rol de încălzire a corpului pentru ca apoi să aplicăm mișcări lente și blânde cu scopul de a acționa cu mare eficiență creatoare atât în corp, cât și în câmpul cuantic al universului.

Dacă starea în care vă aflați nu vă permite să depuneți efort fizic, veți practica doar mișcări blânde, lente și suave ale părților din corp pe care le puteți mobiliza în meditație.

Meditația de armonizare prezintă marele avantaj că nu solicită sistemul muscular decât pentru mișcarea anumitor părți din corp.
Întrucât mișcările sunt de mică amplitudine și nu necesită susținerea corpului (aflat întins pe pat), sistemul muscular este foarte puțin utilizat.

Atunci când nu se solicită sistemul muscular, energia sufletului se amplifică foarte mult, cucerind astfel noi forme de creație din Univers.
Ținând cont de acest fenomen, vă sugerez să practicați meditația din poziția culcat cu fața în sus, în special atunci când doriți să generați o energie empatică de mare efect în profunzimea câmpurilor cuantice ale universului.

În meditația de armonizare deplasăm trei părți ale corpului: picioarele, mâinile și capul.

Cele trei segmente ale corpului joacă rolul de amplificatoare de putere.
Părțile corpului aflate în mișcare funcționează ca niște amplificatoare de putere întrucât acestea mijlocesc transferul energetic dintre corp și univers.

În cele ce urmează voi prezenta meditația la nivelul celor trei amplificatoare de putere: picioare, mâini și cap.

2. Meditația tălpilor

Meditația tălpilor presupune dinamizarea energiilor în zona inferioară a corpului, în special în zona gambelor și a tălpilor.
Am denumit-o meditația tălpilor, întrucât prin mișcarea picioarelor se amplifică intensitatea câmpului energetic de la nivelul tălpilor.

Aplicarea acestui tip de meditație generează un flux energetic cu efect atât în corp cât și în câmpul cuantic al relației cu pământul.

În perioada actuală, este profund necesară meditația tălpilor întrucât modul de viață al omenirii presupune activități care se concentrează în special la nivelul capului.

Ca urmare a acestei tendințe, zona picioarelor nu mai este pusă în valoare.

Se întâmplă acest fenomen deoarece cea mai mare parte din zi o petrecem în fața calculatorului, a telefonului sau a televizorului.

Atunci când atenția este concentrată la zona capului, cea mai mare parte a energiilor este direcționată în această parte a corpului.

Atunci când energiile sunt masate în mod abuziv într-o anumită parte a corpului, zona respectivă intră în suferință.

Se întâmplă acest proces întrucât noi suntem clădiți în așa fel încât să fim în armonie energetică în toată ființa, inclusiv în corpul fizic.

Așa cum **„tot ce este prea mult strică”,** la fel și excesul de energie din zona capului afectează starea de sănătate.

De asemenea, atunci când se creează un exces de energie în zona capului, restul corpului rămâne în deficit energetic.

Ca urmare a acestui fenomen, zona picioarelor este văduvită de energie iar din această cauză omul intră în suferință.

Acesta este motivul pentru care marea majoritate a cauzelor de deces provin din afecțiuni care au punctul de aplicare în zona inferioară stângă a corpului.

Dintre cele mai des întâlnite boli cu efect devastator, sunt cele ale aparatului circulator, bolile din zona picioarelor, a bazinului și cele care implică organele interne.

Luăm în calcul și bolile aparatului circulator întrucât, inima fiind pe partea stângă a corpului este influențată în mod covârșitor de energia pământului.

Pentru a diminua excesul de energie de la nivelul capului, și pentru a compensa deficitul energetic din zona inferioară-stângă a corpului, vom genera un flux suplimentar de energie în zona picioarelor.

Vom practica meditația tălpilor cu scopul de a dinamiza zona inferioară a corpului și, în special, zona tălpilor, a gleznelor și a gambelor.

Pentru a practica meditația tălpilor, vom parcurge următoarea procedură:

Procedura pentru meditația tălpilor

1. Vă întindeți pe pat cu fața în sus și mâinile relaxate pe lângă corp.

2. Închideți ochii, vă interiorizați și vă stabiliți o intenție clară și precisă.
3. Vă deplasați corpul în așa fel încât glezna și talpa să fie în consolă, la marginea patului.
   Ca soluție de rezervă, pentru a ține glezna și talpa în consolă, puteți să adăugați sub gambe o pernă sau un prosop având rolul de suport înălțător.
4. Prin mișcări rapide veți deplasa laba piciorului în sus și în jos, spre stânga și spre dreapta.
   Timp de execuție: 3-4 min.
5. Prin mișcări lente veți deplasa laba piciorului în sus și în jos, spre stânga și spre dreapta. De asemenea, veți roti laba piciorului spre stânga și spre dreapta.
   Timp de execuție: 12-21 min.

   În acest timp vă concentrați la tălpi și la intenția pe care v-ați pus-o înainte de a începe meditația.
6. Vă retrageți din nou pe pat stând cu fața în sus.
7. Mulțumiți lui Dumnezeu și întregului univers pentru darul acestei meditații!

După cum observați, la punctul 4 am practicat *meditația dinamică* iar la punctul 5 am practicat *meditația cuantică.*

Am propus timpi diferiți pentru meditația dinamică și pentru meditația cuantică întrucât meditația dinamică solicită corpul mai mult.

Veți practica meditația dinamică și meditația cuantică atât timp cât doriți, așa cum vi se potrivește cel mai bine.

3. Meditația mâinilor

3.1. Strategia în meditația mâinilor

Mâinile acționează energetic în mod specific prin cele două componente - antebraț și braț.

Energia antebrațului acționează cu predilecție în zona palmei, iar energia brațului acționează cu predilecție în zona umerilor.

Atât palmele cât şi umerii sunt foarte importanţi din punct de vedere energetic.

Palmele reprezintă conexiunea sufletului cu universul iar umerii reprezintă conexiunea sufletului cu braţul.

Pentru a înţelege fiecare tip de terapie, vom aplica meditaţia antebraţului şi a braţului în secţiuni separate.

Este bine ca în timpul antrenamentelor să practicaţi în mod succesiv, mai întâi meditaţia antebraţului şi apoi meditaţia braţului.

Meditaţia antebraţului va genera un flux energetic dintre mână şi univers iar meditaţia braţului va genera un flux energetic dintre mână şi suflet.

În mod practic, prin conexiunea celor două tipuri de meditaţie se obţine conexiunea sufletului cu universul.

Pentru aplicarea în condiţii cât mai bune a meditaţiei la nivelul mâinilor, într-o primă fază veţi ţine palmele uşor deschise, îndreptate spre direcţia de deplasare a antebraţului.

Veţi avea degetele uşor răsfirate, cu falangele îndreptate spre cer.

Prin această acţiune vă imaginaţi că trimiteţi spre cer cinci fascicule de lumină de tip LASER prin intermediul cărora purificaţi şi energizaţi câmpurile cuantice ale universului.

În cadrul acestei acţiuni, vă imaginaţi că tăiaţi stringurile care vă ţin în nemişcare din evoluţia dumneavoastră spre însănătoşire şi împlinire.

Pentru a imprima şi mai mult puterea voinţei personale în câmpurile cuantice ale universului, în partea a doua a meditaţiei veţi îndrepta spre cer doar degetul arătător.

În mod imaginar, veţi emite un fascicul de lumină de tip LASER care pleacă din vârful degetului arătător.

Într-o primă fază, acel fascicol are rolul de a fi un cuţit care taie chingile energetice care încă vă ţin în nemişcare.

La final veţi ţine degetul concentrat într-un punct fix pe bolta cerească.

Prin această acţiune veţi constitui pe bolta cerească un punct de sprijin care să devină o sursă de bogăţie pentru creaţia dumneavoastră.

Dacă aveţi anumite zone ale corpului aflate în suferinţă, veţi îndrepta degetele spre ţesuturile afectate, după aceleaşi proceduri pe care le-aţi aplicat în relaţie cu bolta cerească.

În mod similar, veţi îndrepta şi degetul arătător spre ţesutul aflat în suferinţă.

Atunci când deplasați palmele cu falangele degetelor îndreptate spre zonele afectate, veți tăia stringurile suferinței și veți da acces la energiile benefice venite din univers.

Vă recomand ca la început să aplicați meditația antebrațelor, după care să aplicați meditația brațelor.

În cele ce urmează vă prezint cele două tipuri de meditație respectiv, meditația antebrațelor și meditația brațelor.

3.2. Meditația antebrațelor

Energiile de la nivelul antebrațelor și, în special, la nivelul degetelor se concentrează o mare parte din energia ființei umane.

Se întâmplă acest fenomen întrucât energia de la nivelul sufletului se alimentează prin intermediul palmei stângi și se transmite către univers prin intermediul palmei drepte.

Partea stângă a corpului reprezintă zona de colectare a energiilor care se îndreaptă spre suflet iar partea dreaptă a corpului reprezintă zona de emisie către univers a energiilor generate de la nivelul sufletului.

Antebrațul stâng este receptorul energiilor venite din câmpul cuantic al universului iar antebrațul drept este generatorul energiilor sufletului către univers.

Cea mai mare concentrație de energie vehiculată între corp și univers se află la nivelul mâinilor și, în special, la nivelul palmelor.

Ținând cont de acest fenomen, este important să punem în valoare cât mai bine energiile de la nivelul antebrațelor și, în special, la nivelul palmelor.

Meditația la nivelul antebrațelor se face prin mișcarea antebrațelor și a palmelor în câmpul auric al corpului.

Pentru a fi cât mai relaxați este necesar să stăm culcat cu fața în sus și cu coatele așezate pe saltea.

Este important ca în timp ce mișcăm segmentele corpului să ne concentrăm în zona acestora în așa fel încât energia noastră să fie amplificată prin programul de manifestare a intenției.

În această situație, ne vom concentra cu toate puterile în zona palmelor și a degetelor.

În cele ce urmează vă prezint procedura pentru meditația antebrațelor.

Procedura pentru meditația antebrațelor

1. Vă așezați întins pe pat cu fața în sus și cu mâinile relaxate pe lângă corp.
2. Închideți ochii, vă interiorizați și vă stabiliți o intenție clară și precisă.
3. Ridicați antebrațele menținând coatele pe saltea. Prin mișcări rapide veți deplasa palmele spre picioare și spre cap.
   Veți orienta palmele spre direcția de deplasare a antebrațelor.
   Timp de execuție: 2-3 min.
4. Vă relaxați. Menținând palmele desfăcute cu falangele degetelor îndreptate spre exterior, veți practica mișcări lente ale antebrațelor spre picioare și spre cap, spre stânga și spre dreapta.
   Veți orienta palmele spre direcția de deplasare a antebrațelor.
   De asemenea, veți roti antebrațele spre stânga și spre dreapta.
   Timp de execuție: 10-12 min.
5. Ridicați antebrațele cu degetele arătătoare îndreptate spre cer.
   Veți practica mișcări lente ale antebrațelor spre picioare și spre cap, spre stânga și spre dreapta.
   Veți orienta palmele spre direcția de deplasare a antebrațelor.
   De asemenea, veți roti antebrațele spre stânga și spre dreapta.
   La final veți îndrepta degetele arătătoare spre un punct fix pe bolta cerească. Mențineți degetele arătătoare îndreptate spre acea direcție și vă concentrați la scop sau intenție.
   Timp de execuție 5-6 min.
6. Vă relaxați și așezați antebrațele pe saltea.
7. Mulțumiți lui Dumnezeu și întregului univers pentru darul acestei meditații!

3.3. Meditația brațelor

Brațele conduc energia sufletului conform aceluiași principiu după care o conduc și antebrațele.

Spre deosebire de antebrațe, care acționează cu precădere în câmpul cuantic al universului, brațele acționează în zona umerilor, cu efect la nivelul sufletului.

Mișcarea brațelor deblochează energiile de la nivelul umerilor și apoi le antrenează în drumul lor spre corp.

Pentru că fluxul energetic de la nivelul umerilor este armonizat, pentru că în timpul meditației se mișcă și antebrațele iar degetele sunt îndreptate spre bolta cerească, meditația brațelor are efect mai profund în ființa umană, în comparație cu meditația antebrațelor.

Cu toate că brațele mobilizează mai bine energia la nivelul umerilor, este bine să se practice atât meditația brațelor, cât și meditația antebrațelor întrucât fiecare dintre acestea vehiculează spectre diferite de energii.
Având în vedere efectele diferite ale celor două segmente ale mâinii, recomand să se practice atât meditația brațelor cât și meditația antebrațelor.

E bine ca prima dată să se aplice meditația antebrațelor și apoi meditația brațelor.
Urmând această succesiune, meditația brațelor se va face după ce câmpul energetic este bine pregătit prin meditația antebrațelor.

În cele ce urmează vă prezint procedura pentru meditația brațelor.

Procedura pentru meditația brațelor

1. Vă așezați întins pe pat, cu fața în sus și cu mâinile relaxate pe lângă corp.

2. Închideți ochii, vă interiorizați și vă stabiliți o intenție clară și precisă.

3. Ridicați brațele bine întinse, în poziție verticală. Prin mișcări rapide veți deplasa palmele spre picioare și spre cap.

   Veți orienta palmele spre direcția de deplasare a brațelor.
   Timp de execuție 2-3 min.

4. Vă relaxați. Menținând palmele desfăcute cu falangele degetelor îndreptate spre cer, veți practica mișcări lente ale brațelor spre picioare și spre cap, spre stânga și spre dreapta.
   Veți orienta palmele spre direcția de deplasare a brațelor.
   De asemenea, veți roti brațele spre stânga și spre dreapta.
   Timp de execuție 10-12 min.

5. Ridicați brațele cu degetele arătătoare îndreptate spre cer.
   Veți practica mișcări lente ale brațelor spre picioare și spre cap, spre stânga și spre dreapta.
   Veți orienta palmele spre direcția de deplasare a brațelor.

De asemenea, veți roti brațele spre stânga și spre dreapta.
La final veți îndrepta degetele arătătoare spre un punct fix pe bolta cerească. Mențineți degetele arătătoare îndreptate spre acea direcție și vă concentrați la scop.
Timp de execuție: 5-6 min.

6. Vă relaxați și așezați brațele pe saltea.
7. Mulțumiți lui Dumnezeu și întregului univers pentru darul acestei meditații!

4. Meditația de balansare a capului

Capul reprezintă „centrul de comandă" al ființei umane.
Deciziile care se iau la nivelul capului sunt în funcție de energiile care se vehiculează în creier.
Este important să ținem cont de faptul că gâtul reprezintă puntea de legătură dintre creier și restul corpului, între spirit și suflet.

Orice suferință manifestată la nivelul sufletului și spiritului este reflectată și la nivelul gâtului întrucât blocajele energetice de la nivelul celor două resurse de putere se manifestă și pe punțile de legătură dintre cap și trunchi.

Pentru că la nivelul gâtului există un transfer de energie și informație atât de important, este bine să facem tot ce este posibil pentru a stimula o activitate cât mai benefică în această zonă a corpului.

Atunci când există un blocaj energetic la nivelul capului, întreaga ființă este afectată.
Am trecut și eu printr-o situație similară. La un moment dat am început să simt în zona capului o durere continuă care nu mai trecea cu nicio altă formă de terapie și antrenament.
În cele ce urmează voi face o relatare a unei astfel de situații.

Relatare: Cum am scăpat de durerea de cap?

De câteva zile mă durea capul foarte tare și aveam o stare de apatie.
De asemenea, în urechi aveam un zgomot continuu, iar din când în când zgomotul se transforma în țiuit.

Pentru că voiam să mă simt bine, am început să aplic diferite forme de terapie și antrenament.

Cu toate că lucram intens, nu reușeam să obțin o îmbunătățire a stării de sănătate.

Într-un moment de inspirație, m-am așezat pe pat, am fixat cronometru la 12 minute și am început să practic meditația de balansare a capului.

În timp ce practicam meditația de balansare a capului, aveam ușoare dureri la gât și la cap.

Pentru a evita durerea, mișcam capul lent prin rotiri ușoare și de mică amplitudine, deoparte și de alta a poziției de echilibru.

Pe măsură ce aplicam terapia, realizam că pot să deplasez capul cu amplitudine din ce în ce mai mare deoparte și de alta a poziției de echilibru.

Mai mult decât atât, simțeam nevoia să ridic capul în consolă și să îl balansez în plan vertical.

Acesta era semn că pe măsură ce lucram, mi se deblocau energiile acumulate în exces la nivelul gâtului și capului.

M-a încurajat această stare și am continuat să fac balansări de cap ridicându-l și coborându-l fără sa ating perna.

De asemenea, ținând capul în consolă, îl roteam deoparte și de alta a poziției de echilibru.

Atunci când oboseam, așezam capul pe pernă și continuam terapia, rotindu-l de o parte și de alta a poziției de echilibru.

Am continuat să fac aceste mișcări până ce s-a auzit cronometrul, semn că trecuseră cele 12 minute.

După ce m-am ridicat din pat m-am dus în fața oglinzii.

Analizându-mă am constatat că pe chip mi se instalase un zâmbet plăcut care provenea din interiorul ființei.

De mult timp nu mai văzusem un asemenea zâmbet pe chipul meu.

Am fost atent și la starea pe care o aveam.

Eram optimist și plin de bucurie.

La un moment dat am intrat în dialog cu cineva. Am fost surprins de glasul meu.

Aveam un glas cristalin și puternic. Acesta era semn că se energizase foarte bine zona gâtului.

Pentru că m-am simțit atât de bine, în ziua respectivă am mai aplicat încă de două ori meditația de balansare a capului.

În zilele următoare am practicat meditația de balansare a capului.

După aproximativ o săptămână, timp în care am aplicat de două ori pe zi meditația de balansare a capului, am început să mă simt foarte bine, am scăpat și de țiuitul din urechi.

De atunci, aproape în fiecare zi practic meditația de balansare a capului, mai ales când mă simt obosit, surmenat sau am dureri la gât și la cap.

Pentru a practica meditația de balansare a capului este necesar să ne așezăm pe pat cu fața în sus.

Pentru sprijin, putem folosi o pernă elastică de mică dimensiune sau putem așeza capul direct pe saltea.

În timp ce suntem așezați pe pat cu fața în sus, vom balansa capul în stânga și în dreapta, de o parte și de alta a poziției de echilibru.

Este foarte important să lucrăm cu mare atenție în zona capului întrucât creierul este foarte sensibil.

De asemenea, zona gâtului este sensibilă întrucât are o secțiune mult mai mică decât cele două părți ale corpului, trunchiul și capul.

Având o secțiune mult mai mică, dacă nu suntem blânzi cu noi în acțiunile din zona gâtului, există riscul să forțăm articulațiile și mușchii.

Mergând pe acest principiu, la început vom practica mișcări de încălzire, apoi mișcări terapeutice, pentru ca la final să aplicăm mișcări de vitalizare în zona gâtului. În cele ce urmează voi descrie pe fiecare dintre cele trei categorii de mișcări.

a. Mișcări de încălzire în zona gâtului.

Vom face mișcări de încălzire a zonei gâtului, rotind capul în mod alternativ spre stânga și spre dreapta, la un unghi de maxim 30°.

Mișcările de încălzire se vor face cu capul sprijinit pe o pernă sau direct pe saltea.

b. Mișcări terapeutice în zona gâtului.

Având capul așezat pe o pernă elastică sau pe saltea, facem mișcări de rotire foarte lentă a capului, de o parte și de alta a poziției de echilibru.

La această mișcare veți căuta să dirijați capul în așa fel încât să se întindă foarte bine mușchii gâtului.

c. Mișcări de vitalizare în zona gâtului.

Este important să avem mușchii gâtului destul de bine fortificați în așa fel încât să se asigure un transfer energetic cât mai bun între cap și trunchi.

Dacă starea fizică vă permite, veți ridica ușor capul de pe pernă sau de pe saltea și îl veți balansa în sus și în jos fără să atingeți suportul de sprijin.

În momentul în care ați obosit, veți așeza capul pe suport.

Având capul sprijinit pe suport, vă veți relaxa sau veți continua terapia, rotind capul de o parte și de alta a poziției de echilibru.

Acestea sunt cele trei mișcări importante de dinamizare a capului în raport cu trunchiul, prin mobilizarea mușchilor de la nivelul gâtului.

Dumneavoastră puteți să faceți și alte mișcări așa cum vi se potrivește cel mai bine, urmărind mereu cu atenție să fiți într-o formă cât mai bună la nivelul capului și gâtului.

Prin această terapie veți genera eliberarea canalelor energetice de la nivelul gâtului, facilitând astfel transferul energetic dintre cap și trunchi.

Pentru a aplica această formă de antrenament veți parcurge următoarea procedură:

Procedură pentru meditația de balansare a capului

1. Vă așezați întins pe pat, cu fața în sus și mâinile relaxate pe lângă corp.

2. Închideți ochii, vă interiorizați și vă stabiliți o intenție clară și precisă.

3. Având capul sprijinit pe saltea, îl veți roti ușor spre dreapta și spre stânga prin mișcări lente și blânde, cu scopul de a realiza o încălzire a mușchilor din zona gâtului.
Timp de execuție: 7-8 min.

4. Sprijinind capul pe saltea, îl veți roti amplu spre dreapta și spre stânga, prin mișcări cât mai lente.
Timp de execuție: 5-6 min.

5. Ridicați capul în consolă și îl deplasați în sus și în jos fără să atingeți ceafa de suportul de sprijin. Când obosiți, așezați capul pe suport.

Reluați procedura în reprize scurte în funcție de vitalitatea mușchilor de la nivelul gâtului.

6. Reluați procedura de la punctul 3 și continuați cu procedura de la punctul 4, atât timp cât simțiți că e potrivit pentru dumneavoastră.

7. Mulțumiți lui Dumnezeu și întregului univers pentru darul acestei meditații!

Recomandări:

- În timpul programului de terapie puteți ține mâinile întinse pe lângă corp.
  Dacă vreți să dați putere mai mare părții stângi a corpului, veți ține mâna stângă cu antebrațul în plan vertical, cu falangele degetelor îndreptate spre cer.

  Dacă vreți să dați putere mai mare părții drepte a corpului, veți ține mâna dreaptă cu antebrațul în plan vertical, cu falangele degetelor îndreptate spre cer.

  Dacă vreți să dați putere mai mare întregii zone a inimii veți ține ambele antebrațe în plan vertical, cu falangele degetelor îndreptate spre cer.

- Toate mișcările se fac foarte lent și cu o amplitudine potrivită în așa fel încât să nu forțați articulațiile și mușchii din zona gâtului.
  Dacă aveți suferințe în zona capului și a gâtului, puteți face doar mișcările de încălzire de la punctul 3, în așa fel încât să nu suprasolicitați țesuturile.

- Dacă nu folosiți cronometru, puteți stabili să numărați mișcările.
  De exemplu, la mișcările de încălzire, puteți să faceți un număr de 120 până la 360 de rotiri ușoare de cap spre dreapta și spre stânga.

  De asemenea, puteți face între 21 și 120 de înclinări ample și lente de cap, de o parte și de alta a poziției de echilibru.

- Mișcările cu capul în consolă se fac în funcție de posibilitățile fizice și sufletești. Veți fi blânzi cu voi în toate mișcările capului.

- Dacă doriți să stimulați îmbunătățirea activității aparatului circulator, recomand ca în timpul meditației să plasați palmele pe piept în dreptul inimii.
  Pentru ca brațele să fie relaxate în timpul meditației, veți căuta să țineți coatele sprijinite pe saltea în așa fel încât palmele și în special degetele să fie cât mai aproape de inimă.

- Pe toată perioada terapiei, veți fi atenți la stări în așa fel încât să nu amețiți.
  La primele senzații de amețeală vă veți opri. De asemenea, vă opriți imediat ce simțiți că vi se amplifică durerile din zona gâtului și capului.

5. Meditația de armonizare a energiei inimii

5.1 Fenomene de vindecare energetică

La un moment dat Nikola Tesla a spus: **„totul este energie”.**

Din acel moment o multitudine de cercetători, specialiști în domeniul fizicii cuantice s-au implicat în a analiza și a pune în valoare această afirmație.

În cei peste 100 de ani de cercetări s-a ajuns la concluzia că în univers totul este energie.

Așadar, materia este energie. **Corpul uman este energie.**

Ținând cont de acest fenomen, considerăm că atunci când apare în ființa umană o suferință, este semn că aceasta se manifestă în primul rând la nivel energetic și apoi la nivel material.

De aici tragem concluzia că pentru a vindeca suferința, este necesar să o vindecăm din câmpul energetic.

Este foarte important să ținem cont de faptul că suntem energie.

Așadar, fiecare țesut din ființa noastră, la nivel subtil este reprezentat de o energie corespunzătoare materiei din care provine.

Ca urmare a acestui principiu, țesuturile corpului fizic emană un câmp energetic în funcție de starea de sănătate a organelor, aparatelor și sistemelor.

Atunci când există dezechilibru în ființa umană, câmpul energetic este în dezechilibru.

Pentru a restabili starea de sănătate, putem acționa în câmpul energetic al corpului.

Acest efect este favorizat de faptul că între noi și univers există un transfer continuu de energie.

Dacă energia din câmpul cuantic este armonioasă, atunci ființa noastră tinde spre însănătoșire.

Pornind de la această sintagmă, vom căuta să lucrăm în câmpul cuantic pentru a însănătoși întreaga ființă.

În mod practic, pentru a restabili starea de sănătate și vitalitate, vom lucra în câmpurile energetice ale corpului în așa fel încât într-o primă fază să ne armonizăm, pentru ca apoi să ne creștem potențialul creator.

În cazul în care există o suferință într-o anumită zonă a corpului, este necesar să lucrăm focalizându-ne pe zona respectivă.

De asemenea, este bine să știm că suntem un întreg și că toate zonele ființei noastre sunt în strânsă interdependență.
Ținând cont de acest principiu, este important să ne vindecăm toate câmpurile energetice pentru ca apoi întreaga noastră ființă să fie sănătoasă și fericită.

Acest concept este dezvoltat și în înțelepciunea populară prin exemplul în care se spune așa: **„Unde nu-i cap, vai de picioare!"**
Nu este întâmplător faptul că în popor se folosește această expresie. Această expresie are o corespondență biunivocă în fizica cuantică.

De exemplu, dacă ne doare capul este semn că la nivelul acestui organ este un exces de energie.
Conform filozofiei chineze, un corp este sănătos atunci când energiile Yin și Yang sunt în echilibru.

Traducând în limbaj cuantic, atunci când ne doare capul, la nivelul superior al corpului există un exces de energie de tip Yang.
Se întâmplă acest proces întrucât energiile de tip Yin sunt atât de slabe în partea inferioară stângă a corpului, încât nu reușesc să ajungă până la nivelul capului.

Așadar, dacă ne doare capul este necesar să lucrăm în mod intens cu meditația gambelor și cu meditația brațelor iar la final să lucrăm cu meditația de balansare a capului.

Începem cu această ordine întrucât **programele de vindecare energetică se aplică începând cu zona sănătoasă și, din aproape în aproape, mergem spre zona afectată.**

După același principiu vom acționa și în părțile laterale ale corpului.
Dacă ne doare un organ pe partea stângă, într-o primă fază vom lucra pe partea dreaptă pentru ca în final să ajungem să lucrăm pe partea stângă.

Pentru a preveni o eventuală apariție a suferinței, este bine să ne antrenăm în mod preventiv.
Atunci când lucrăm în mod preventiv într-o anumită zonă, care în mod obișnuit este afectată, iar starea țesuturilor ne permite sa acționăm, putem aplica terapii de dinamizare chiar în zona vulnerabilă.

De exemplu, dacă în mod obișnuit durerea este pe partea stângă, în mod preventiv putem aplica programe de vindecare energetică dinamizând picioarele și brațul stâng.

De obicei, atunci când este un deficit într-o parte a corpului - în cealaltă parte a corpului este excedent.

În acest caz vom lucra 80% din timp pe zona de deficit pentru a o purifica şi a o pregăti să primească energie benefică, iar 20 % vom lucra pe zona cu excedent pentru a dizolva acumulările excesive de energie.

După acelaşi principiu, vom proceda în oglindă atunci când durerile sunt pe partea dreaptă a corpului.

Dacă în mod obişnuit durerea este pe partea dreaptă, vom lucra preventiv aplicând programe de vindecare energetică, dinamizând în mod prioritar picioarele şi braţul drept.

În ambele situaţii vom acţiona în zona capului după ce am lucrat în zona picioarelor şi braţelor.

Am prezentat pentru început principiile de aplicare a terapiilor energetice specifice poziţiei culcat cu faţa în sus întrucât, persoanele aflate în suferinţă se pot manifesta în condiţii de siguranţă atunci când sunt în această poziţie.

Aceleaşi principii se aplică întocmai şi în situaţia în care ne aflăm în şezut sau stăm în picioare.

Aşadar, dacă în mod obişnuit apar probleme pe partea stângă a corpului, este necesar să lucrăm în mod preventiv la dinamizarea picioarelor şi a braţelor, în special a braţului stâng.

De exemplu, atunci când dinamizăm braţul stâng, blocajele energetice de la nivelul inimii sunt eliberate iar ca urmare a acestui efect, energia pământului avansează până spre cap echilibrând astfel circulaţia energetică la nivelul întregului organism.

Una dintre cele mai eficiente metode de dinamizare a blocajelor energetice de la nivelul inimii este meditaţia inimii.

În cele ce urmează voi prezenta meditaţia inimii realizată din poziţia culcat cu faţa în sus.

5.2. Meditaţia de armonizare a energiei inimii din poziţia culcat cu faţa în sus

Inima se află în partea stângă-superioară a corpului.

Conform medicinei tradiționale chineze, inima este alimentată cu energie venită de la pământ prin intermediul piciorului stâng și energie empatică venită din planul social prin intermediul mâinii stângi.

Așadar, suferințele din zona inimii pot fi cauzate de blocaje energetice survenite pe meridianele piciorului stâng și brațului stâng.

Pentru a genera buna funcționare energetică de la nivelul inimii este necesar să se lucreze în zona de amonte a inimii, mai exact la nivelul piciorului stâng și a mâinii stângi.

Vom acționa în mod prioritar pe partea stângă a corpului întrucât aceasta este în deficit energetic în raport cu partea dreaptă a corpului.
Dacă zona stângă este dureroasă atunci se acționează în prima parte pe zona dreaptă și apoi, din aproape în aproape, mergem spre zona afectată.

În cazul Meditației de armonizare, se va acționa cu prioritate la gamba stângă și la mâna stângă.
Atunci când se lucrează la gamba stângă, gamba dreaptă rămâne în poziție inertă pe saltea.
Atunci când se lucrează cu mâna stângă, ținem palma mâinii drepte pe piept în zona inimii, cu falangele degetelor îndreptate spre corp.

În ambele situații ținem imobile membrele din partea dreaptă întrucât ne dorim să dinamizăm cât mai bine energiile din partea stângă a corpului.

În cele ce urmează voi prezenta procedura de meditație a inimii aplicată din poziția culcat cu fața în sus.

Procedura de meditație a inimii din poziția culcat cu fața în sus

1. Vă așezați întins pe pat, cu fața în sus și mâinile relaxate pe lângă corp.

2. Închideți ochii, vă interiorizați și vă stabiliți intenția de vindecare a inimii.

3. Vă așezați într-o poziție în așa fel încât piciorul stâng să poată fi mișcat de la nivelul gleznei. În acest scop, fie vă deplasați până la marginea patului pentru a ține piciorul în consolă, fie așezați sub gamba stângă un suport înălțător.

4. Prin mișcări rapide la nivelul piciorului faceți încălzirea gambei stângi.
   În acest timp păstrați piciorul drept întins pe salteaua suport.

Timp de execuție: 2-3 minute.

5. Prin mișcări lente și ample la nivelul labei piciorului aplicați terapia de energizare a piciorului stâng.
În acest timp păstrați piciorul drept întins pe salteaua suport.
Timp de execuție: 10-12 minute.

6. Ridicați antebrațul stâng în poziție verticală. Prin mișcări rapide veți deplasa palma stângă spre picioare și spre cap.
În timpul mișcărilor de antebraț țineți palma deschisă cu falangele îndreptate spre exterior.
Timp de execuție: 1-2 min.
În acest timp palma dreaptă este așezată pe piept, la nivelul inimii cu falangele îndreptate spre corp.

7. Vă relaxați și veți practica mișcări lente ale antebrațului stâng spre picioare și spre cap, spre stânga și spre dreapta,
De asemenea, veți roti antebrațul spre stânga și spre dreapta.
În timpul mișcărilor de antebraț veți avea palma deschisă cu falangele îndreptate spre exterior.
Timp de execuție: 7-8 min.

8. Ridicați brațul stâng în poziție verticală cu degetul arătător îndreptat spre exterior. Prin mișcări rapide veți deplasa palma stângă spre picioare și spre cap.
Timp de execuție: 1-2 min.
În acest timp palma dreaptă este așezată pe piept, la nivelul inimii cu falangele îndreptate spre corp.

9. Ridicați brațul stâng în poziție verticală cu degetul arătător îndreptat spre cer.
Veți practica mișcări lente ale brațului stâng spre picioare și spre cap, spre stânga și spre dreapta,
De asemenea, veți roti antebrațul spre stânga și spre dreapta.
În acest timp, palma dreaptă este așezată pe piept, la nivelul inimii cu falangele îndreptate spre corp. Timp de execuție: 7-8 min.

10. Menținând brațul stâng întins în poziție verticală veți deplasa palma stângă în toate direcțiile, căutând să mișcați degetele în cât mai multe moduri. Timp de execuție: 2-3 min.

11. Vă relaxați și așezați brațul pe saltea.

12. Mulțumiți lui Dumnezeu și întregului univers pentru darul acestei meditații!

Am prezentat cu bucurie meditația inimii. Așa cum am procedat pe partea stângă a corpului acționând la piciorul stâng și la mâna stângă pentru a armoniza zona energetică a inimii, la fel putem aplica și pe partea dreaptă cu scopul de a armoniza zona energetică a plămânului și a ficatului.

Luăm în calcul și plămânul, cu toate că este pe axul corpului, întrucât, conform medicinei tradiționale chineze, plămânul este un organ de tip yang.
Fiind yang, este guvernat de energia care circulă pe partea dreaptă a corpului.

Dacă aveți dizarmonii energetice pe partea dreaptă a corpului, veți aplica procedura descrisă pentru zona inimii, doar că veți face mișcările cu mâna dreaptă și piciorul drept.

6. Meditația de armonizare din poziția șezut

Mișcarea brațelor în câmpul cuantic al ființei umane este benefică din orice poziție ne-am afla.
Pentru că petrecem foarte mult timp în șezut, este bine să valorificăm această poziție cu scopul de a genera o resursă de putere care să ne ajute să ne întărim atât în corpul fizic, dar și în câmpurile cuantice ale universului.

De asemenea, pot fi situații în care unele persoane nu pot să practice activități de terapie și antrenament stând în picioare.
În acest caz, stând în șezut, prin mișcarea brațelor puteți dinamiza energiile atât în corp cât și în câmpurile cuantice ale universului.

Poziția șezut prezintă avantajul că suntem relaxați la nivelul picioarelor și trunchiului, întrucât sistemul muscular este folosit într-o mică măsură pentru susținerea corpului fizic.

Fiind în această poziție, vom împinge pieptul ușor înainte așa fel încât să circule energia cât mai bine de-a lungul coloanei vertebrale.
Vom ridica antebrațele în poziție orizontală, deschidem palmele cu degetele ușor răsfirate iar apoi le mișcăm în zona pieptului în așa fel încât să generăm energii cât mai intense și benefice.

În cele ce urmează voi prezenta o procedură pentru meditația din poziția șezut.

Procedură pentru meditația de armonizare din poziția șezut

1. Vă așezați în șezut. Țineți tălpile pe sol, depărtate, la nivelul distanței dintre umeri.
2. Închideți ochii, vă interiorizați și vă stabiliți o intenție clară și precisă.
3. Împingeți pieptul spre înainte. Ridicați antebrațele în plan orizontal, deschideți palmele și țineți degetele răsfirate.
   Deplasați ușor palmele în sus și în jos, spre dreapta și spre stânga.
   Rotiți antebrațele în sensul acelor de ceasornic și în sens invers.
   Timp de execuție: 12-21 min.
4. Vă relaxați și mulțumiți lui Dumnezeu și întregului univers pentru darul acestei meditații!

Acestea sunt principalele forme ale meditației de armonizare.

Pentru a fi eficienți și creativi vă recomand să vă implicați în toate formele de meditație în așa fel încât să acoperiți cât mai multe dintre nevoile pe care le întâmpinați pe întreg parcursul vieții.

Fiecare tip de meditație are efecte profund benefice pe anumite zone de interes.

Având în vedere faptul că sunt atât de benefice, vă recomand să le practicați cât mai des posibil și de fiecare dată când vă sunt necesare. Prin această atitudine vă dinamizați ființa spre a trăi o viață frumoasă și împlinitoare.

Meditația a IX-a

MEDITAȚIA DE PURIFICARE A AUREI

1. Cum am creat meditația de purificare a aurei

Suntem ființe comunicative.

În acest demers interacționăm atât cu energiile venite din univers, cât și cu energiile venite din planul pământean.

Energiile universului sunt curate, aducătoare de viață sănătoasă și marcate de succes, iar energiile venite din planul terestru conțin și o parte din karma celor cu care comunicăm.

Energiile karmice ne frânează din evoluția noastră spre scopul vieții.

De regulă, energiile karmice ne afectează cel mai mult atunci când nu suntem atenți la stări și nu luăm măsuri pentru purificarea aurei.

Acest fenomen se întâmplă de obicei noaptea, în timp ce dormim.

Atunci când dormim suntem imobili și inconștienți la tot ce se întâmplă în câmpul nostru auric.

Ca urmare, dimineața, când ne trezim, putem avea tot felul de stări neplăcute sau dureri în corp.

De asemenea, pe parcursul zilei, cu toate că suntem energici și atenți la stări, câmpul auric se poate impregna cu energii karmice, provocându-ne stări de anxietate, apatie și chiar dureri fizice.

Trăim astfel de stări în perioadele în care muncim foarte mult și interacționăm intens cu oameni suferinzi.

Într-o perioadă profund solicitantă mi s-a întâmplat și mie să fiu afectat de astfel de stări.

Cu toate că aplicam mai multe forme de antrenament, nu reușeam să mă protejez de asaltul energiilor karmice.

Din această cauză, dimineața când mă trezeam, în loc să fiu într-o stare bună, ca urmare a faptului că eram după un somn de aproape șase ore, aveam dureri în corp.

De asemenea, aveam sufletul greu, fiind afectat de tot felul de gânduri.

Pentru că voiam să mă simt bine, am început să îmi purific aura cu ajutorul palmelor.

După câteva mișcări de purificare a aurei, dintr-o dată am perceput o îmbunătățire a stărilor sufletești și chiar o armonizare a energiilor din corp.

M-am întrebat atunci cum este posibil ca o activitate atât de simplă să genereze efecte atât de benefice.

Iată răspunsul!

Prin deplasarea palmelor în proximitatea corpului, sunt tăiate stringurile formate prin interacțiunea karmică în raport cu semenii.

De asemenea, mișcările repetate ale trunchiului pe direcția tălpilor antrenează mușchii abdominali.

Atunci când mușchii abdominali sunt bine antrenați, organele interne lucrează la un nivel energetic ridicat, generând astfel procese de vindecare și vitalizare.

Mai mult decât atât, zona abdominală reprezintă poarta de intrare a energiilor telurice către inimă.

Atunci când abdomenul este bine energizat, stimulează transferul energiilor către inimă, iar pe acest fond aparatul circulator funcționează în parametri optimi, generând astfel o stare de abundență energetică în toată ființa.

Acesta este motivul pentru care, imediat ce practic meditația de purificare a aurei, mi se încălzesc extremitățile corpului și dintr-o dată mă simt mult mai bine.

Trăind astfel de stări mi-am creat un program intensiv de purificare a aurei deplasând mâinile în proximitatea corpului în reprize de câte 33 de repetări, dimineața și seara.

Uneori mai practic meditația de purificare a aurei și în timpul zilei, întrucât aceasta îmi deschide noi forme de manifestare benefică în programul de viață.

După ce aplic un asemenea program, starea mea sufletească se îmbunătățește foarte mult și urmează o perioadă marcată de eficiență și creativitate.

2. Cum se practică meditația de purificare a aurei

Aura este câmpul energetic din jurul corpului fizic.
Aura poate să se întindă pe raze chiar mai mari de 9 m în jurul corpului, dar cea mai importantă zonă a acesteia se află la contactul dintre piele și aer.

În aură se formează câmpuri energetice negative de formă toroidală numite stringuri, care se conectează la nivelul pielii.
Pentru a fi bine și sănătoși, este necesar ca aceste câmpuri să fie anihilate.
Cel mai ușor ne putem elibera de stringuri prin secționarea acestora cu ajutorul mâinilor.

Pe lângă faptul că mâinile sunt resurse de energie benefică pentru suflet, acestea degenerează în jurul lor și un câmp energetic protector.
În momentul în care mâinile întretaie stringurile, acestea sunt secționate, cel puțin pentru o perioadă de timp.

În acest timp, ființa se reface, găsindu-și noi forme de manifestare benefice și creative.
Pentru secționarea stringurilor veți mișca palmele în jurul corpului, pornind de deasupra creștetului și până la tălpi.
Astfel, vă așezați pe pat cu fața în sus și întindeți brațele cât mai mult deasupra capului.

Întindem bine brațele deasupra capului cu scopul de a dilua blocajele energetice de la nivelul umerilor.
Veți deplasa palmele spre tălpi, ținându-le cât mai aproape de piele (la aproximativ 10 cm de țesut), cu vârfurile degetelor ușor îndreptate spre corp.
În momentul în care deplasați palmele în sens descendent, eliberați cât mai mult aer din plămâni.

Veți continua deplasarea palmelor pornind de la tălpi și până deasupra capului.
În momentul în care deplasați palmele în sens ascendent, inspirați și umpleți plămânii cu aer proaspăt.
Repetați această procedură de minimum 12 ori!

Cel mai bine ar fi să aplicați această procedură cât mai des.
Cu cât aplicăm această procedură de mai multe ori, cu atât ne dăm șansa să ne purificăm mai bine aura, iar pe acest fond ne conectăm cu putere și eficiență la energiile infinite ale universului.

După ce aplicați primele forme de meditație de purificare a aurei, diversificați mișcările deplasând brațele atât pe lângă corp, cât și în zone mai îndepărtate de corp, în lateral și în plan frontal.

Dacă la prima etapă veți urmări să aveți o coerență în deplasarea brațelor, în cea de-a doua etapă veți da frâu liber imaginației și le veți deplasa în toate direcțiile și în toate zonele de interes, atât în proximitatea corpului, cât și în zonele cele mai îndepărtate de corp, așa cum simțiți că vi se potrivește cel mai bine.

Prin deplasarea brațelor în toate direcțiile purificați aura cât mai profund, reușind astfel să vă modelați ființa spre a deveni din ce în ce mai puternici și creativi.

Este important ca această procedură să se desfășoare cât mai lent în perioada de început, pentru ca mai apoi, pe măsură ce vă încălziți, să măriți viteza de deplasare a brațelor.
La finalul procedurii veți reveni la mișcări lente și profunde.

Atunci când deplasați brațele lent, energia dezvoltată la nivelul palmelor este foarte mare, întrucât atenția se concentrează cu prioritate în zona organelor aflate în mișcare.

Atunci când deplasați brațele cu rapiditate, antrenați corpul să se dinamizeze dizolvând astfel blocajele energetice de la nivelul țesuturilor.

Este posibil să vă întrebați de ce meditația de purificare a aurei se practică din poziția culcat pe spate cu fața în sus?
Atunci când suntem în poziția în picioare sau în poziția pe scaun, pentru menținerea posturii corpului în plan vertical utilizăm o parte dintre mușchii sistemului muscular.

Atunci când un mușchi este solicitat, atenția ne este distrasă de zona în care acționează acel mușchi.
Pentru ca activitatea de purificare a aurei să se desfășoare cu cât mai mare eficiență, este necesar să fim cât mai relaxați și să utilizăm doar mușchii care participă la actul terapeutic.

În acest scop ne vom așeza pe un pat moale, în așa fel încât să fim cât mai bine susținuți de mediul în care ne aflăm.
În cele ce urmează vă prezint meditația de purificare a aurei.

3. Meditația de purificare a aurei - procedură

1. Vă întindeți pe pat cu fața în sus și mâinile relaxate pe lângă corp;
2. Închideți ochii, vă interiorizați și vă stabiliți o intenție clară și precisă;
3. Încălziți brațele, degetele și palmele.
   În acest scop bateți tare din palme și le frecați una de alta, în mod energic. Contorsionați degetele și întindeți bine brațele;
4. Fiind culcat pe spate cu fața în sus, deplasați brațele deasupra capului, cât mai mult în prelungirea corpului;
   Deplasați palmele lent, la aproximativ 10 cm de corp, pornind de la creștet spre tălpi;
   În timp ce deplasați palmele de la creștet - spre tălpi, eliberați cât mai mult aer din plămâni;
   Deplasați palmele lent, la aproximativ 10 cm de corp, pornind de la tălpi spre creștet;
   În timp ce deplasați palmele de la tălpi spre creștet inspirați cât mai mult aer în plămâni;
   Veți aplica de aproximativ 12 ori această etapă!
5. Deplasați brațele în toate direcțiile și în toate zonele de interes, atât în proximitatea corpului cât și în zone mai îndepărtate de corp, așa cum simțiți că vi se potrivește cel mai bine.
   La început veți deplasa brațele cât mai lent pentru că, pe măsură ce vă încălziți, deplasați brațele cu cât mai mare viteză.
   La finalul procedurii veți deplasa brațele cât mai lent, în toate zonele câmpului auric;
6. Mulțumiți lui Dumnezeu și întregului univers pentru darul acestei meditații!

Aceasta este meditația de purificare a aurei.
Puteți să o practicați ori de câte ori sunteți obosiți, anxioși sau apatici și de fiecare dată când simțiți că asupra voastră planează o energie negativă.

De asemenea, este bine să practicați meditația de purificare a aurei, în special dimineața după ce v-ați trezit și seara înainte de culcare.

Practicarea meditației de purificare a aurei imediat după ce v-ați trezit vă dă o putere mare de manifestare a eului dumneavoastră uman, pe întreg parcursul zilei.

Practicarea meditației de purificare a aurei seara înainte de culcare vă asigură un somn lin, marcat de vise frumoase.

Vă susțin cu drag!

Meditația a X-a

MEDITAȚIA ABUNDENȚEI

1. Cum am creat meditația abundenței?

De o perioadă de timp, când mă trezeam de dimineață, simțeam dureri în corp, în special în zona gâtului și a capului.
Din cauza suferințelor apărute pe timpul nopții, dimineața era necesar să o petrec în pat chiar și o oră și jumătate, aplicând tot felul de programe de meditație și antrenament.

Această stare mă nemulțumea întrucât îmi consuma din timpul de viață activă și creativă.
Îmi doream să fac ceva care să mă dinamizeze cât mai repede și să mă conducă la o stare atât de bună încât să mă apuc de lucru în cel mai scurt timp, imediat după trezire.

Pentru că eram nerăbdător din cauza acestei situații, am căutat să identific un program de antrenament, în așa fel încât să mă pun în mișcare într-un timp cât mai scurt.
În acest scop am apelat la toate meditațiile pe care le-am creat, le-am combinat și le-am optimizat, în așa fel încât, prin practicarea lor, într-un timp cât mai scurt, să devin un om plin de energie, gata pregătit pentru a începe o zi de mare succes.

Pentru că diminețile începeau cu aceeași durere la nivelul umerilor, gâtului și capului, am început ziua cu o meditație de balansare a capului. Imediat ce am început să practic această meditație m-am simțit mai bine, așa că am continuat antrenamentul cu meditația antebrațelor și a brațelor.
Apoi am continuat programul cu meditația de palpare a capului.
În tot acest timp am practicat meditația tălpilor.

Pentru că mă simțeam din ce în ce mai bine, am continuat cu meditația abdomenului.

După ce am ajuns să am o stare foarte bună, m-am repoziționat în pat, în așa fel încât să ajung cu capul în consolă la marginea patului.

Am practicat în continuare meditația capului.

La final am mai practicat încă o dată meditația de balansare a capului.

După aproximativ 40 de minute de meditație, eram într-o formă atât de bună încât totul părea realizabil în viața mea.

În timpul meditației am avut foarte multe conștientizări și, imediat după ce m-am ridicat din pat, m-am așezat la biroul de scris.

Nu a mai fost necesar să mai fac alt antrenament întrucât eram profund energizat și motivat să fac lucruri cu totul deosebite.
Pentru că această meditație mi-a dat atâta putere, am început să o practic în fiecare dimineață.

Am găsit o soluție să o practic și seara înainte de culcare cu scopul de a mă dinamiza cât mai bine pentru a fi armonios în timpul somnului.

După ce practic această meditație simt o stare de împlinire și de abundență în toată ființa.

Pentru că am o asemenea stare, am numit-o meditația abundenței.

2. Cum se practică meditația abundenței?

După cum putem observa din secțiunea precedentă, meditația abundenței este o înlănțuire de meditații practicate din poziția culcat.

Pentru început se pornește de la mișcări relativ simple și ușoare pentru a nu solicita prea mult corpul, iar pe măsură ce avansăm în meditație, se amplifică nivelul de efort și amplitudinea mișcărilor.

În acest scop, programul de meditație se demarează cu meditația de balansare a capului, după care se aplică meditația brațelor în paralel cu meditația tălpilor.

La mijlocul perioadei se reduce efortul și se aplică meditația de palpare a capului, pentru ca, la final, să se aplice meditația capului.
În cazul în care ne dorim să aplicăm și o procedură de relaxare, înainte de a încheia programul, se mai practică o meditație de palpare a capului.

Fiecare dintre aceste meditații se susțin și se completează reciproc, după cum urmează:

1. Meditația de balansare a capului răspunde necesității omului de a se conecta cu spiritul la programele de viață venite din planul social;
2. Meditația brațelor răspunde necesității omului de a se conecta cu sufletul la puterile infinite ale universului;
3. Meditația tălpilor răspunde nevoii omului de a se conecta cu pământul;
4. Meditația abdomenului răspunde necesității omului de a se însănătoși în zona abdomenului;
5. Meditația de palpare a capului răspunde la necesitatea omului de a se concentra spre o anumită prioritate a vieții;
6. Meditația capului răspunde necesității omului de a se conecta la planurile pământene.

Toate aceste proceduri se aplică conform programelor de meditație scrise în cartea *„Meditația creativă"* sau în programele prezentate de către Academia Terranova.

Fiecare dintre aceste meditații se practică în funcție de prioritățile pe care le avem.

Ținând cont că această meditație conține principalele forme de meditație pe care le putem accesa, consider că poate fi numită baza tuturor meditațiilor.

Este bine ca meditația abundenței să fie combinată cu dansul abundenței sau cu un alt tip de dans realizat stând în picioare.

În acest fel se abordează ființa într-o formă cât mai completă și mai complexă pentru ca astfel să se obțină rezultate din ce în ce mai bune în toate aspectele vieții.

3. Meditația abundenței - procedură

1. Vă așezați întinși pe pat, cu fața în sus și mâinile relaxate pe lângă corp;
2. Închideți ochii, vă interiorizați și vă stabiliți o intenție clară și precisă;
3. Încălziți brațele, degetele și palmele;
   În acest scop bateți tare din palme și le frecați una de alta în mod energic. Contorsionați degetele și întindeți bine brațele;
4. Vă plasați corpul în așa fel încât glezna și talpa să fie în consolă, la marginea patului;

Ca soluție de rezervă, pentru a ține glezna și talpa în consolă, puteți să adăugați sub gambe o pernă sau un prosop, având rolul de suport înălțător.
Prin mișcări lente veți deplasa laba piciorului în sus și în jos, spre stânga și spre dreapta. De asemenea, veți roti laba piciorului spre stânga și spre dreapta.
Veți încerca să practicați acest tip de meditație în paralel cu toate celelalte tipuri de meditație. În acest fel veți da putere și mai mare programului de antrenament;

5. Având capul sprijinit pe saltea, îl veți roti ușor spre dreapta și spre stânga prin mișcări lente și blânde, cu scopul de a realiza o încălzire a mușchilor din zona gâtului;
Timp de execuție: 3-4 minute.

6. Sprijinind capul pe saltea, îl veți roti amplu spre dreapta și spre stânga, prin mișcări cât mai lente;
Timp de execuție: 3-4 minute.

7. Ridicați capul în consolă și îl deplasați în sus și în jos, fără să atingeți ceafa de suportul de sprijin. Când obosiți, așezați capul pe suport;

8. Ridicați antebrațele menținând coatele pe saltea. Prin mișcări rapide veți deplasa palmele spre picioare și spre cap.
Veți orienta palmele spre direcția de deplasare a antebrațelor;
Timp de execuție: 2-3 minute.

9. Vă relaxați. Menținând palmele desfăcute cu falangele degetelor îndreptate spre exterior, veți practica mișcări lente ale antebrațelor spre picioare și spre cap, spre stânga și spre dreapta;
Veți orienta palmele spre direcția de deplasare a antebrațelor;
De asemenea, veți roti antebrațele spre stânga și spre dreapta;
Timp de execuție: 4-5 minute.

10. Ridicați brațele bine întinse, în poziție verticală. Prin mișcări rapide veți deplasa palmele spre picioare și spre cap.
Veți orienta palmele spre direcția de deplasare a brațelor;
Timp de execuție 2-3 minute.

11. Vă relaxați. Menținând palmele desfăcute cu falangele degetelor îndreptate spre cer, veți practica mișcări lente ale brațelor spre picioare și spre cap, spre stânga și spre dreapta;
Veți orienta palmele spre direcția de deplasare a brațelor;
De asemenea, veți roti brațele spre stânga și spre dreapta;
Timp de execuție 5-6 minute.

12. Având capul sprijinit pe saltea, veți aplica palmele cu degetele pe frunte. Veți căuta ca podul palmei să fie în dreptul globilor oculari. Veți urmări să nu atingeți ochii;

Având palmele aplicate la nivelul capului, le deplasați câțiva milimetri în sus și în jos, urmărind să le mențineți tot timpul în contact cu pielea capului;
Timp de execuție: 3-4 minute.

13. Având capul sprijinit pe saltea, duceți palmele în dreptul maxilarului. Menținând palmele în contact cu pielea, veți deplasa mâinile în sus și în jos, atât cât să mențineți contactul cu pielea;
Timp de execuție: 3-4 minute.

14. Având capul sprijinit pe saltea, aplicați palmele în dreptul urechilor. Menținând palmele în contact cu urechile, veți deplasa mâinile în sus și în jos, atât cât să mențineți contactul cu pielea;
Timp de execuție: 3-4 minute.

15. Având capul sprijinit pe saltea, veți aplica palma stângă pe frunte și palma dreaptă sub gât.
Menținând palmele în contact cu pielea, veți deplasa mâinile spre stânga și spre dreapta, atât cât să mențineți contactul cu pielea;
Timp de execuție: 3-4 minute.

16. Având capul sprijinit pe saltea, veți aplica palma dreaptă pe frunte și palma stângă sub gât.
Menținând palmele în contact cu pielea, veți deplasa mâinile spre stânga și spre dreapta, atât cât să mențineți contactul cu pielea;
Timp de execuție: 3-4 minute.

17. Fiind culcat pe spate cu fața în sus, veți deplasa brațele deasupra capului în prelungirea corpului;
Vă întindeți brațele cât mai mult deasupra capului ca și cum v-ați trezit acum din somn;
Deplasați palmele lent, la aproximativ 10 cm de corp, pornind de la creștet până spre tălpi;
În timp ce deplasați palmele de la creștet spre tălpi, eliberați aerul din plămâni;
Deplasați palmele lent la aproximativ 10 cm de corp, pornind de la tălpi spre creștet;
În timp ce deplasați palmele de la tălpi spre creștet, eliberați aerul din plămâni;

Repetați această procedură de purificare de aproximativ 12 ori!

18. Fiind culcat pe spate cu fața în sus, vă veți repoziționa corpul în așa fel încât umerii să ajungă la marginea patului, iar capul să fie în consolă.
Pentru a ajunge cu capul în consolă, ne vom sprijini trunchiul pe pat, iar gâtul și capul vor fi amplasate în afara patului;

19. Veți deplasa capul în toate direcțiile prin mișcări cât mai lente;
Timp de execuție: 3-4 minute.

20. Vă întoarceți cu fața în jos, menținând capul în consolă la marginea patului. Pentru a crește stabilitatea corpului, veți așeza antebrațele sub trunchi, la nivelul pieptului.
Deplasați capul în toate direcțiile prin mișcări cât mai lente;
Timp de execuție: 3-4 minute.

21. Vă întoarceți pe partea stângă în așa fel încât umărul stâng să se sprijine pe marginea saltelei, iar capul să rămână în consolă la marginea patului.
Veți deplasa capul în toate direcțiile prin mișcări cât mai lente;
Timp de execuție: 3-4 minute.

22. Vă întoarceți pe partea dreaptă în așa fel încât umărul drept să se sprijine pe marginea saltelei, iar capul să rămână în consolă la marginea patului.
Veți deplasa capul în toate direcțiile prin mișcări cât mai lente;
Timp de execuție: 3-4 minute.

23. Vă repoziționați corpul în așa fel încât să fiți culcat pe spate cu fața în sus și capul sprijinit pe saltea. Rotiți capul ușor spre dreapta și spre stânga, prin mișcări lente și blânde, cu scopul de a genera o relaxare a mușchilor din zona gâtului;
Timp de execuție: 3-4 minute.
Mulțumiți lui Dumnezeu pentru toată această creație!

Observații și recomandări:

- Toate etapele procedurilor se fac fără pauză între ele și se trece dintr-o meditație în alta;
- Dacă obosiți în timpul meditației, veți lua o pauză, aplicând meditația cu palmele pe cap;
- Pentru a asimila toate procedurile, în mod individual, le puteți accesa pe fiecare dintre cele cinci tipuri de meditație;

- Timpii sunt relativi și fiecare face așa cum i se potrivește cel mai bine;
- Dacă simțiți să nu faceți anumite proceduri, le veți evita și veți face doar ceea ce vi se potrivește;
- Veți lua în calcul toate recomandările de la fiecare dintre aceste meditații!

Epilog la meditația abundenței

V-am prezentat cu bucurie meditația abundenței!

Această meditație poate fi făcută oricând pe parcursul zilei și, în special, dimineața înainte de a începe programul zilei sau seara înainte de culcare.

Puteți practica toate cele 7 forme de meditație sau puteți practica doar unele dintre cele care credeți că vi se potrivesc cel mai bine.

Această meditație vă poate repune în mișcare pe un nivel de conștiință cât mai înalt și benefic, în scopul creației.

În cele ce urmează vă prezint o relatare trimisă din partea unei doamne care a practicat doar trei tipuri dintre cele 7 forme de meditație.

Relatare: Cum mi-am recăpătat tonusul vieții

„Cu toții traversăm perioade în existența noastră când suntem supuși provocărilor inerente ale vieții. O astfel de perioadă am avut și eu, când am trecut printr-o serie de provocări sufletești.

Parcă totul părea că merge într-o direcție opusă a ceea ce-mi doream.

Mă trezeam dimineața devreme, la ora 05:00, însă nu reușeam să mă dau jos din pat până aproape de ora 10:00, uneori chiar și la ora 11:00, din cauza stării mele de spirit manifestată prin energie scăzută.

Cred că, de fapt, eram la un început de depresie în viața mea, pe care nu-l conștientizam sau refuzam să-l accept.

Îmi simțeam capul și întreg corpul prins ca într-o menghină.

Am prezentat această stare mentorului meu și i-am solicitat ajutorul.

Acesta mi-a trimis câteva instrumente foarte puternice: meditația de palpare a capului, meditația de balansare a capului.

Am stat astfel cu fața în sus în pat și am lucrat cu energia propriului corp, conectată fiind la întreaga mea ființă.

Am palpat blând ochii, fruntea, obrajii, gura, urechile, gâtul, ceafa, transmițându-le iubire și recunoștință pentru că fac parte din mine și cu ajutorul lor pot simți, pot auzi, pot vorbi, pot gândi, pot râde, pot zâmbi, pot vedea, pot să mă bucur de viață.

Îmi țineam mâinile pe față și cu buricele degetelor palpam ușor fiecare parte a feței, numărând de la 1 la 120.

Încet, încet, simțeam că mă eliberez de o energie care nu era a mea.

Am aplicat apoi meditația capului, stând cu capul pe saltea, balansând capul încet, de la stânga la dreapta.

Am continuat apoi cu meditația capului.

Am așezat capul în consolă, în afara patului și am început să deplasez capul în sus și în jos, apoi spre stânga și spre dreapta.

M-am așezat pe burtă și am rotit capul la fel, ușor, de la stânga la dreapta.

M-am așezat apoi pe umărul drept și am efectuat aceleași rotiri ale capului, încet, de la stânga la dreapta. M-am așezat apoi pe umărul stâng și am continuat să rotesc încet capul, de la stânga la dreapta.

Toate aceste exerciții de antrenament le-am făcut pe o muzică liniștitoare sufletului meu.

Am lucrat intens 45 de minute, fără să realizez cât de repede a trecut timpul.

Am reușit astfel să mă extrag dintr-o mare suferință a sufletului care se extinsese și asupra corpului fizic.

În timpul exercițiilor am simțit ușoare înțepături la nivelul rinichilor, al plămânilor și al inimii, dureri care, după finalizarea antrenamentului, au dispărut ca prin minune.

Practic, am lucrat intens iar corpul meu a eliberat energiile blocate la nivelul acestor organe, care mă împiedicau să fiu omul energic și plin de viață care eram în mod normal.

Mi-am dat seama că orice vine din spațiul minții poate fi înlăturat prin recentrarea pe suflet, lucrând asupra corpului fizic, cu efecte imediate asupra sufletului și spiritului.

Acum, de fiecare dată când mai am o stare proastă sau vreau să îmbunătățesc energia din jurul meu, aplic aceste 3 instrumente magice primite: meditația de palpare a capului, meditația capului, meditația cu capul în consolă iar de fiecare dată îmi revine zâmbetul pe buze și privesc cu încredere spre viitor. "

Adina

V-am prezentat cu bucurie această relatare întrucât reprezintă un moment de victorie asupra destinului.

Această doamnă intrase într-o perioadă grea în urma căreia nu găsea o soluție pentru viață.

La acea vreme scrisesem doar primele trei forme de meditație.

I le-am trimis în stadiul în care erau scrise fără să fie optimizate.

După ce a practicat aceste trei forme de meditație, dintr-o dată viața ei a căpătat un sens nou.

În această lucrare am prezentat o succesiune de șapte tipuri de meditație.

Fiecare dintre aceste meditații aduce câte un suport de energie benefică pentru ființa noastră.

Vă susțin cu drag să practicați meditația de abundență așa cum vi se potrivește cel mai bine!

Meditația a XI-a

MEDITAȚIA UMERILOR

1. Cum am descoperit meditația umerilor?

Relatare: Calea sufletului

Duc o viață trepidantă și intens solicitantă! Ca urmare, se întâmplă ca în unele zile să ajung acasă fiind profund marcat de oboseală.

După o astfel de zi, imediat după ce am intrat în cameră, am fost cuprins de dorința de a dormi.

Nu voiam să dorm. Intenționam să utilizez timpul cu cât mai multă eficiență.

Doream să mă revitalizez cât mai repede, pentru a continua să lucrez, așa că m-am așezat pe covorul de meditație cu scopul de a practica dansul din poziția culcat.

Pentru că starea de oboseală mă afectase adânc în toată ființa, am simțit să mă mișc foarte lent pe covorul de meditație.

M-am așezat în poziția fetusului, pe partea stângă, cu palmele împreunate, una peste alta. În mod instinctiv, am așezat și picioarele unul peste altul.

Am adoptat această postură întrucât îmi dădea senzația că mă protejez mai bine de energiile grele care mă apăsau.

În ultima vreme mă expusesem prea mult în afara zonei de siguranță.

Imediat ce am început să îmi legăn trunchiul foarte, foarte lent, am constatat că mișcările nu mai erau conduse de la nivelul minții, așa cum procedam în mod obișnuit în dansul din poziția culcat. Mișcările veneau dintr-o pornire lăuntrică.

Mă simțeam foarte bine în acea stare, așa că am preferat să las corpul să se deplaseze liber, conform nevoilor sale interioare.

Pentru a mă relaxa și mai mult, am lăsat și capul să se sprijine liber pe covor.
Prin balansări de trunchi foarte, foarte lente și cu amplitudine mică, sprijinindu-mă pe umărul stâng, am început să mișc trunchiul de o parte și de alta a poziției de echilibru.

La început nu realizam ce se întâmplă, dar pe măsură ce mă balansam, atenția s-a îndreptat în mod instinctiv asupra blocajelor energetice din corp.
Mă legănam ușor, fără să mă grăbesc și fără să am un scop anume.
Pe măsură ce mă legănam, fiind sprijinit pe umărul stâng, percepeam cum se atenuau senzațiile de durere de la nivelul țesuturilor.

Imediat ce am constatat că mă simt mai bine, am practicat aceleași mișcări de balans și pe partea dreaptă a corpului.

După ce am încheiat primul ciclu de mișcări, am reluat programul acționând pe rând la nivelul fiecăruia dintre cei doi umeri.

De la un moment dat, în timp ce meditam, în toată ființa s-a așternut o stare profundă de pace.
Pe acest fond, în minte au început să se deruleze idei care puteau fi dezvoltate în proiectele la care lucram.
Pentru că mi se păreau a fi idei de mare efect benefic și nu voiam să le uit, m-am ridicat de pe covor cu gândul de a le scrie.

Înainte de a mă așeza pe scaun, m-am privit în oglindă. Aveam un chip calm, armonios, relaxat, iar zâmbetul din colțul gurii emana o frumoasă stare de bucurie interioară.

Imediat ce m-am așezat la masa de scris, am sesizat și o schimbare de atitudine.
În mod obișnuit, țineam brațele deasupra tastaturii, fiind susținute de mușchii bicepși. După ce am practicat meditația umerilor, din instinct, am sprijinit mâinile direct pe masă.
Ca urmare a acestei acțiuni, atât umerii cât și brațele s-au relaxat instantaneu.

Așadar, de peste 30 de ani obișnuiam să scriu la calculator ținând brațele încordate.
După ce mi-am relaxat corpul pe deplin prin intermediul acestui tip de meditație, pentru prima dată am realizat că îmi este mult mai bine dacă țin brațele sprijinite pe masă sau pe marginea tastaturii.

Atunci când brațele sunt încordate, în toată ființa se transmite o stare de tensiune.

În momentul în care sunt relaxat la nivelul umerilor și al brațelor, mă concentrez mai bine la ideile pe care le aștern în pagină.

Începusem să scriu cu gândul că voi așterne doar câteva idei, după care ar fi urmat să mă așez din nou pe covorul de meditație.
Nu a fost să fie așa! Șederea mea la masa de scris a durat aproape o oră, timp în care am scris încontinuu cu mare viteză, ca și cum eram conectat la o sursă de cunoaștere infinită care îmi dicta textul.

După ce am tastat tot ce aveam de notat, m-am așezat din nou pe covorul de meditație și am continuat să practic meditația umerilor.

2. Completarea golului din suflet prin meditația umerilor

Imediat ce m-am așezat din nou în poziția de meditație a umerilor, m-am conectat instantaneu cu resursele de cunoaștere infinite ale universului.
Mi-au venit noi idei pe care urma să le scriu, așa că am reluat scrisul.

După ce am reluat scrisul, am continuat să lucrez cu mare eficiență pe întreg parcursul zilei, fiind într-o profundă stare de plenitudine sufletească.
Atunci am înțeles că meditația umerilor este mult mai mult decât am crezut inițial.
Meditația umerilor este o formă de completare a golului din suflet!

În zilele care au urmat, am fost eficient în toate domeniile de activitate, ca și cum programul meu de viață ar fi primit un imbold venit dintr-o sursă infinită.

M-am gândit mult la această perioadă din viața mea.
Am căutat să găsesc o explicație la transformările instantanee declanșate de meditația umerilor.
Privind retrospectiv, am realizat că procedurile generate de mine în ultimii ani se bazau pe acțiuni ale brațelor îndreptate cu predilecție în câmpurile cuantice ale universului.

Pe măsură ce am lucrat în profunzimea universului, în aceste zone de interes am dezvoltat noi structuri de putere. Structurile de putere din univers m-au conectat în mod prioritar la energiile cosmice.

Era bine să fiu conectat la energiile cosmice, dar nu eram suficient de bine conectat la energiile pământene. Atunci am ajuns la următoarea concluzie:

Nu putem fi la fel de puternici peste tot în univers.
Puterile se manifestă acolo unde ne îndreptăm atenția.

Atât timp cât mi-am îndreptat atenția asupra câmpurilor cuantice ale universului, mi-am cultivat puterea în planurile exterioare corpului.

Ca urmare, atunci când mi-am dezvoltat puterile în câmpurile exterioare, mi-au scăzut puterile în corpul fizic.
Nu întâmplător, în această perioadă am ajuns să înregistrez cea mai redusă greutate a corpului din ultimii 33 de ani.

Ca urmare a accesului prioritar în câmpurile cuantice ale universului, corpul a fost sub influența energiilor fierbinți ale soarelui, iar ca urmare a acestui fenomen, mi s-a redus greutatea cu aproximativ 18 kg.

Pentru că devenisem aproape anorexic, eram îngrijorat la gândul că aș fi marcat de o anumită suferință.

În realitate nu eram afectat de nicio suferință, doar că prioritățile mele erau orientate spre planurile exterioare.
Ca urmare, în tot acest timp, **pe măsură ce am cultivat în exterior, mi se reduseseră puterile în interior**.
În aceeași măsură mi s-a redus greutatea corpului (forma fizică, materia).

Meditația umerilor mi-a trezit atenția asupra corpului fizic, echilibrând astfel balanța de forțe dintre corpul fizic și planurile subtile - între materie și câmpurile cuantice ale ființei mele.

De asemenea, prin meditația umerilor mi s-a stimulat calitatea de a mă manifesta cu putere în corpul fizic.
Prin acest tip de meditație mi-am reglat accesul energiilor de pe partea stângă a corpului, energii care țin de legătura omului cu pământul.

Practicând cu dăruire și implicare sufletească acest tip de meditație, sângele a devenit mai fluid, iar inima a început să pompeze sângele cu mai mare eficiență la nivelul extremităților corpului.
De obicei, am o circulație sangvină deficitară spre extremități.
Imediat ce practic acest timp de meditație, extremitățile corpului mi se încălzesc și au o culoare uniformă și plăcută.

Am experimentat cu bucurie meditația umerilor și am cultivat-o cu dăruire în zilele care au urmat.

În doar câteva zile de practică a acestui tip de meditație, în ființa mea s-a așternut o stare de liniște și pace profundă.

Ca urmare a practicii asidue a meditației umerilor, după foarte mulți ani de căutări, timp în care am experimentat tot felul de forme de proceduri de terapie și antrenament, am avut sentimentul că, în sfârșit, ajunsesem „acasă".

Starea de a mă simți „acasă" este determinată de faptul că atunci când aplic meditația umerilor, întreaga ființă este cuprinsă de o profundă stare de mulțumire, ca și cum nu aș mai avea nevoie de nimic.

Experimentând meditația umerilor, am realizat că atunci când sunt obosit, în planul exterior al umărului (la nivelul mușchiului deltoid) se acumulează un blocaj energetic. În timp ce meditez, percep o ușoară durere în acea zonă. Pe măsură ce practic meditația umerilor, fiind sprijinit pe umăr, durerea dispare.

Imediat ce mă eliberez de durerea din umăr, simt imboldul de a face lucruri mărețe, ca și cum prin meditație mi se redau aripile pe care le-am avut în anii copilăriei.

Așadar, prin meditația umerilor, ne putem reface „aripile" cu care să „zburăm" spre scopul vieții.

Așa am ajuns să îmi pot regla greutatea corpului în funcție de necesități.

Atunci când practic meditația umerilor în mod preponderent pe partea stângă a corpului, stimulez creșterea greutății corpului, iar atunci când practic meditația umerilor în mod preponderent pe partea dreaptă a corpului, stimulez reducerea greutății corpului.

Variația greutății corpului este determinată de tendința corpului a-și acoperi golul energetic de la nivelul sufletului ca urmare a masajului celor doi umeri.

Beneficiile generate de practica meditației umerilor m-au convins s-o introduc în programul cotidian de antrenament.

Dragi cititori, v-am prezentat cu mare bucurie această întâmplare în urma căreia am ajuns să prețuiesc din ce în ce mai mult corpul fizic, structura materială de importanță esențială pentru existența noastră aici pe pământ.

În cele ce urmează vă prezint câteva argumente care susțin practica meditației umerilor.

3. Argumentele meditației umerilor

După ce am trăit experiența prezentată în relatarea precedentă, am trecut prin conștientizări de mare importanță pentru viața și creația mea.

Cu toate că sufletul nu este altceva decât un câmp electromagnetic, a fost pentru prima dată când i-am perceput efectul în corpul fizic, pornind de la nivelul pieptului și până la vârful degetelor.

Cu această ocazie am realizat faptul că **avem un corp care vibrează în funcție de vibrația sufletului, iar vibrația sufletului este determinată de interacțiunea dintre corp și univers.**

Cel mai intens putem influența vibrația sufletului atunci când suntem culcați pe partea stângă a corpului, fiind sprijiniți pe o suprafață relativ tare și balansăm trunchiul, cât mai lent posibil, la nivelul umărului, în dreptul inimii.

În momentele de balans ale trunchiului la nivelul umărului, asupra sufletului se concentrează o mare cantitate de energie.
Este posibilă manifestarea acestui proces, întrucât prin masajul corpului în zona inimii, se elimină blocajele energetice de pe partea stângă a corpului, principala cale de acces a energiilor pământului către piept.
Pieptul este punctul de proiecție al sufletului.

Pentru suflet, sunt importante energiile pământului întrucât, conform filozofiei chineze, sufletul are aceeași polaritate cu pământul.
Sufletul devine receptiv față de energiile universului, pe măsură ce energia pământului reușește să acceseze energia inimii, prin intermediul meridianelor de pe partea stângă a corpului.

Prin meditația umerilor putem stimula o activitate intensă la nivelul inimii, cu efect benefic în toată ființa și în special în programul de îndeplinire a misiunii pentru care am venit pe pământ.

Acest fenomen este determinat de faptul că, atunci când inima pompează din belșug în tot corpul sângele încărcat cu oxigen, celulele vibrează la unison cu năzuințele noastre spre a trăi o viață cât mai bună.
În acest fel, prin intermediul câmpurilor energetice ale celulelor, năzuințele noastre sunt transmise cu mare eficiență în întregul univers.

Acesta este și motivul pentru care, imediat după ce practicăm meditația umerilor, în toată ființa se așterne o stare de pace.
Ajungem să trăim starea de pace întrucât, atunci când creierul este bine irigat cu sânge, se conectează cu ușurință la resursele universului.

Fiind conectați la resursa infinită a universului, mintea nu mai caută soluții pentru rezolvarea problemelor vieții, întrucât acestea se cultivă de la sine, prin sincronicitățile create de univers.

Pentru a stimula programul de fluidizare a sângelui în tot corpul, vom iniția antrenamentul de la umărul stâng, acționând la nivelul inimii.

Este important să aplicăm meditația umerilor cel puțin dintr-un motiv.
Am sesizat că o mare parte dintre oameni au o circulație sangvină deficitară. Ca urmare, acești oameni au extremitățile corpului reci.

Prin meditația umerilor puteți avea o influență asupra inimii, întărind-o și stimulând-o să lucreze mai intens și benefic pentru întreaga ființă.
Atunci când inima este intens energizată, sângele alimentează celulele în parametri optimi, inclusiv celulele situate în extremitățile corpului.

Atunci când corpul fizic este alimentat din belșug cu sânge bogat în oxigen și substanțe nutritive, ne manifestăm liber cu toate puterile, fiind focusați pe programele de viață împlinitoare și aducătoare de succes.

Meditația umerilor se aplică foarte ușor întrucât nu presupune un efort mare de voință.
Atunci când dorim să practicăm meditația umerilor, este necesar să ne așezăm pe covor și să începem să ne balansăm trunchiul fiind sprijiniți pe unul dintre cei doi umeri.
Vă îndemn să utilizați un covor relativ subțire (cu grosimea mai mică de 10 mm) pentru a crea un contact ferm între corp și pardoseală!

Ținând cont de beneficiile meditației umerilor, vă sugerez s-o practicați atât dimineața imediat ce v-ați ridicat din pat, cât și seara înainte de culcare!
Meditația umerilor, practicată dimineața înainte de începerea activităților cotidiene, ne pregătește pentru o zi împlinitoare, marcată de bucuria de a trăi.

Meditația umerilor practicată seara înainte de culcare, ne pregătește pentru un somn liniștit, marcat de vise frumoase și revigorante.
Atunci când practicăm meditația înainte de culcare, putem scurta perioada de somn întrucât prin meditația umerilor ne conectăm mai bine cu universul.

Atunci când adormim fiind bine conectați cu universul, corpul se reface mult mai repede după oboseala acumulată în timpul activităților zilnice.
Ca urmare, putem scurta perioada cu una-două ore sau chiar mai mult.

Pornind de la toate aceste argumente, recomand să practicați meditația umerilor atât în cadrul antrenamentelor obișnuite, cât și în cadrul sesiunilor de antrenament specific!

Este importantă durata meditației umerilor.

Pe măsură ce acordăm mai multă atenție corpului, prin meditația umerilor, creștem intensitatea energiilor de la nivelul sufletului.

Pornind de la acest principiu, recomand ca durata meditației umerilor să fie în medie de 21 de minute. În cazul în care nu doriți să utilizați un cronometru pentru stabilirea timpului de antrenament, puteți să aplicați meditația umerilor numărând mișcările de balans de o parte și de alta a poziției de echilibru.

În practica meditației umerilor, puteți obține un rezultat bun dacă la fiecare poziție practicați cel puțin câte 44 de mișcări de balans ale umerilor într-un ritm foarte, foarte lent.

Pentru a armoniza energiile în întreaga ființă, vă sugerez ca meditația umerilor să fie continuată cu cel puțin 12 minute de un dans energetic liber.

Dacă totuși nu aveți prea mult timp la dispoziție și doriți să vă stimulați starea de bine, vă sugerez ca, din când în când, să vă așezați pe covor și să aplicați cel puțin câte 5 minute de meditația umerilor, făcând balans cât se poate de lent, cel puțin pe partea stângă a corpului.

Este important fondul sonor pe care practicați meditația umerilor! Cel mai bine este să meditați fiind acompaniați de o muzică lentă și frumos melodioasă.

Mai puteți practica meditația umerilor ascultând conferințe sau invocații spirituale.

Pentru a practica meditația umerilor, vă recomand să aplicați următoarea procedură:

4. Procedura de practicare a meditației umerilor

1. Aerisiți încăperea. Dați cu tămâie sau aplicați alte forme de purificare și energizare a aerului;
2. Aplicați procedura de manifestare a intenției;
3. Puneți spre audiție o melodie profund yin (cât mai lentă) cu scopul de a stimula un ritm de viață cât mai lent;

4. Acoperiți ochii cu o eșarfă sau o pereche de ochelari de somn, cu scopul de a întrerupe conexiunea aparatului vizual cu mediul înconjurător.
   În acest timp căutați să „priviți" în interiorul ființei voastre, acolo unde sălășluiește sufletul;

5. Vă așezați pe covor în poziția asemănătoare cu cea a fetusului, pe partea stângă, cu mâinile împreunate și picioarele lipite, unul deasupra celuilalt;
   Lăsați capul să se sprijine de covor la nivelul frunții și tâmplei;
   Așezați cotul stâng sub axilă, în imediata apropiere a coastelor;

6. Fiind sprijiniți la nivelul umărului stâng, prin mișcări foarte lente, balansați umărul stâng de o parte și de alta a poziției de echilibru.
   În acest timp vă concentrați la nivelul umărului stâng, în zona de contact dintre corp și covor; Timp de execuție: 10-12 minute.

7. Vă întoarceți pe partea dreaptă a corpului. Vă așezați în poziția fetusului pe partea dreaptă, cu mâinile împreunate și picioarele lipite, unul deasupra celuilalt. Lăsați capul să se sprijine pe covor la nivelul frunții și tâmplei. Așezați cotul sub axila dreaptă, în imediata apropiere a coastelor;

8. Fiind sprijiniți la nivelul umărului drept, prin mișcări foarte lente, balansați trunchiul de o parte și de alta a poziției de echilibru.
   În acest timp vă concentrați la nivelul umărului drept, la zona de contact dintre corp și covor; Timp de execuție: 10-12 minute.

9. Pentru a stimula și mai mult activitatea inimii pentru încă 2-3 minute, puteți relua procedura de la punctele 5 și 6, balansând corpul, fiind sprijiniți pe umărul stâng.

Mulțumiți lui Dumnezeu pentru creația numită ***meditația umerilor***!

Sugestii și recomandări:

- Dacă doriți să prelungiți meditația umerilor, reluați procedura continuând cu balansul corpului pe partea stângă!

- Toate mișcările din acest tip de meditație se fac într-un ritm cât mai lent, cu scopul de a vă stimula să vă mențineți atenția îndreptată către zonele de contact dintre corp și pardoseală.
  În momentul în care atenția este îndreptată în zonele de contact ale corpului cu pardoseala, ni se amplifică puterile, stimulând astfel expansiunea sufletului în univers.

Vă susțin cu bucurie în această nouă călătorie a sufletului!

Meditația a XII-a

MEDITAȚIA INIMII

1. Cum am descoperit meditația inimii?

Dacă în prima parte a vieții eram neglijent și chiar ignorant cu nevoile venite din corpul fizic, de la o vreme am început să manifest tendința de a fi perfecționist în ceea ce privește starea de sănătate.

Îmi place să fiu cât se poate de bine cu mine, cu scopul de a atinge cea mai înaltă performanță a vieții.

Cu toate că sunt obișnuit să fiu atent cu mine și cu nevoile mele, uneori mi se întâmplă să trec prin conjuncturi atât de grele încât este necesar să mă dedic cu toată dăruirea pentru a ieși din impas.

În cele ce urmează voi prezenta o relatare în urma căreia am reușit să contribui în mod decisiv la vindecarea apneei de somn.

Relatare: Odiseea apneei de somn

Pe la vârsta de 60 de ani am început să fiu afectat de apneea de somn.

Dacă pentru majoritatea suferințelor prin care trecusem până atunci găsisem relativ repede un răspuns benefic, pentru apneea de somn nu întrezăream niciun remediu.

În toate explorările mele nu puteam să identific nicio sursă de inspirație care să mă conducă la vindecarea apneei de somn.

Pentru că nu am găsit nimic în exterior, m-am îndreptat spre propriul corp.

Analizând fenomenul apneei de somn, am ajuns la concluzia că una dintre cauzele principale de manifestare ale acestei suferințe este deplasarea traheii spre bolta palatină.

În momentul în care bolta palatină se manifestă ca o supapă închizând capătul traheii, respirația este blocată. Fiind preocupat de această problemă, de foarte multe ori m-am studiat în fața oglinzii cu scopul de a identifica principala cauză pentru care traheea ajunge în contact cu bolta palatină.

Eram contrariat de faptul că în timpul somnului am ajuns să sforăi foarte tare și uneori chiar să mi se blocheze respirația, având în vedere faptul că în anii tinereții nici măcar nu sforăiam.

Mereu m-am întrebat care era diferența între forma corpului din anii tinereții și forma corpului de acum? Răspunsul la această întrebare era unul singur.

Între timp am început să sufăr de cifoză. Dacă în perioada incipientă a apneei de somn cifoza era relativ nesemnificativă, în ultimii ani cifoza s-a accentuat foarte mult.

Fiind încredințat de faptul că apneea de somn este influențată atât de mult de poziția coloanei vertebrale, am început să cercetez coloana vertebrală a persoanelor afectate de cifoză.

Evaluând diferite tipuri de coloane vertebrale, am sesizat că la majoritatea persoanelor afectate de cifoză devierile de traseu nu se manifestau doar în zona superioară a umerilor și gâtului.

În cele mai multe situații, în caz de cifoză, întreaga coloană vertebrală este deformată, manifestând inflexiuni în special în trei zone distincte, și anume:

1. în dreptul zonei lombare
2. în dreptul inimii
3. în zona de inserție a gâtului în coloană, în trunchi

Pentru a mă încredința de veridicitatea concluziilor, mi-am analizat și propria coloană vertebrală. Dacă în zona lombară inflexiunea coloanei nu era evidentă, în dreptul inimii și la inserția gâtului cu trunchiul, inflexiunile coloanei erau de mare amplitudine.

Așadar, pentru vindecarea apneei de somn era necesar să corectez (cel puțin) aceste două devieri ale coloanei vertebrale: în dreptul inimii și la inserția dintre trunchi și gât.

Chiar dacă în mod obișnuit există părerea că nu se poate modifica traseul coloanei vertebrale, un fenomen observat în perioada în care făceam yoga m-a făcut să cred că este posibilă o asemenea transformare.

Printre colegii de antrenament la yoga era o persoană care obișnuia să practice o anumită postură de yoga (mayurasana), intens solicitantă în zona pieptului. Mi se părea foarte bună această asană întrucât energiza foarte bine corpul, așa că am adoptat-o imediat.

La puțin timp după ce am adoptat această postură, am observat că pieptul meu se aplatizase foarte mult și manifestam tendința de cifoză.

S-a întâmplat acest fenomen întrucât această postură se executa prin sprijinirea corpului pe coate la nivelul pieptului. Realizând că după numai câteva zile, timp în care am făcut intens această asană, mi s-a deformat corpul atât de mult, m-am uitat la colegul meu care practica această asană în mod obișnuit. Spre marea mea surpriză, colegul meu de yoga avea pieptul aplatizat și suferea de cifoză avansată.

Cu toate că această asană era profund energizantă, din cauza faptului că îmi deforma pieptul și coloana vertebrală, am renunțat pentru totdeauna s-o mai practic.

Acum, după aproximativ 30 de ani, mi-am adus aminte de acea conjunctură în care, prin antrenament neinspirat, mi-am deformat coloana vertebrală, mi-am zis așa:

„Dacă prin antrenament neinspirat se poate deforma coloana vertebrală, prin antrenament inspirat se poate îndrepta coloana vertebrală!”

Așadar, a venit momentul să găsesc o formă de antrenament prin care să îndrept coloana vertebrală.

Așa am ajuns să descopăr și să pun în valoare meditația inimii.

2. Pași spre meditația inimii

Cu toate că mi-am propus de multe ori să îmi recalibrez coloana vertebrală, încercările mele au fost zadarnice. Totuși, consider că sunt un mare norocos! Din întâmplare am reușit să îmi îndrept coloana vertebrală.

Iată cum s-au petrecut lucrurile!

La un moment dat am creat și pus în valoare meditația capului.

Cu toate că nu aveam ca obiectiv principal să-mi vindec cifoza, după aproximativ două luni din momentul în care am început să practic în mod intensiv meditația capului, am observat că mi s-a repoziționat în mod benefic traseul coloanei vertebrale la nivelul inserției gâtului cu trunchiul.

M-am bucurat mult când am realizat că mi s-a îndreptat coloana vertebrală la nivelul inserției dintre gât și trunchi! Totuși bucuria mea nu a fost de lungă durată. La câteva zile după ce am avut această constatare, am realizat că în dreptul inimii coloana vertebrală mi s-a aplecat și mai mult spre direcția în față.

Așadar, ce câștigasem în zona gâtului, am pierdut în zona inimii.

În momentul în care am sesizat că în dreptul inimii coloana vertebrală are o inflexiune și mai mare, m-am gândit că este momentul să creez o formă de terapie și antrenament prin intermediul căreia să repoziționez coloana vertebrală spre a fi cât mai aproape de traseul ideal.

Gândindu-mă la anii copilăriei, mi-am adus aminte de faptul că, deseori, îmi plăcea să petrec mult timp fiind întins pe iarbă cu fața în sus și cu brațele întinse în prelungirea corpului.

Pornind de la această amintire plăcută, m-am gândit că ar fi bine să o reproduc atunci când sunt în poziția culcat pe pat cu fața în sus. Fără să stau pe gânduri, m-am întins pe pat cu fața în sus și cu brațele întinse deasupra capului, în prelungirea corpului.

După doar câteva minute petrecute în această postură, am constatat că mă simt bine, în special în zona capului. Fiind încurajat de această stare, mi-am dorit să îmi dau acces la energii și mai intense.

Mi-am așezat corpul cu capul, gâtul și umerii în consolă în afara patului în așa fel încât marginea patului să fie în dreptul inimii.

M-am simțit foarte bine fiind în această postură!
În timp ce stăteam în această postură, la nivelul spatelui simțeam o ușoară durere plăcută, iar la nivelul pieptului emanam o energie imensă care expansiona în univers.
Pentru că m-am simțit atât de bine în acea zi, am repetat această postură de câteva ori în mod consecutiv. În noaptea care a urmat am avut un somn lin, marcat de vise frumoase.
Nu știu să fi avut apnee de somn și nici măcar nu am perceput să fi sforăit.

A doua zi de dimineață, când m-am trezit, m-am plasat în fața oglinzii cu scopul de a-mi studia postura. Dacă în mod obișnuit aveam umărul stâng mai sus decât umărul drept, în acel moment umerii mei erau perfect aliniați.
De asemenea, când m-am studiat din profil, am constatat că am corpul mult mai drept decât îl aveam dimineața, atunci când mă ridicam din pat.

În zilele următoare am practicat în mod intensiv această postură. Am adoptat această postură datorită faptului că îmi favoriza atât îndreptarea coloanei vertebrale, cât și energizarea intensivă a pieptului.

De fiecare dată când intram în această postură, de la nivelul inimii se manifesta o energie profund benefică. În mod practic, imediat ce mă plasam în această postură, simțeam cum mi se extindea sufletul în univers.

Deseori mi-am studiat stările și m-am întrebat datorită cărui fenomen se petrece o asemenea manifestare benefică?
Iată răspunsul! Atunci când intrăm în această postură, coloana vertebrală se repoziționează în așa fel încât sufletul să acceseze cu mai mare ușurință energia pământului.

Atunci când sufletul este conectat în mod intens la energia pământului, ființa umană înflorește așa cum ar înflori o floare.

Pentru că această postură stimulează expansiunea energiei sufletului, iar principala resursă a sufletului vine din activitatea inimii, am decis ca această formă de meditație să se numească **meditația inimii**.
În cele ce urmează vă prezint procedura de aplicare a meditației inimii.

3. Meditația inimii - procedură

- Vă așezați pe pat culcat pe spate, cu fața în sus și mâinile relaxate pe lângă corp;

- Închideți ochii, vă interiorizați și vă stabiliți o intenție clară și precisă;

Puneți să se deruleze o muzică plăcută.
Vă concentrați la glanda pituitară;

- Având capul sprijinit pe saltea (fără pernă sub cap), îl veți roti ușor spre dreapta și spre stânga prin mișcări lente și blânde, cu scopul de a realiza o încălzire a mușchilor din zona gâtului;

Timp de execuție: 7-8 minute.

- Fiind culcat pe spate cu fața în sus, vă veți repoziționa corpul în așa fel încât capul și umerii să fie în afara patului, iar corpul să se sprijine pe pat doar până la nivelul inimii.

În momentul în care v-ați echilibrat corpul astfel, veți întinde brațele în prelungirea corpului, așa cum este prezentat în imaginea următoare;

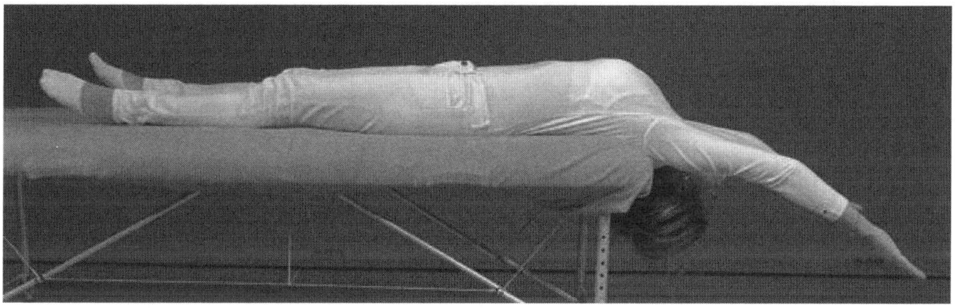

- Vă repoziționați corpul în așa fel încât să fiți culcat pe spate cu fața în sus și capul sprijinit pe saltea. Rotiți capul ușor spre dreapta și spre stânga, prin mișcări lente și blânde, cu scopul de a genera o relaxare a mușchilor din zona gâtului;

Timp de execuție: 7-8 minute.
Mulțumiți lui Dumnezeu și întregului univers pentru darul acestei meditații!

Observații și recomandări:

- După cum sesizați, la punctul 4 nu am specificat niciun timp de execuție. Am lăsat la libera alegere a fiecărui practicant, în așa fel încât postura să se realizeze în condiții maxime de securitate și integritate corporală și sufletească.
  De asemenea, ceilalți timpi de execuție sunt orientativi. Fiecare va alege să aplice procedura așa cum simte, în funcție de starea de vitalitate a corpului;

- Înainte și după această procedură am alocat câteva minute pentru încălzirea și de relaxarea corpului, în așa fel încât să se armonizeze energiile în întreaga ființă și, în special, în zona gâtului și a capului;
- Dacă patul are tăblia proeminentă și există riscul să ne lovim, putem să așezăm la marginea patului un prosop împăturit!
- Pe toată perioada meditației veți fi atenți la stările dumneavoastră în așa fel încât să nu amețiți.
  La primele senzații de amețeală veți întrerupe procedura!
  De asemenea, veți opri procedura imediat, dacă apar dureri!
- Este posibil ca după ce practicați meditația inimii să percepeți ușoare stări de expansiune energetică în zona superioară a corpului și în special la cap.
  Stările de expansiune energetică se manifestă prin atitudine de nerăbdare, neliniște și chiar agitație.
  În acest caz este bine să practicați meditația de palpare a capului, să dormiți sau să faceți orice altă formă de antrenament dinamizator în corpul fizic;
- Meditația inimii este puternic energizantă! Ca urmare, există riscul ca unii dintre dumneavoastră să nu o puteți practica în siguranță. De aceea este bine să practicați meditația inimii doar în prezența unui mentor sau coach integrativ acreditat de către Academia Terranova!
- Dacă nu sunteți suficient de vital pentru a ține capul și umerii în consolă la marginea patului, puteți face terapia fiind așezat pe pat, aplicând sub trunchi una sau mai multe perne.

4. Meditația inimii simplificată

Treceam printr-o perioadă de mare încercare cu o anumită persoană puternic mentală.

Ca urmare a acestui fenomen, a început să mă doară foarte tare capul.

Voiam să fac ceva în așa fel încât să scap de durerea de cap.

Am încercat să fac meditația inimii dar, pentru că eram și foarte obosit, nu rezistam prea mult timp în această postură.

Totuși era necesar să fac ceva pentru că voiam să scap de durerea de cap.

Conform logicii circulației energiilor din ființa umană, pentru a mă elibera de durerea de cap era necesar să conectez energia inimii cu energia creierului.

Prin intermediul inimii, creierul se conectează la energia pământului, iar pe acest fond se descarcă surplusul de energie de la nivelul capului.
Așadar, pentru a mă elibera de durerea de cap, era necesar să adopt o postură care să implice ambele organe, inima și creierul.

Pentru că tocmai creasem meditația inimii, am decis că este bine să pun în valoare această terapie, adoptând o postură mai simplă și mai ușor de accesat.
În acest scop m-am întins pe pat cu fața în sus, în așa fel încât să plasez capul la marginea saltelei.
Am întins brațele deasupra capului în afara patului și apoi le-am lăsat să se poziționeze cât mai jos, sub propria lor greutate.

Am rămas mai mult timp în această postură întrucât mă simțeam foarte bine. În acest timp am început să casc intens, iar lacrimile au năvălit din abundență pe față.

Acesta era semn că surplusul de energie acumulat la nivelul creierului se dizolva la nivelul inimii.
Energia odată ajunsă la nivelul inimii, prin intermediul sistemului circulator din întregul corp, se descărca în pământ.

Imediat ce m-am ridicat din această postură am constatat că mi-a trecut durerea de cap.
Am reluat această procedură de mai multe ori, în special atunci când simțeam presiune în zona capului. De fiecare dată după ce o practicam, mă simțeam foarte bine.

Aplicam această postură în special atunci când eram foarte obosit și nu puteam să petrec prea mult timp în meditația inimii.

Pentru că această procedură generează efecte atât de bune, am transformat-o în terapie și i-am dat denumirea de **meditația inimii simplificată**.
În cele ce urmează vă prezint procedura de aplicare a meditației inimii simplificată.

5. Meditația inimii simplificată - procedură

- Vă așezați pe pat culcat pe spate, cu fața în sus și mâinile relaxate pe lângă corp;
- Închideți ochii, vă interiorizați și vă stabiliți o intenție clară și precisă;

Puneți să se deruleze o muzică plăcută.
Vă concentrați la glanda pituitară;

- Fiind culcat pe spate cu fața în sus, vă veți repoziționa corpul în așa fel încât capul să se sprijine pe saltea, iar brațele să fie întinse deasupra capului, în prelungirea corpului, în afara patului;

Timp de execuție: 5-10 minute.

- Retrageți brațele și le așezați pe lângă corp. Rotiți capul ușor spre dreapta și spre stânga, prin mișcări lente și blânde, cu scopul de a genera o relaxare a mușchilor din zona umerilor;

Timp de execuție: 7-8 minute.
Mulțumiți lui Dumnezeu și întregului univers pentru darul acestei meditații!

Observații și recomandări:

- Timpii de execuție sunt orientativi. Fiecare va alege să aplice procedura așa cum simte, în funcție de starea de vitalitate a corpului;
- Pe toată perioada meditației veți fi atenți la stările dumneavoastră în așa fel încât să nu amețiți.
  La primele senzații de amețeală veți întrerupe procedura!
  De asemenea, veți opri procedura imediat, dacă apar dureri!

  Vă susțin cu drag!

Precizare importantă:
Prezenta abordare reprezintă o experiență proprie și nu înlocuiește sfatul medicului. Pentru orice problemă de sănătate, vă îndemn să apelați la sfatul medicului și al specialistului!

Meditația a XIII-a

MEDITAȚIA CEREBRALĂ

„Creierul este mai mare decât universul." - Emily Dickinson

1. Puterea creierului

Relatare. Cum mi-am recâștigat echilibrul și încrederea de sine?

Într-o seară târzie, am intrat într-un conflict foarte puternic cu o ființă cu care nu ajungeam la o înțelegere pe marginea unui subiect foarte important.

Dacă până în acel moment reușeam să găsim soluții pentru desele conflicte, care de multe ori izbucneau în mod spontan, în acel moment parcă nu mai găseam nicio punte de legătură spre starea de pace.

Pentru că nu mă simțeam bine deloc, am decis să mă culc în speranța că voi adormi repede și nu mă voi mai gândi la acest conflict.

M-am băgat în pat cu gândul că voi adormi repede, așa cum mi se întâmpla în mod obișnuit.

După aproximativ jumătate de oră, am simțit că starea mea de sănătate se înrăutățește. În ființa mea se derulau tot felul de gânduri care mă duceau la episoadele conflictuale, dintre mine și acea persoană, care s-au derulat de-a lungul timpului.

Mă durea foarte tare capul, în special în zona cefei și simțeam o presiune mare la nivelul cutiei craniene.

Realizând că nu am nicio șansă să adorm, iar situația era greu de controlat, am simțit că este absolut necesar să fac o terapie cu focalizare în zona capului, acolo unde mă simțeam cel mai afectat.

Pentru că eram slăbit, am preferat să mă antrenez fără să mă ridic din pat.

De puțin timp generasem meditația capului și de regulă obțineam rezultate foarte bune cu această terapie.

M-am gândit că este bine să fac meditația capului.

Nu mă simțeam în stare să stau la marginea patului cu capul în sus, așa cum se începe programul de meditație a capului, așa că m-am așezat cu fața în jos.

Fiind așezat la marginea patului cu fața în jos, am început să mișc capul în toate părțile și în special spre stânga și spre dreapta.

Într-o primă fază am mișcat capul repede, întrucât eram foarte agitat. Știam că **agitația minții se calmează prin „agitația" corpului.**

De la un moment dat am simțit că obosesc deplasând capul cu viteză mare în toate direcțiile și atunci am început să-l mișc din ce în ce mai lent.
În momentul în care am început să mișc capul foarte lent, dintr-o dată în ființa mea s-a așezat o stare de liniște și pace.
Imediat ce am intrat în această stare am început să casc.

Pentru că mă simțeam atât de bine în starea în care eram, am preferat să rămân cât mai mult timp la marginea patului cu capul în jos, chiar fără să mai deplasez capul.
Cred că am rămas în această poziție încă 20 de minute. De la un moment dat mă relaxasem atât de bine încât am început să am stări de somnolență.

După ce am ațipit de câteva ori în timp ce eram cu capul în jos la marginea patului, m-am așezat pe pat, în poziția fetusului pe partea stângă și imediat am adormit într-un somn adânc.

Am dormit bine toată noaptea, iar dimineața când m-am trezit am constatat că eram bine odihnit, ca și cum nu se întâmplase nimic rău cu o seară înainte.
Pentru că am vrut să încep bine ziua, m-am așezat din nou cu fața în jos la marginea patului și am mai practicat aproximativ 15 minute de meditație.

Cu toate că eram în formă foarte bună și credeam că nimic rău nu mi se mai putea întâmpla, după ce cu o seară înainte trecusem printr-o încercare foarte grea, pe la orele prânzului o altă persoană a revendicat de la mine niște drepturi care nu i se potriveau.

Până seara am avut treabă multă și nu am reușit să mă antrenez ca să diluez energia conflictului iscat din senin.
Când a venit vremea să mă bag în pat, am perceput o durere intensă în zona inimii. În anumite momente durerea era atât de profundă încât îmi afecta și ritmul respirației.

Așadar, dacă cu o seară înainte atacul fusese focalizat la nivelul capului, de data aceasta atacul se focalizase la nivelul inimii.

Deoarece cu o seară înainte îmi rezolvasem atât de ușor ieșirea din starea critică în care eram, m-am așezat cu capul în jos la marginea patului și am început să meditez.

Dacă cu o seară înainte mi-au fost necesare mai multe zeci de minute pentru a ieși din suferință, de data asta mi-au fost suficiente aproximativ 12 minute pentru a mă repoziționa într-o stare bună.

După ce m-am relaxat profund în această meditație, m-am așezat în pat și am adormit repede, așa cum reușisem să o fac și cu o seară înainte.
Somnul a fost lin și marcat de vise frumoase și colorate.

A doua zi de dimineață am practicat din nou această meditație.

De atunci aplic această meditație aproape în fiecare zi, atât dimineața, imediat ce mă ridic din pat, cât și seara înainte de culcare, indiferent de starea în care mă aflu.

De asemenea, mai practic această meditație chiar și în timpul zilei atunci când sunt obosit sau atunci când trec prin stări de încrâncenare.
Ca urmare a acestei meditații generez un program de viață care să exprime stabilitate și siguranță.

După ce am experimentat îndelung această meditație, m-am întrebat cum de se obține o stare atât de bună și plăcută doar după câteva minute petrecute în această postură?

Iată răspunsul!

Avem un creier cu un potențial măreț așa cum a spus și ***Emily Dickinson: „Creierul e mai larg decât cerul".***

Când a făcut o asemenea afirmație, Emily Dickinson s-a gândit la faptul că, în mod obișnuit, acest organ este în comuniune cu universul.

Fiind în comuniune cu universul, creierul uman poate să genereze structuri de conștiință de mare potențial transformator.

Atunci când creierul nu este suficient de bine alimentat cu energie, intră în deficit, cauzând suferințe cu efect atât în deformarea atitudinii față de viață, cât și în dureri la nivelul corpului fizic.

Ca urmare a acestei crize este necesar să dăm putere creierului.

Pentru a da putere creierului este necesar să-l conectăm în mod simultan atât la energia universului cât și la energia pământului.

Atunci când suntem în poziția culcat cu fața în jos, iar capul este suspendat în consolă la marginea patului, mușchii gâtului și spatelui, în special mușchii plasați de-a lungul coloanei vertebrale, sunt solicitați în mod intens.

Fiind în această postură, mușchii aflați în acțiune asigură o conexiune energetică bună între cap și trunchi.

Având o conexiune bună între cap și trunchi, creierul se conectează în mod eficient la energia inimii.

Energia inimii este cea mai mare resursă de putere din ființa noastră.

De asemenea, energia inimii este constantă și continuă întrucât, prin celulele corpului, inima se conectează direct la resursele infinite ale universului.

Atunci când creierul este în conexiune cu inima, iar inima este conectată cu resursele infinite ale universului, ființa noastră intră în stare de liniște și pace. Pe acest fond creierul manifestă o stare de expansiune atât în corp cât și în întregul univers. Fiind prezenți atât în corp, cât și în întregul univers, ne dăm șansa să cultivăm cele mai frumoase stări de manifestare ale eului uman.

Devenim puternici și cerebrali.

Pentru că stările pe care le trăim sunt atât de profunde în manifestare atunci când suntem implicați în postura culcat cu fața în jos, iar capul este în consolă la marginea patului, am decis ca acestei forme de antrenament să-i dau denumirea de **meditația cerebrală**.

În timp, pe măsură ce am practicat meditația cerebrală, am găsit că pot să dau creierului puteri și mai mari prin intermediul acestei forme de terapie și antrenament.

În cele ce urmează voi descrie cum am reușit să ating performanțe nebănuite cu ajutorul meditației cerebrale.

2. Cum am dat putere și mai mare creierului

Urma să am un discurs de mare importanță pentru evoluția mea.

În cadrul acelui discurs, pentru a câștiga publicul, era necesar să manifest o atitudine cu totul relaxată și plină de încredere.

Cu toate că până atunci mai ținusem multe discursuri, de data aceasta eram foarte emoționat întrucât auditoriul era de foarte înaltă calitate.

Pentru că eram atât de impactat de importanța acestui discurs, întreaga mea ființă era cuprinsă de o emoție copleșitoare.

Cu toate că m-am pregătit mai multe zile la rând pentru acest discurs, în dimineața zilei în care urma să am discursul tremuram din toate mădularele.

Nu puteam să mă concentrez deloc la discurs.

Până la discurs mai aveam aproximativ cinci ore și eu nu îmi găseam liniștea, cu toate că mă implicam în tot felul de programe de terapie și antrenament.

Când am realizat că am intrat în criză emoțională, m-am oprit din antrenament și m-am studiat.

Atunci am simțit că îmi tremurau picioarele din cauză că nu eram bine împământat. De asemenea, îmi tremurau brațele pentru că îmi lipsea energia empatică.

Ca urmare a acestor fenomene aveam tensiune psihică la nivelul creierului și nu puteam să mă concentrez deloc.

Realizând că am această stare, m-am așezat pe pat cu fața în jos, cu capul în afara patului și am început să mișc capul în toate părțile.
După câteva minute de balansare a capului în consolă la marginea patului m-am mai liniștit, dar, cu toate acestea, nu puteam să-mi stăpânesc emoțiile.

Atunci mi-a venit ideea să ridic tălpile și să le orientez spre cer.
Imediat după ce am orientat tălpile spre cer, am început să mă relaxez. Fără să realizez, am început să intonez fragmente din discurs.

Spre marea mea surpriză discursul meu era fluid și armonios.

Mă simțeam bine în acea poziție.

Atunci am realizat că aceasta era soluția optimă pentru rezolvarea stărilor mele emoționale.

M-am bucurat foarte tare când am simțit că mă relaxez cu atâta ușurință în urma unei proceduri atât de simple.

Fiind cu capul în consolă la marginea patului și cu tălpile orientate spre cer, mă simțeam în largul meu, așa că am început să mă balansez deoparte și de alta a poziției de echilibru.

Cred că m-am balansat pe pat deoparte și de alta a poziției de echilibru aproximativ jumătate de oră.

În momentul în care m-am ridicat din pat, am simțit că pot să fac față tuturor încercărilor emoționale la care urma să fiu supus.

Când m-am prezentat în sala în care urma să țin discursul am fost întâmpinat de un om de o mare calitate sufletească.
Spre marea mea bucurie acesta a avut față de mine numai cuvinte de apreciere.

Nu am apucat să termin dialogul cu acest om întrucât, rând pe rând, mai multe persoane au venit către mine manifestând atitudini de apreciere.

Atitudinea celor din jurul meu mi-a demonstrat faptul că sunt foarte bine din punct de vedere energetic, așa că am așteptat cu mare încredere momentul discursului.

Când am început discursul eram foarte relaxat și încrezător în puterile mele. Frazele veneau una după alta ca și cum îmi erau dictate direct din baza de date a universului.

Tot discursul a curs ca un fluviu care se alimenta dintr-o sursă infinită. A fost cel mai bun discurs de până la acel moment!

După ce am ținut acest discurs m-am gândit mult la metoda de antrenament pe care am aplicat-o înainte de a mă prezenta în fața lumii. Așadar, în prima fază am deplasat capul în consolă la marginea patului cu scopul de a uni energia sufletului cu cea a creierului, iar apoi am ridicat tălpile orientându-le spre cer.

Prin orientarea tălpilor spre cer am conectat ființa cu partea inferioară a corpului la energiile cerului. Această conexiune a făcut ca energia pământului să urce cu mai mare ușurință la creier, echilibrând astfel deficitul de energie telurică de la nivelul capului. Această formă de antrenament a relaxat tensiunea psihică de la nivelul creierului.

În momentul în care am început să balansez corpul deoparte și de alta a poziției de echilibru, am masat partea din față a corpului și, în special, zona pieptului acolo de unde se emană energia empatică. Aceste acțiuni de antrenament m-au făcut să mă prezint la discurs ca un om care are acces la toate resursele de energie benefică din univers.

Pentru că meditația cerebrală a fost atât de benefică în programele de public speaking, voi folosi această experiență pentru a stimula cursanții să își dezvolte energia empatică în așa fel încât să emane în fața lumii cele mai inspirate și benefice idei.

Am prezentat două secțiuni în care, prin acțiuni energice la nivelul capului și tălpilor, se pot genera energii care să repună omul într-o poziție de echilibru în raport cu energiile universului.

În timp, prin diverse acțiuni, am înțeles că pot face și mai mult decât atât pentru creșterea potențialului uman în relația cu semenii și cu întregul univers. De exemplu, atunci când sunt cu capul în consolă și cu tălpile orientate spre cer, pun palmele la nivelul rinichilor.

Aplicând palmele la nivelul rinichilor, zona lombară se încălzește foarte mult, stimulând astfel și mai mult circulația energiilor telurice de la picioare spre cap.

Toate aceste acțiuni fac din meditația cerebrală una dintre cele mai eficiente și creative forme de manifestare umană.

În cele ce urmează voi prezenta procedura de execuție a meditației cerebrale.

3. Procedura de aplicare a meditației cerebrale

1. Vă așezați în poziția pe pat cu fața în jos, în așa fel încât umerii să ajungă la marginea patului, iar capul să fie în consolă, așa cum este prezentat în desenul următor;

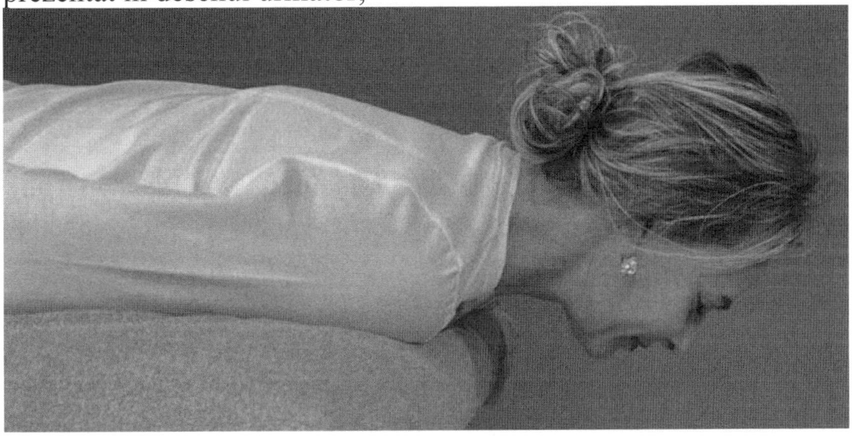

2. Închideți ochii, vă interiorizați și vă stabiliți o intenție clară și precisă. Vă concentrați la glanda pituitară;
3. Având capul în consolă, îl veți roti ușor spre dreapta și spre stânga prin mișcări lente și blânde, cu scopul de a realiza o încălzire a mușchilor din zona gâtului;
   Timp de execuție: 7-8 minute.
4. Fiind în aceeași poziție, veți deplasa capul în toate direcțiile prin mișcări cât mai lente.
   Veți ridica picioarele în așa fel încât tălpile să fie orientate spre cer.

Vezi deplasa picioarele în toate direcțiile în așa fel încât tălpile să rămână orientate spre cer;
Timp de execuție: 7-12 minute.

5. În timp ce aplicați aceste proceduri, veți aplica și palmele deasupra rinichilor în așa fel încât prin brațe să transmiteți energia empatică la nivelul zonei lombare;

6. Vă repoziționați corpul în așa fel încât să fiți culcați pe spate cu fața în sus și capul sprijinit pe saltea. Rotiți capul ușor spre dreapta și spre stânga, prin mișcări lente și blânde, cu scopul de a genera o relaxare a mușchilor din zona gâtului;
Timp de execuție: 7-8 minute.
Mulțumiți lui Dumnezeu și întregului univers pentru darul acestei meditații!

Observații și recomandări:

- Timpii de execuție sunt orientativi. Fiecare va alege să aplice procedura așa cum simte, în funcție de starea de vitalitate a corpului.

- Este posibil ca, după ce faceți primele meditații, să percepeți ușoare stări de greață.

Aceste stări sunt determinate de faptul că prin meditația cerebrală se generează un flux energetic foarte puternic la nivelul gâtului și stomacului.
Pentru a evita asemenea stări, vă sugerez ca, pentru început, să practicați meditații mai scurte, iar pe măsură ce vă obișnuiți, să măriți timpul de practică.

- Dacă nu puteți aplica meditația cerebrală conform procedurii, puteți renunța la unele acțiuni, cum ar fi:
    - nu mai aplicați palmele la nivelul rinichilor;
    - veți renunța la a mai orienta tălpile spre cer.

În acest caz veți practica meditația cerebrală ținând capul în consolă la marginea patului, iar brațele și picioarele vor rămâne întinse pe pat.

- Dacă nu sunteți suficient de vitali pentru a ține capul în consolă la marginea patului, puteți face terapia fiind așezați pe pat, aplicând sub piept una sau mai multe perne.

- Puteți aplica meditația capului fără să deplasați capul.

Atunci când țineți capul în consolă în poziție fixă, puteți fi mai atenți la cursul energiilor.
Totuși, pentru o cât mai bună armonizare a energiilor de la nivelul capului, este bine să practicați acest tip de meditație atât cu capul în mișcare, cât și cu capul în poziție fixă.

- Dacă patul are tăblia proeminentă și există riscul să vă loviți, veți așeza pe marginea patului un prosop împăturit.

- Pe toată perioada meditației veți fi atenți la stări în așa fel încât să nu amețiți. La primele senzații de amețeală veți întrerupe procedura!

De asemenea, veți opri procedura imediat ce apar dureri!

- Este posibil ca, după ce practicați meditația cerebrală, să percepeți ușoare stări de expansiune energetică în zona superioară a corpului și, în special, la cap.

Stările de expansiune energetică se manifestă prin atitudine de nerăbdare, neliniște și chiar agitație.
În acest caz este bine să practicați meditația de palpare a capului, să dormiți sau să faceți orice altă formă de antrenament dinamizator în corpul fizic.

- Meditația cerebrală este puternic energizantă. Ca urmare, există riscul ca unii dintre dumneavoastră să nu o puteți practica în siguranță. De aceea, este bine să practicați meditația cerebrală doar în prezența unui mentor sau coach integrativ, acreditat de Academia Terranova.

- Prezenta abordare reprezintă o experiență proprie și nu înlocuiește sfatul medicului. Pentru orice problemă de sănătate, vă îndemn să apelați la sfatul medicului și al specialistului!

Vă susțin cu drag în aplicarea acestei meditații!

Meditația a XIV-a

MEDITAȚIA CAPULUI

1. Întâmplarea care a condus la o meditație de mare efect

Mă apropiam de finalizarea cursului de coaching integrativ și, cu toate că obținusem rezultate foarte bune, a apărut o situație la care nu găseam răspuns.

Deseori treceam prin momente în care percepeam că zona gâtului și a capului erau deficitare din punct de vedere energetic.

Ca urmare a deficitului energetic din această parte a corpului, aveam perioade în care mă durea capul foarte tare.

Pentru că aceste manifestări din zona capului mă afectau din ce în ce mai mult, am devenit preocupat să aduc îmbunătățiri.

Căutările mele pe această direcție au fost intensificate de o conjunctură nefavorabilă prin care am trecut.

Iată cum s-au petrecut lucrurile!

Relatare. Cum m-am eliberat de durerea de cap

De obicei sunt atent la corp și caut să preîntâmpin orice situație care m-ar putea aduce în impas.

Cu toate acestea mai am și momente în care ajung în stări de suferință.

Așa s-a întâmplat la un moment dat când am simțit dureri atroce la cap.

Fiind sub presiunea durerilor, am practicat diferite forme de terapie și antrenament, dar efectele benefice erau nesemnificative și de scurtă durată.

Pe măsură ce treceau zilele, eram din ce în ce mai îngrijorat întrucât nu reușeam să găsesc o soluție prin care să mă extrag din această suferință.

Situația s-a agravat iar la un moment dat, atunci când eram mai obosit, percepeam ușoare stări de amețeală.

M-a speriat această tendință.

M-am oprit din activitățile zilnice și m-am îndreptat cu cea mai mare atenție spre zona capului.

Privindu-mă în oglindă, am sesizat că de-a lungul anilor gâtul mi s-a subțiat foarte mult, față de cum era în perioada tinereții când practicam judo de performanță.

În cadrul competițiilor de judo gâtul era foarte solicitat, întrucât în acest sport sunt permise și proceduri de strangulare.

Pentru că luptele de judo erau foarte solicitante, am ajuns să am gâtul puternic și gros.

După ce am întrerupt activitatea competițională, pe măsură ce au trecut anii, gâtul meu s-a subțiat din ce în ce mai mult deoarece nu l-am mai supus la eforturi intense, specifice antrenamentelor de judo.

Un semn de subțiere a gâtului este faptul că sub bărbie mi-au apărut două cute pe piele.

Apariția celor două cute scoate în evidență faptul că secțiunea gâtului s-a redus foarte mult.

Având un gât mult mai subțire, transferul de energie a scăzut afectându-mi starea de sănătate de la nivelul capului. Din această cauză, în ultimii ani aveam dureri de cap din ce în ce mai dese și mai intense.

Starea precară de sănătate s-a manifestat și la nivelul părului.

Într-un timp relativ scurt, părul meu a albit prematur.

Studiind și evoluția altor judoka din generația mea, am observat că majoritatea albesc prematur.

Așa am ajuns la concluzia că una dintre principalele cauze care duc la albirea părului este strangularea circuitului energetic de la nivelul gâtului.

Luând în calcul toate aceste conștientizări, am ajuns la concluzia că este absolut necesar să mă antrenez cât mai mult la nivelul gâtului, pentru a-mi echilibra întregul sistem energetic al corpului.

Analizându-mă în oglindă am constatat că, cu excepția gâtului, corpul meu este armonios, fiind susținut de un sistem muscular bine tonifiat.

Reușesc să obțin această performanță datorită faptului că practic un antrenament bazat pe exerciții de forță.

În repetate rânduri, în astfel de situații aș fi aplicat exerciții de forță și la nivelul gâtului dar nu am reușit să identific nicio formă de solicitare facilă a mușchilor din această zonă a corpului.

Într-o dimineață m-am trezit cu o cruntă durere de cap. După ce am reușit să mă ridic cu greu din pat, am început să mă antrenez cu scopul de a elibera această durere.

Cu toate că depuneam un efort mare, durerea nu se ameliora. Pentru că nu găseam nici o soluție care să mă împlinească, m-am întins pe pat cu fața în sus și am început să aplic meditația capului.

Ca urmare a meditației capului, mă simțeam relativ mai bine, dar durerile erau atât de mari încât nu puteau fi rezolvate doar cu o terapie atât de blândă.

Într-un moment de revelație mi-a venit ideea să meditez ținând capul în consolă la marginea patului.

Stând culcat pe spate cu fața în sus, mi-am deplasat corpul în așa fel încât gâtul și capul să fie în consolă în raport cu patul.

Având capul în consolă, am deplasat capul cu blândețe în toate direcțiile.

Atunci când mă dureau mușchii gâtului, lăsam capul să atârne pe lângă pat sau retrăgeam corpul pe pat în așa fel încât capul să se sprijine pe saltea.

După ce mă odihneam, readuceam capul în consolă și iar îl deplasam în toate direcțiile.

Pe măsură ce aplicam această procedură, cu toate că aveam ușoare dureri la gât, mi s-au redus mult durerile de cap.

Fiind încurajat de această evoluție, am continuat să practic meditația capului.

Pentru că mușchii din partea din față a gâtului fuseseră solicitați destul de mult, m-am întors cu fața în jos ținând capul în consolă la marginea patului.

Ca să am o postură stabilă, mi-am pus antebrațele sub piept.

Am început să deplasez capul în toate direcțiile, în special, în sus și în jos.

După ce am practicat și această procedură, am simțit că durerile de cap s-au diminuat foarte mult.

A doua zi de dimineață mă simțeam mult mai bine. Nu mai aveam dureri la nivelul capului ci doar o ușoară durere la nivelul gâtului.

Pentru că mă simțeam relativ bine ca urmare a procedurilor aplicate în seara precedentă, am decis să încep ziua aplicând programul care mi-a adus vindecarea durerii de cap.

După ce am aplicat terapia stând culcat pe spate, cu capul în consolă, m-am întors cu fața în jos și am aplicat terapia capului, stând pe burtă.

La un moment dat m-am retras pe pat și mi-am studiat stările.

Am constatat că mai aveam ușoare dureri pe părțile laterale ale gâtului.

Atunci am simțit să dinamizez și mușchii din părțile laterale ale gâtului.
În acest scop, m-am așezat pe partea stângă a corpului în așa fel încât capul să fie în consolă la marginea patului.
După ce am practicat aproximativ 17 minute de terapie pe partea stângă, m-am întors pe partea dreaptă și am continuat antrenamentul conform acelorași principii, aproximativ încă 17 minute.

După ce am practicat toate cele patru forme de meditație ținând capul în consolă, m-am așezat pe spate cu fața în sus având capul sprijinit pe saltea.
Am mai rotit lent capul spre stânga și spre dreapta timp de câteva minute, cu scopul de a armoniza energiile de la nivelul gâtului.

Mă simțeam bine și întreaga ființă era cuprinsă de o stare de beatitudine și pace. Relaxându-mă pe pat cu fața în sus, am mai dormit aproximativ 30 de minute.
După ce m-am ridicat din pat, am fost într-o formă foarte bună pe întreg parcursul zilei. Nu m-a mai durut capul.

Fiind încurajat de acea evoluție, în zilele care au urmat am practicat intensiv meditația capului.
Ca urmare a acestei proceduri mi s-au tonifiat bine mușchii gâtului și am o energie foarte bună la nivelul capului.
Dorm mai puțin, somnul este mai ușor iar peste zi sunt în plină formă.
Dintr-o dată am devenit mai activ și mai eficient în tot ceea ce fac.

Mai apar uneori dureri de cap, iar când acestea se instalează, mă așez pe pat și practic meditația capului.
Pentru că am prins încredere în această formă de terapie, am introdus-o în programul meu zilnic de pregătire și antrenament.

2. Strategia de aplicare a meditației capului

Studiind corpul uman ajungem la concluzia că în zona gâtului secțiunea țesutului se reduce foarte mult.
Datorită acestui aspect, în zona gâtului se manifestă o foarte mare concentrare de energii, atât cele venite din direcția pământului cât și cele venite din direcția cerului.

De asemenea, la nivelul gâtului circulă și energiile empatice vehiculate prin zona celor două brațe.

Așadar, prin zona gâtului se alimentează capul cu energie telurică, iar trunchiul se alimentează cu energie celestă.

Atunci când zona gâtului nu este în armonie, energiile capului, și cele din zona trunchiului sunt perturbate.

Ca urmare a acestui fenomen, capul ajunge în suferință.

Efectul este și reciproc. Atunci când capul este în suferință, la nivelul gâtului se manifestă dizarmonii.

Aplicând același raționament și în relația trunchiului cu gâtul, ajungem la concluzia că atunci când trunchiul este în suferință, la nivelul gâtului se manifestă dizarmonii.

Conform medicinei tradiționale chineze, prin partea stângă a corpului urcă energiile telurice (de tip yin), iar prin partea dreaptă a corpului coboară energiile celeste (de tip yang).

Energiile sunt echilibrate la nivelul întregului corp, fiind egale și de sens contrar.

După același principiu se manifestă energiile și la nivelul gâtului.

În condiții normale, la nivelul gâtului cele două energii sunt egale și de sens contrar.

În realitate suntem puțini cei care, la nivelul gâtului, avem energiile egale și de sens contrar.

Se întâmplă acest fenomen întrucât trăim o viață intensivă, marcată de ego. Egoul se manifestă din cauza competiției pentru viață și din dorința de a ne încadra în șabloanele sociale și de grup.

Urmare a acestor tendințe, oamenii se află într-o luptă continuă pentru existență.

Lupta perpetuă în care suntem angrenați creează o presiune energetică asupra părții superioare a corpului. Această presiune se manifestă prin exces de energie celestă în detrimentul energiilor telurice.

Dezechilibrul energetic de la nivelul gâtului este amplificat și de faptul că în ultimii zeci de ani ni s-au schimbat obișnuințele.

Nu mai petrecem timpul în comuniune cu natura așa cum am fost setați atunci când am venit pe pământ ci suntem conectați mereu la ecranele calculatoarelor, telefoanelor și televizoarelor.

Toate aceste tendințe cauzează un exces de energie de tip yang (celestă) în zona gâtului, în detrimentul energiei de tip yin (telurice).

Excesul de energie celestă (de tip yang) reduce secțiunea gâtului întrucât, acest tip de energie are tendința de a ridica temperatura corpului, „arzând” țesutul muscular, grăsimile și colagenul.

Având secțiunea gâtului diminuată, energiile telurice nu mai alimentează capul la un nivel normal, cauzând suferințe care se manifestă cu predilecție în zona umerilor, gâtului și capului.

Pentru a diminua suferințele din această parte a corpului este necesar ca, prin antrenamente, să echilibrăm cele două energii de la nivelul gâtului și apoi să le dăm o amplitudine din ce în ce mai mare.

Mai exact, pentru suferințele de la acest nivel este necesar să antrenăm mușchii gâtului prin mișcări care să ducă la egalizarea și amplificarea energiilor de transfer dintre trunchi și cap.

În plan fizic antrenarea mușchilor gâtului duce la creșterea în volum a acestora.

De asemenea, ca urmare a amplificării nivelului de energie telurică, în zona cefei se va depune un strat suplimentar de colagen.

Creșterea volumului de țesut de la nivelul gâtului stimulează transferul energetic dintre trunchi și cap, dintre inimă și creier, dintre suflet și spirit.

Datorită implicării sistemului muscular de la nivelul gâtului într-un antrenament intensiv de mai lungă durată, activitatea biologică de la cap tinde să se normalizeze.

Pentru început se vor recupera țesuturile de la nivelul gâtului iar apoi, din aproape în aproape, se vor recupera și țesuturile de la nivelul capului, inclusiv cele de la nivelul creierului.

Așadar, acționând în zona gâtului ne putem elibera de durerile de cap, cât și de alte suferințe cum ar fi tulburările de vedere sau de auz.

Am creat meditația capului într-un moment de mare importanță pentru viața mea.

Împlinisem 61 de ani și eram oarecum resemnat acceptând ideea că mă îndrept în mod implacabil spre un proces biologic de îmbătrânire.

După ce am creat meditația capului, am devenit mult mai optimist în ceea ce privește viitorul.

Practicând meditația capului în combinație cu alte metode de terapie și antrenament pe care le-am dezvoltat în timp, am putut să generez un program de întinerire cu impact în toate aspectele vieții.

Pentru a da o cât mai mare putere acestei meditații, este important să ținem cont de următoarele priorități:

- În timpul meditației capului alternăm activitățile de dinamizare cu activitățile de relaxare;
- În timp ce lucrăm ținând capul în consolă, ne focalizăm atenția asupra glandei pituitare;
- Este important să includem meditația capului într-un program de antrenament integrativ.

În cele ce urmează voi descrie pe fiecare dintre cele trei priorități.

1. Relaxăm mușchii gâtului în timpul meditației.

În timpul meditației, mușchii gâtului sunt foarte solicitați.

Ca urmare a acestui fenomen, este necesar ca atunci când obosim, în timp ce ținem capul în consolă, să ne oprim din mișcare, să ne repoziționăm pe pat în așa fel încât să așezăm capul pe saltea.

De asemenea, pentru a relaxa mușchii în timpul meditației, putem atârna capul pe marginea patului.

Puteți practica chiar și ambele metode de relaxare a gâtului întrucât fiecare dintre acestea asigură accesul la două forme diferite de practicare a meditației.

Așezarea capului pe saltea ne dă posibilitatea să ne relaxăm după efortul depus la nivelul gâtului, iar suspendarea capului la marginea patului asigură alungirea cartilagiilor de la coloana vertebrală, facilitând astfel primenirea limfei.

Suspendarea capului pe marginea patului mai prezintă avantajul că asigură întinderea mușchilor și a tendoanelor, contribuind astfel la recuperarea țesuturilor musculare din zona gâtului.

Pentru a da și mai mare eficiență programului de recuperare, este bine ca meditația capului să fie practicată în combinație cu meditația de balansare a capului - o procedură mai blândă de abordare a ființei umane în zona superioară a corpului.

Meditația de balansare a capului presupune așezarea pe pat cu fața în sus, cu capul pe saltea. Având capul sprijinit pe saltea, dăm posibilitatea să se relaxeze mușchii, îi încălzim pentru a susține cât mai bine meditația capului.

În acest scop, este bine ca înainte de a începe meditația capului să practicăm meditația de balansare a capului.

De asemenea, putem să practicăm meditația de balansare a capului ori de câte ori obosim în timp ce aplicăm meditația capului și, în special, după ce terminăm de practicat această formă de terapie.

Practicând în mod alternativ meditația capului și meditația de balansare a capului, ne putem da posibilitatea să explorăm cu eficiență întregul potențial al acestor două tipuri de meditație, întrucât acestea se completează și se susțin reciproc.

2. Ne concentrăm la glanda pituitară.

Meditația capului, vehiculează energii de foarte mare amplitudine. Este important ca aceste energii să fie conduse într-o zonă din care putem să valorificăm cu eficiență întregul potențial de care dispunem.

Creierul este centrul de comandă al întregii ființe.
Pentru că această meditație dinamizează zona gâtului și a capului, este bine ca în timpul terapiei să ne îndreptăm atenția spre zona creierului.

Acum vine întrebarea, în care parte a creierului?
Iată răspunsul!

Dacă ne raportăm la creier din punct de vedere biologic, în centrul capului identificăm prezența glandei pituitare.

Glandele au o importanță vitală pentru ființa noastră întrucât acestea secretă hormoni specifici în funcție de energiile pe care le vehiculăm.
Avem șapte glande importante, câte una aferentă fiecăruia dintre cei șapte centri energetici.

Cele șapte glande ale corpului secretă diferiți hormoni.
Hormonii acționează ca niște catalizatori stimulând reacțiile chimice în urma cărora se stabilește nivelul de vibrație și intensitatea energetică pentru fiecare dintre cei șapte centri energetici.
De aici tragem concluzia că viața omului este determinată de activitatea celor șapte glande endocrine.

Glanda pituitară este cea mai importantă glandă din corp întrucât secretă hormoni care reglează atât propria funcționare cât și funcționarea tuturor celorlalte glande din corp.
În mod practic, glanda pituitară decide trendul întregii ființe umane.
De aceea, medicina tradițională orientală susține faptul că această glandă face conexiunea cu divinitatea – cea mai benefică formă de energie din univers.
Așa se explică faptul că glanda pituitară este esențială în stimularea programelor de regenerare și întinerire.

Pentru a stimula implementarea programelor de regenerare și de întinerire, în timpul meditației ne vom concentra la glanda pituitară.

În acest scop, vom vizualiza glanda pituitară ca fiind un bec aprins care emană în tot universul o lumină galbenă strălucitoare.

Nu este întâmplător faptul că glanda pituitară se află în centrul capului iar creierul formează un plafon deasupra sa.

Creierul colectează energiile de relaționare cu universul și le transmite la glanda pituitară.

De asemenea, nu este întâmplător faptul că forma creierului uman este similară cu forma universului.

Creierul uman este un univers în miniatură.

Acest fenomen poate fi observat privind desenul următor în care este prezentată dispunerea stelelor pe cer.

Fig. 6 Dispunerea stelelor pe cer.

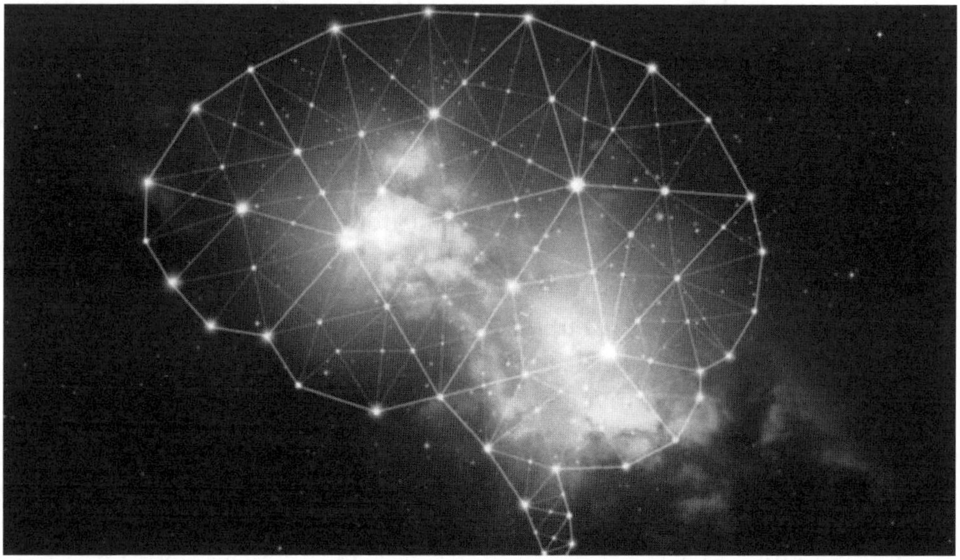

Prin conexiunea glandei pituitare cu creierul, în mod practic ne conectăm la întregul univers.

Această acțiune ne dă putere să generăm în noi și în universul nostru o energie creatoare de mare efect, transformându-ne astfel mediul de viață într-un program suport care să ne susțină să îndeplinim misiunea pentru care am venit pe acest pământ.

3. Includem meditația capului într-un program de dinamizare a întregului corp.

Am fost foarte mulțumit de efectele meditației capului așa că am practicat-o intensiv timp de câteva săptămâni.

La un moment dat, în timpul practicii am simțit că energiile din zona capului au depășit limita de suportabilitate.

Pentru că eram prea energizat în zona capului, am dorit să echilibrez energiile din întregul corp și m-am urcat cu tălpile pe gantere.

După ce am practicat dansul pe gantere timp de câteva minute, am simțit o reducere a nivelului energetic în zona capului și o creștere a nivelului energetic în toată ființa.

Atunci am înțeles că este bine să combinăm meditația capului cu alte practici.

Sunt necesare aceste combinații întrucât meditația capului generează energii de mare amplitudine în zona umerilor, gâtului și capului.

Este important ca aceste energii să fie disipate atât în corp, cât și în câmpurile cuantice ale universului.

Pentru a obține acest efect este necesar să lucrăm în corpul fizic antrenând în mișcare mușchii picioarelor, brațelor și ai abdomenului.

În acest scop, înainte și după aplicarea meditației capului, este bine să practicăm meditația din picioare, meditația brațelor din poziția culcat și alte forme de dinamizare cum ar fi dansul energetic sau chiar exerciții de forță.

3. Când este bine să practicăm meditația capului

Meditația capului s-a dovedit a fi una dintre cele mai eficiente și utile forme de antrenament dintre toate pe care le-am creat.

Poate fi aplicată în următoarele situații:

- Dureri de gât și de cap;
- Anxietate și stres;
- Probleme cu părul;
- Cifoză;
- Îmbunătățirea activității aparatului circulator;
- Înfrumusețarea chipului;
- Îmbunătățirea performanțelor vieții.

În cele ce urmează voi descrie pe scurt efectele benefice enumerate mai sus.

1. Dureri de gât și de cap

Așa cum am prezentat în relatarea din acest material, în doar câteva săptămâni am reușit să mă extrag dintr-o suferință care se manifesta la nivelul gâtului și capului.

S-a întâmplat acest fenomen întrucât prin meditație am antrenat energii benefice de înaltă amplitudine prin intermediul cărora s-au fluidizat blocajele energetice somatizate de-a lungul anilor.

2. Anxietate și stres

La doar câteva zile după ce am început să practic meditația capului am avut o discuție foarte grea cu o persoană apropiată.

Dacă până atunci manifestările acelui om ajungeau sa mă afecteze profund, de data aceasta am rămas detașat, manifestând doar compasiune.

Am primit cu iubire reacțiile lui și, prin dialog plin de iubire, l-am condus spre o condiție sufletească mult mai bună.

După această întâmplare m-am observat cu atenție.

Eram într-o stare profundă de pace. Fiind în această stare, nimeni și nimic nu mă mai putea perturba.

Această stare de pace este dată de faptul că prin intermediul meditației capului suntem conectați cu mare eficiență la resursele infinite ale universului.

Pe acest fond suntem puși la adăpost de anxietatea și stresul vieții cotidiene.

În cazul în care aveți o viață stresantă și obositoare, meditația capului vă aduce liniște și pace în suflet.

3. Probleme cu părul

După câteva luni de practică a acestei meditații, am perceput o ușoară îmbunătățire a podoabei capilare.

Părul s-a închis la culoare și s-a îndesit. Firul de păr a devenit mai gros și mai ferm. Această tendință este explicată prin faptul că, la nivelul capului energiile de tip Yin și Yang sunt echilibrate, susținându-se reciproc în asigurarea unei activități biologice mult îmbunătățite.

4. Cifoză

Odată cu trecerea anilor, capul mi s-a aplecat spre în față și a început să se manifeste cifoza.

Fiind preocupat să am o viață cât mai sănătoasă, prin intermediul unor antrenamente obținusem îmbunătățiri semnificative. Cu toate acestea, încă mai aveam mult de lucru pentru vindecarea cifozei.

După ce am început să practic meditația capului, treptat, coloana vertebrală s-a îndreptat manifestând tendința de a-și reveni la poziția ei din perioada adolescenței.

În cazul în care doriți să vă îmbunătățiți postura coloanei vertebrale în zona gâtului, puteți practica în mod susținut această terapie iar rezultatul va fi unul profund benefic.

5. Îmbunătățirea activității aparatului circulator

Conform medicinei alopate, funcționarea aparatului circulator este comandată de la nivelul creierului mic. În momentul în care lucrați intens în zona gâtului și capului, creierul mic primește un flux energetic de mare amplitudine.

Pe acest fond, creierul mic va optimiza activitatea aparatului circulator.

Am simțit asta în evoluția funcționării propriului aparat circulator.

Dacă înainte de a practica meditația capului pe parcursul zilei mai manifestam stări de tensiune arterială, din momentul în care am început să practic această meditație, aparatul circulator a intrat în parametri normali de funcționare.

6. Înfrumusețarea chipului

Am recomandat unei persoane să aplice meditația capului.

După ce a practicat doar câteva zile meditația capului, am observat o transformare foarte frumoasă a chipului acesteia.

Fiind surprins de transformarea miraculoasă a fizionomiei acelei ființe deosebite, am studiat îndelung efectul energiilor asupra chipului.

Așa am ajuns la concluzia că o persoană cu exces de energie yang la nivelul capului are chipul întunecat, fiind brăzdat cu cute adânci.

În schimb, o persoană care are exces de energie yin la nivelul capului, are chipul luminos și blând.

Așa se explică faptul că, de cele mai multe ori, femeile sunt mai luminoase și mai plăcute la vedere.

O persoană aflată în echilibru energetic la nivelul capului, are un chip frumos și armonios. Meditația capului echilibrează energiile de la nivelul capului, amprentând chipul cu o fizionomie plăcută și frumoasă.

7. Îmbunătățirea performanțelor vieții

Imediat ce am început să practic meditația gâtului, în ființa mea s-au produs transformări spectaculoase.

Dintr-o dată am simțit o ușurință în a practica activități laborioase.

Dintr-o dată am devenit mai bine orientat spre scopul vieții.
Dintr-o dată am avut mai mare putere în manifestarea intențiilor.

Toate aceste îmbunătățiri care s-au petrecut mi-au dat o mai mare putere de acțiune în toate aspectele vieții, inclusiv în relația cu banii.
Se întâmplă și acest fenomen întrucât energiile telurice aduc o conexiune benefică în raport cu banii.

Meditația capului stimulează accesul energiilor telurice la nivelul capului. Atunci când energiile telurice își manifestă puterea la nivelul capului, ne concentrăm cu mai mare atenție la aspectele materiale ale vieții.

În mod surprinzător, acest fenomen s-a întâmplat atât pe parcursul zilei cât și pe timpul nopții. Dacă pe timpul zilei este normală și firească înclinația mea de a conduce acțiunile spre stimularea planului material, m-a surprins starea mea din timpul nopții.

De când practic în mod sistematic meditația capului, pentru prima dată în viața mea am început să visez programe de viață cu raportare la bani.

Raportarea prioritară la planul material atât pe timpul zilei cât și pe timpul nopții mi-a dat putere de influență în societate în așa fel încât să pot concretiza cu mai mare eficiență proiectele pe care le am în derulare în această perioadă a vieții.

Toate aceste îmbunătățiri m-au condus la concluzia că **meditația capului este una dintre cele mai eficiente forme de acces spre scopul vieții.** În cele ce urmează voi prezenta procedura de aplicare a meditației capului.

4. Procedura de aplicare a meditației capului

1. Vă așezați pe pat culcat pe spate, cu fața în sus și mâinile relaxate pe lângă corp.
2. Închideți ochii, vă interiorizați și vă stabiliți o intenție clară și precisă.
   Puneți să se deruleze o muzică plăcută.
   Vă concentrați la glanda pituitară.
3. Având capul sprijinit pe saltea (fără pernă sub cap), îl veți roti ușor spre dreapta și spre stânga prin mișcări lente și blânde, cu scopul de a realiza o încălzire a mușchilor din zona gâtului.

Timp de execuție: 7-8 min.

4. Fiind culcat pe spate cu fața în sus, vă veți repoziționa corpul în așa fel încât umerii să ajungă la marginea patului, iar capul să fie în consolă.
   Pentru a ajunge cu capul în consolă, ne vom sprijini trunchiul pe pat, iar gâtul și capul vor fi amplasate în afara patului.

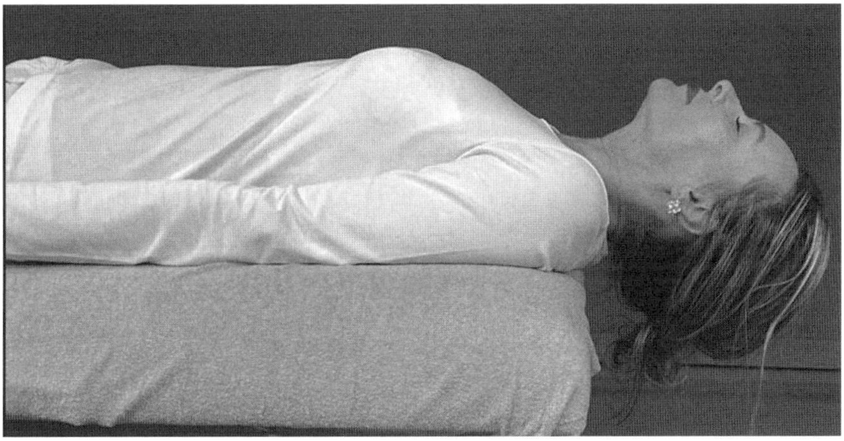

5. Veți deplasa capul în toate direcțiile prin mișcări cât mai lente.
   Timp de execuție: 7-12 min.

6. Vă întoarceți cu fața în jos menținând capul în consolă la marginea patului. Pentru a crește stabilitatea corpului, veți așeza antebrațele sub trunchi la nivelul pieptului.

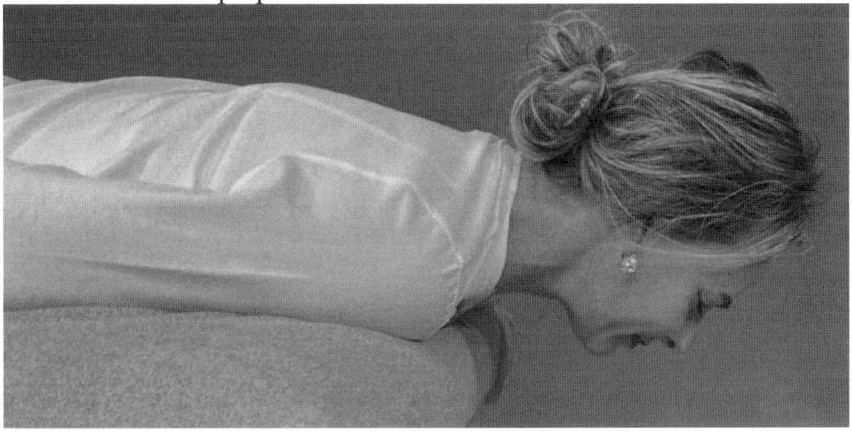

7. Deplasați capul în toate direcțiile prin mișcări cât mai lente.
   Timp de execuție: 7-12 min.

8. Vă întoarceți pe partea stângă în așa fel încât umărul stâng să se sprijine pe marginea saltelei, iar capul să rămână în consolă la marginea patului.

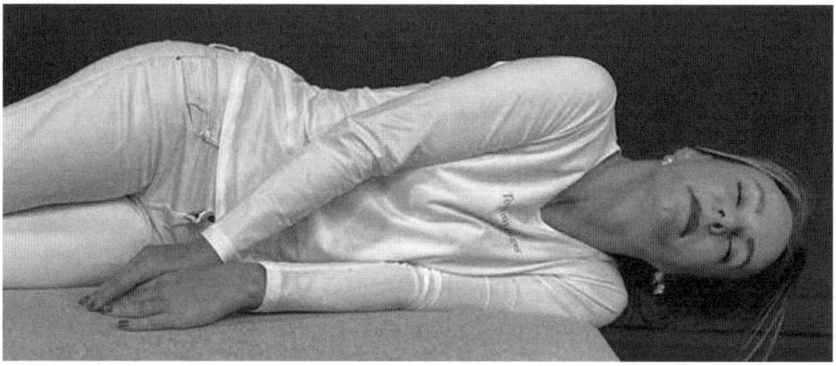

9. Veți deplasa capul în toate direcțiile prin mișcări cât mai lente.
Timp de execuție: 7-12 min.

10. Vă întoarceți pe partea dreaptă în așa fel încât umărul drept să se sprijine pe marginea saltelei, iar capul să rămână în consolă la marginea patului.

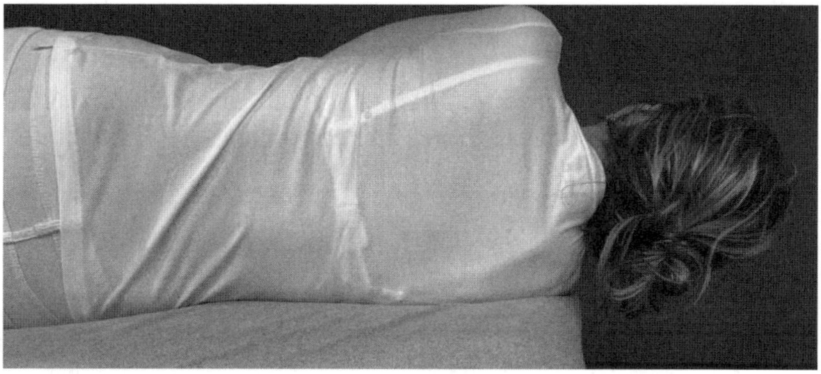

11. Veți deplasa capul în toate direcțiile prin mișcări cât mai lente.
Timp de execuție: 7-12 min

12. Vă repoziționați corpul în așa fel încât să fiți culcat pe spate cu fața în sus și capul sprijinit pe saltea. Rotiți capul ușor spre dreapta și spre stânga, prin mișcări lente și blânde, cu scopul de a genera o relaxare a mușchilor din zona gâtului.
Timp de execuție: 7-8 min.
Mulțumiți lui Dumnezeu și întregului univers pentru darul acestei meditații!

Observații și recomandări:

- Timpii de execuție sunt orientativi. Fiecare va alege să aplice procedura așa cum simte, în funcție de starea de vitalitate a corpului.
- Este posibil să nu aveți suficientă vitalitate și să simțiți că e dificilă meditația capului din poziția culcat cu fața în sus.
  Dacă nu puteți face acest tip de meditație, pentru început, până ce vă recăpătați vitalitatea, puteți aplica doar etapele din meditație aferente punctelor 6, 8 și 10.
- În funcție de necesități, între etapele procedurii puteți să introduceți și perioade de relaxare a capului pe saltea. De asemenea, mai puteți relaxa capul lăsându-l să atârne ușor pe marginea patului.
- Dacă nu sunteți suficient de antrenați pentru a face meditația capului, fără a-l sprijini de pat, puteți să vă poziționați în așa fel încât capul să fie parțial în afara patului sau chiar pe pat.
  În acest fel, ori de câte ori simțiți că vă obosesc mușchii de la gât, veți sprijini capul pe pat.
- Este posibil ca după ce faceți primele meditații să percepeți ușoare stări de greață.
  Aceste stări sunt determinate de faptul că prin meditația capului se generează un flux energetic foarte puternic la nivelul gâtului.
  Pentru a evita asemenea stări vă sugerez ca pentru început să practicați meditații mai scurte iar pe măsură ce vă obișnuiți să măriți timpul de execuție.
- Pentru a genera energii de o și mai mare amplitudine atunci când sunteți culcat pe spate cu fața în sus și capul în consolă, întindeți mâinile deasupra capului, în prelungirea corpului.
  În acest fel veți stimula și mai mult fluidizarea energiilor întrucât mâinile întinse deasupra capului contribuie la amplificarea conexiunii energetice dintre corp și univers.
- Dacă nu sunteți suficient de vitali pentru a ține capul în consolă la marginea patului, puteți face terapia fiind așezat pe pat aplicând sub trunchi una sau mai multe perne.
- Puteți aplica meditația capului fără să deplasați capul.
  Atunci când țineți capul în consolă în poziție fixă, puteți fi mai atenți la cursul energiilor.

Totuși, pentru o cât mai bună armonizare a energiilor de la nivelul capului este bine să practicați acest tip de meditație atât cu capul în mișcare cât și cu capul în poziție fixă.

- Dacă patul are tăblia proeminentă și există riscul să ne lovim, putem să așezăm la marginea patului un prosop împăturit sau chiar o pernă.
- Pe toată perioada meditației, veți fi atenți la stările dumneavoastră în așa fel încât să nu amețiți.
La primele senzații de amețeală veți întrerupe procedura.
De asemenea, veți opri procedura imediat dacă apar dureri.
- Este posibil ca după ce practicați meditația capului să percepeți ușoare stări de expansiune energetică în zona superioară a corpului și în special la cap.
Stările de expansiune energetică se manifestă prin atitudine de nerăbdare, neliniște și chiar agitație.
În acest caz este bine să practicați meditația de palpare a capului, să dormiți sau să faceți orice altă formă de antrenament dinamizator în corpul fizic.
- Meditația capului este puternic energizantă. Ca urmare, există riscul ca unii dintre dumneavoastră să nu o puteți practica în siguranță. De aceea este bine să practicați meditația capului doar în prezența unui mentor sau coach integrativ acreditat de Academia Terranova.

5. Pendularea capului din poziția culcat

Relatare: Cum mi-am recăpătat vitalitatea într-un timp foarte scurt?
Într-o dimineață m-am trezit mai târziu decât de obicei întrucât cu o seară înainte fusesem la o aniversare.

Voiam să fac multe lucruri în aceea zi așa că imediat ce m-am trezit aveam de gând să încep cât mai repede.

Când mi-am studiat corpul am perceput o ușoară durere în zona umerilor și capului.

Pentru că nu aveam timp să fac meditația capului, mi-am zis că este bine să aplic totuși o terapie în zona capului în așa fel încât să am efect cât mai rapid, apoi să mă apuc de treabă.

M-am așezat cu capul în consolă la marginea patului și, în loc să practic meditația obișnuită, am început să îl deplasez în plan vertical deoparte și de alta a poziției de echilibru.

Spre marea mea bucurie, mă simțeam din ce în ce mai bine chiar dacă aveam ușoare dureri la nivelul mușchilor de la gât.

Fiind încurajat de starea pe care o aveam, am practicat pendularea capului din poziția culcat, întorcându-mă rând pe rând pe toate cele patru părți ale corpului.

Când m-am uitat la ceas am realizat că, după doar 7-8 minute de antrenament cu capul în consolă, mi-au trecut durerile din zona gâtului și a capului și sunt pregătit pentru a începe programul de activitate.

Așadar, prin aplicarea pendulării capului mi-am dinamizat foarte intens zona superioară a corpului într-un timp foarte scurt.

Practicând pendularea capului în poziția culcat, sistemul muscular s-a vitalizat foarte repede. În numai câteva zile de antrenament am putut să deplasez capul cu mare ușurință în toate direcțiile.

Fiind încurajat de îmbunătățirea spectaculoasă a vitalității mușchilor de la gât, mi-am pus muzică ritmată și am început să practic pendularea capului.

Acum practic pendularea capului fiind acompaniat de muzică ritmată. Muzica ritmată mă stimulează să generez mișcări ample și rapide ale capului.

În cele ce urmează vă voi prezenta procedura prin care aplicăm pendularea capului din poziția culcat.

Pendularea capului din poziția culcat
- Procedură -

1. Vă așezați pe pat culcat pe spate, cu fața în sus și mâinile relaxate pe lângă corp.

2. Închideți ochii, vă interiorizați și vă stabiliți o intenție clară și precisă. Vă concentrați la glanda pituitară.
   Puneți să se deruleze o muzică ritmată.

3. Având capul sprijinit pe saltea (fără pernă sub cap), îl veți roti ușor spre dreapta și spre stânga prin mișcări lente și blânde, cu scopul de a realiza o încălzire a mușchilor din zona gâtului.

Fiind culcat pe spate cu fața în sus, vă veți repoziționa corpul în așa fel încât umerii să ajungă la marginea patului, iar capul să fie în consolă.
Pentru a ajunge cu capul în consolă, ne vom sprijini trunchiul pe pat, iar gâtul și capul vor fi amplasate în afara patului.

4. Veți deplasa capul în sus și în jos prin mișcări ritmice.
Veți deplasa apoi capul spre stânga și spre dreapta prin mișcări ritmice.
Veți urmări să inspirați la deplasarea capul lui într-o direcție și să expirați la deplasarea capului în cealaltă direcție.
Veți roti capul în sensul acelor de ceasornic și apoi în sensul invers acelor de ceasornic.

5. Vă întoarceți cu fața în jos menținând capul în consolă la marginea patului. Pentru a vă crește stabilitatea, veți așeza antebrațele sub trunchi la nivelul pieptului.

6. Veți deplasa capul în sus și în jos prin mișcări ritmice.
Veți deplasa apoi capul spre stânga și spre dreapta prin mișcări ritmice.
Veți urmări să inspirați la deplasarea capului într-o direcție, și să expirați la deplasarea capului în cealaltă direcție.
Veți roti capul în sensul acelor de ceasornic și apoi în sensul invers acelor de ceasornic.

7. Vă întoarceți pe partea stângă a corpului în așa fel încât umărul stâng să se sprijine pe marginea saltelei, iar capul să rămână în consolă la marginea patului.

8. Veți deplasa capul în sus și în jos prin mișcări ritmice.
Veți deplasa apoi capul spre stânga și spre dreapta prin mișcări ritmice.
Veți urmări să inspirați la deplasarea capului într-o direcție, și să expirați la deplasarea capului în cealaltă direcție.
Veți roti capul în sensul acelor de ceasornic și apoi în sensul invers acelor de ceasornic.

9. Vă întoarceți pe partea dreaptă a corpului în așa fel încât umărul drept să se sprijine pe marginea saltelei, iar capul să rămână în consolă la marginea patului.

10. Veți deplasa capul în sus și în jos prin mișcări ritmice.
Veți deplasa apoi capul spre stânga și spre dreapta prin mișcări ritmice.

Veți urmări să inspirați la deplasarea capului într-o direcție, și să expirați la deplasarea capului în cealaltă direcție.
Veți roti capul în sensul acelor de ceasornic și apoi în sensul invers acelor de ceasornic.

11. Vă veți repoziționa corpul în așa fel încât să fiți culcat pe spate cu fața în sus și capul sprijinit pe saltea.
Veți balansa lent capul spre stânga și spre dreapta.
Veți roti capul cât mai lent în sensul acelor de ceasornic și apoi în sensul invers acelor de ceasornic, cu scopul de a genera relaxarea mușchilor din zona gâtului.

Mulțumiți lui Dumnezeu și întregului univers pentru darul acestei meditații!

Observații și recomandări:

- Toate precauțiile prezentate la meditația capului sunt valabile și pentru pendularea capului.
- Vă îndemn să fiți atenți la mișcările de pendulare a capului în așa fel încât să nu amețiți sau să nu vă provocați dureri.
  Imediat ce percepeți primele semne de suferință vă opriți din mișcare și ieșiți din terapie.
  Vă veți așeza cu capul pe pat și vă veți relaxa până ce vă recăpătați toate capacitățile locomotorii.
- Dacă doriți să lucrați pe un fundal sonor antrenant, înainte de a intra în meditație veți pune să se deruleze o muzică ritmată.
  În timpul procedurii veți deplasa capul în funcție de ritmul muzicii ținând cont de posibilitățile fizice și sufletești de care dispuneți.
- Toate recomandările făcute la meditația capului sunt valabile și la pendularea capului din poziția culcat.

V-am prezentat cu bucurie meditația capului.
Meditația capului vă dă acces la mintea universului.
Atunci când aveți acces la mintea universului vă dați acces la puterile universului.

Vă susțin cu bucurie să vă dați acces la puterile universului!

Meditația a XV-a

MEDITAȚIA DE PALPARE A CAPULUI

1. Cum am ieșit din anxietate

De când mă știu caut să am grijă de mine și să-mi rezolv cu răbdare și tact toate problemele de sănătate.

De obicei, atunci când percep în corp o anumită suferință mă concentrez în zona afectată și caut să aplic un program terapeutic.

Dacă suferința nu trece cu procedurile aplicate în mod obișnuit, atunci caut să generez o nouă metodă de antrenament.

Așa am reușit ca, din aproape în aproape, să creez terapii energetice profund benefice pentru întregul corp, pornind de la tălpi până la creștet.

La un moment dat am identificat și pus în valoare meditația capului.

Cu toate că practic meditația capului de foarte puțin timp, dintr-o dată în ființa mea s-au produs transformări spectaculoase.

După foarte mulți ani de căutări, dintr-o dată m-am eliberat de durerile din zona gâtului și capului.

Cu toate că mă simțeam din ce în ce mai bine ca urmare a practicii meditației capului, la un moment dat am început să manifest o stare de sensibilitate la stres.

Atunci când întâmpinam situații stresante, fără să conștientizez acest aspect, deveneam agitat și chiar anxios.

Așa s-a întâmplat într-un weekend când, pe marginea unor presiuni psihice venite în mod simultan din partea mai multor persoane, nu îmi mai găseam liniștea sufletească. De asemenea, îmi scăzuse acuitatea vizuală și puterea de concentrare.

Într-o seară, după ce am practicat dansul cu gantere, m-am culcat fiind într-o stare sufletească foarte bună.

Dimineața când m-am trezit, eram agitat și anxios cu toate că dormisem aproape șase ore.

Pentru că mă durea în partea frontală a capului, fiind în pat cu fața în sus, mi-am pus palmele pe chip, deasupra globilor oculari.

Am început apoi să deplasez palmele în sus și în jos, menținând în același timp contactul cu pielea feței.

Dintr-o dată am început să mă simt foarte bine, așa că am practicat această formă de antrenament timp de aproximativ 20 de minute.

Pentru că mă simțeam atât de bine în zona ochilor, am mutat palmele și în zona maxilarului.

Am mișcat ușor palmele împreună cu pielea feței timp de aproximativ 10 de minute.

După ce am practicat această formă de antrenament, am fost cuprins de o stare de pace în toată ființa.

Îmi era atât de bine încât nu am vrut să mă mai ridic din pat.

Mi-am pus ceasul să sune peste 33 de minute, m-am așezat în poziția fetusului, pe partea stângă și am adormit fiind marcat de o stare profundă de pace și bucurie interioară.

Când m-am trezit, eram într-o stare foarte bună. Eram liniștit, fericit și dispăruse complet starea de agitație în care fusesem imediat după ce mă trezisem din somn.

Pentru a mă verifica și la nivel vizual m-am așezat în fața oglinzii.

Când m-am privit în oglindă am sesizat că aveam ochii strălucitori de o culoare albastru intens.

Fără să mai fac antrenamentul obișnuit dimineață, m-am așezat la birou. Am scris vreme de câteva ore fiind marcat de o stare de calm total.

În timp ce scriam, am sesizat că brațele îmi erau foarte relaxate și palmele calde.

Acesta era semn că terapia de palpare a capului a îmbunătățit mult circulația sangvină.

După aproximativ cinci ore de lucrat încontinuu am simțit o ușoară oboseală la nivelul ochilor.

Mi-am fixat cronometrul la 12 minute, m-am întins pe pat și am aplicat meditația de palpare a capului.

După doar câteva palpări am început să casc iar lacrimile au început să curgă din abundență pe obraz.

Am continuat palparea capului până ce s-a auzit sunetul cronometrului.

De obicei în timpul terapiilor mă grăbesc, de data aceasta mi-am dorit ca această procedură să dureze cât mai mult.

Mă simțeam foarte bine și voiam să mai practic această terapie.

Pentru că eram în stare foarte bună nu mi-am mai prelungit șederea în pat și am început să lucrez.

Ziua care a urmat a fost una de mare succes.

Toate lucrurile s-au aranjat așa cum era mai bine pentru mine, iar eu m-am implicat cu dăruire în a stimula parcursul lor firesc.

La sfârșitul zilei eram mulțumit și fericit.

Pentru că meditația de palpare a capului mi-a adus atât de mult bine, o practic atât înainte de culcare cât și imediat după ce mă trezesc.

De asemenea, mai practic meditația de palpare a capului chiar și în timpul zilei întrucât această procedură îmi aduce liniștea sufletească necesară luării celor mai înțelepte decizii.

Această liniște sufletească îmi creează o stare de bucurie interioară, fiind mereu conectat la nevoile reale ale vieții. Atunci când sunt conectat la nevoile reale ale vieții îmi urmez calea cu mare inspirație și har.

2. Dezvoltarea intuiției prin meditația de palpare a capului

Imediat ce am început să practic meditația de palpare a capului mi-a crescut eficiența la scris.

Chiar textul acestei meditații a fost scris în doar câteva zile, timp în care am practicat intensiv meditația de palpare a capului.

Imediat ce practicam meditația de palpare a capului mă apucam de scris.

Pentru că eram într-o stare foarte bună, acest text a fost redactat foarte repede, ca și cum o voce necunoscută îmi dicta un text pe care îl citea direct din baza de informații a universului.

M-am întrebat cum se produce acest fenomen.

Iată care este explicația!

Meditația de palpare a capului ne aduce în situația de a trăi o stare marcată de un calm imperturbabil.

Primele senzații de calm pot fi observate urmărind evoluția respirației.

Dacă la începutul meditației putem fi crispați și surescitați, având respirații incomplete și rapide, pe măsură ce persistăm în meditație respirăm din ce în ce mai rar și mai profund.

Ritmul respirației este stimulat de faptul că prin intermediul mâinilor aplicate la nivelul capului, energia inimii (o energie de vibrație mai joasă) ajunge la creier.

În momentul în care creierul este impactat de o energie cu o vibrație mai joasă își reglează vibrația pentru a se armoniza cu fluxul energetic venit de la suflet.

Este posibil un asemenea fenomen întrucât brațele sunt foarte bune conducătoare de energie.

Prin intermediul brațelor, sufletul comunică atât în relația cu semenii cât și cu întregul univers.

Atunci când aplicăm palmele la nivelul capului, între suflet și spirit se deschide o nouă linie de comunicare, mult mai eficientă și mai directă decât cea obișnuită de la nivelul corpului.

Acesta este motivul pentru care imediat ce aplicăm palmele la nivelul capului dispare anxietatea și ne transpunem într-o stare de liniște și pace sufletească.

Din punct de vedere cuantic acest fenomen se explică prin faptul că sufletul este neutru.

Sufletul nu are nici polaritate pozitivă nici negativă ci este receptiv la tot ce vine din univers. Acesta este motivul pentru care specialiștii în fizica cuantică afirmă că sufletul este o parte componentă a universului.

Fiind parte a universului, sufletul are tendința de a vibra la aceeași frecvență cu universul.

Atunci când mâinile sunt aplicate pe cap, sufletul și spiritul intră în rezonanță. Dacă spiritul și sufletul sunt în rezonanță atunci creierul intră în rezonanță cu universul.

Atunci când creierul intră în rezonanță cu universul, mintea se conectează cu mintea universului.

Universul are puteri infinite. În momentul în care suntem conectați la o putere infinită ne dăm șansa să avem și noi la rândul nostru puteri infinite.
Având puteri infinite ne dăm șansa să generăm minuni.

Nu este ceva ieșit din comun ca să ajungem să generăm minuni.
Dacă privim în jur realizăm faptul că mulți dintre semenii noștri fac minuni.
Acum vine întrebarea, cum putem face minuni?

Minunile pot veni pe fondul unei intuiții ieșite din comun.
Intuiția ieșită din comun este dată de puterea pe care o dobândește creierul atunci când intră în rezonanță cu universul.

Iată mecanismul prin care se stimulează intuiția ieșită din comun prin palparea capului!
La nivelul inimii se dezvoltă energia empatică.
Energia empatică se manifestă în corpul subtil, inclusiv în creierul subtil.

În momentul în care aplicăm mâinile la nivelul capului, energia empatică (subtilă) de la nivelul inimii se transmite la nivelul câmpului subtil al creierului.
Ca urmare, câmpul subtil al creierului se amplifică foarte mult.
Având câmpul subtil al creierului amplificat foarte mult, semnalele ajung să fie decodificate și de creierul mental.

Atunci când creierul mental este conectat la câmpul subtil al ființei noastre, ajungem să ne conectăm cu „baza de date" a universului.

Fiind conectați la baza de date a universului alegem să valorificăm informațiile care ne interesează.
Așa se explică faptul că oamenii profund empatici au o intuiție ieșită din comun.

Cu toții putem deveni profund empatici dacă ne antrenăm în mod asiduu și dăruit prin aplicarea meditației de palpare a capului.
Fiind profund empatici în mod conștient și creativ, ne putem dezvolta intuiția.
În acest fel putem găsi răspuns la toate întrebările vieții.

Nu este întâmplător faptul că atunci când întâmpinăm o problemă avem tendința de a duce mâinile la cap.
În momentul în care ducem mâinile la cap sunt stimulați centrii intuiției iar pe acest fond putem genera efecte miraculoase.
Miracolele pot fi suport de viață înfloritoare și marcată de succes așa cum vom înțelege din secțiunea următoare.

3. Când este bine să aplicăm meditația de palparea a capului

V-am prezentat cu bucurie miracolul pe care l-am trăit în timp ce am practicat meditația de palpare a capului.

Mărturisesc faptul că niciodată nu m-am gândit că simpla aplicare a palmelor la nivelul capului poate să aducă atât de mult bine în viața omului.

Sunt fascinat de rezultatele acestui tip de meditație.

Așadar, atunci când aplicăm palmele asupra capului, se produce o conexiune între creierul subtil și creierul universului.

Prin această acțiune dobândim un potențial care poate genera miracole.

Având această opțiune ne putem da șansa să utilizăm această meditație în cinci scopuri esențiale:

1. Atunci când vrem să generăm un program de viață de mare succes;
2. Pentru aplanarea unui conflict;
3. Pentru creșterea eficienței în activitate;
4. Pentru completarea unui program de antrenament integrativ;
5. Pentru ieșirea din suferință.

În cele ce urmează voi prezenta efectele meditației în cazul fiecăreia dintre cele cinci conjuncturi:

- **Meditația de palpare a capului pentru generarea unor programe de viață de mare succes.**

Este important să alocăm un timp relativ mare acestui tip de meditație.

Cel mai bine este să petrecem cel puțin 20 de minute cu palmele lipite la nivelul capului.

În acest fel se realizează o conexiune benefică între suflet și spirit, iar pe acest fond ființa noastră generează programe de mare eficiență în creație și creativitate.

Toate aceste daruri sunt stimulate și de faptul că, atunci când creierul este în strânsă conexiune cu sufletul, puterea creierului crește foarte mult conectându-se cu mai mare putere la conștiința universului.

De aceea, imediat după ce ne antrenăm în programul de palpare a capului, dintr-o dată ne relaxăm ca și cum am avea răspuns la toate întrebările.

Ținând cont de această facilitate puteți aplica meditația de palpare a capului ori de câte ori simțiți nevoia de a dobândi mai multă putere de convingere.

De exemplu, puteți aplica meditația de palpare a capului înainte de a avea o întâlnire importantă.

Atunci când vă prezentați la întâlnire și sunteți de un calm imperturbabil, voința voastră se manifestă într-un mod cu totul creativ fiind pe deplin convingători. Manifestând o atitudine de încredere de sine veți reuși să transmiteți sentimentul de încredere și persoanelor cu care comunicați reușind astfel să dobândiți succesul în intenția dumneavoastră.

- **Meditația de palpare a capului pentru aplanarea unui conflict.**

V-ați gândit vreodată de ce copiii pun mâinile la cap atunci când plâng?

Se întâmplă acest fenomen întrucât, copiii fiind bine conectați la energia universului, știu să se armonizeze cu nevoile lor sufletești.

De multe ori chiar și noi adulții, atunci când avem o problemă la care nu găsim rezolvare, avem tendința de a duce mâinile în zona capului.

Toate acestea sunt forme prin care, din instinct de conservare, ducem mâinile la cap.

Nu întotdeauna ducem mâinile la cap atunci când este necesar să o facem.

De exemplu, atunci când suntem în conflict cu cineva, suntem atât de atașați de anumite valori efemere, încât nu mai avem inspirația să ducem mâinile la cap.

Este bine să ținem cont de faptul că orice situație conflictuală aduce o presiune energetică suplimentară în zona capului.

Dacă starea de confort nu este aplanată la timp, această presiune se transformă în durere.

Este important ca această presiune să fie eliberată într-un timp cât mai scurt chiar înainte de a se somatiza în corp.

În acest scop, consider că este bine să aplicăm meditația de palpare a capului la primele semne ale conflictului.

Dacă treceți printr-o asemenea situație, vă sugerez ca imediat ce au apărut primele dizarmonii în comunicare, să vă așezați pe pat cu fața în sus, să aplicați palmele pe cap și să cereți iertare persoanei cu care ați intrat în conflict.

Pentru a genera un câmp energetic de mare efect benefic este bine să aplicați această meditație în combinație cu terapia iertării prezentată în cartea *Puterea cunoașterii.*

- **Meditația de palpare a capului pentru creșterea eficienței în muncă.**

Sunt un om care caută să folosească timpul cu cât mai mare eficiență și impact. Pentru că sunt atât de conștiincios și dăruit misiunii mele, de multe ori ajung să obosesc.

Pentru a-mi crește eficiența în muncă aplic tot felul de proceduri de antrenament.

Într-o după-amiază, după ce ajunsesem să fiu surmenat ca urmare a unei activități intense, aveam de ales între a dormi sau a face meditația de palpare a capului.

Pentru că am vrut să câștig timp, am aplicat meditația de palpare a capului.

Imediat ce am aplicat această meditație m-am simțit foarte bine și am putut să lucrez cu mare eficiență până spre seară.

Realizând cât de eficientă este terapia de palpare a capului, o aplic în momentele în care mă simt obosit.

De când aplic acest tip de meditație mi-a crescut mult eficiența în muncă întrucât pot să lucrez în ritm intens de dimineață până seara târziu.

Reușesc să ating asemenea performanțe întrucât prin meditația de palpare a capului îmi refac zestrea energetică de la nivelul creierului.

Meditația de palpare a capului poate fi aplicată și în mod preventiv.

Practic meditația de palpare a capului de câteva ori pe zi cu scopul de a fi mereu în cea mai bună formă.

Vă îndemn cu bucurie să practicați meditația de palpare a capului ori de câte ori simțiți nevoia de a vă revigora starea de atenție, în special în partea a doua a zilei atunci când sunteți mai obosiți, ca urmare a efortului de peste zi.

Este bine, de asemenea, să practicați meditația de palpare a capului dimineața imediat ce vă treziți și seara înainte de culcare.

Atunci când practicați meditația de palpare a capului imediat ce v-ați trezit, veți genera un program de lucru de mare eficiență.

Atunci când practicați meditația de palpare a capului înainte de culcare, vă veți genera un somn plăcut, lin și odihnitor.

Meditația de palpare a capului vă dă o foarte mare putere de concentrare.

Chiar dacă aveți o muncă stresantă și anxioasă, dacă din când în când vă opriți din activitate și practicați 10-15 minute de meditație de palpare a capului, vă dați șansa să continuați activitatea cu eficiență și succes.

Ținând cont de acest efect, este bine ca în timp ce lucrați la activități stresante, să luați din când în când câte o pauză și să practicați meditația de palpare a capului.

Toate aceste acțiuni de practică a meditației de palpare a capului vă vor conduce spre a trăi o viață liniștită și împlinitoare.

- **Meditația de palpare a capului pentru completarea unui program de antrenament integrativ.**

De când mă știu caut să generez o formă de antrenament integrativ care să răspundă tuturor necesităților umane.

Deși am pus în valoare foarte multe forme de antrenament, au fost situații în care nu am găsit răspuns la unele necesități provenite din zona capului.

Am creat meditația de palpare a capului, după ce am constatat că alte programe de antrenament nu sunt eficiente în zona superioară a corpului.

Imediat ce am aplicat această procedură, am simțit că am rezolvat o necesitate stringentă în ceea ce privește echilibrarea ființei umane în raport cu viața.

Meditația de palpare a capului aduce o componentă nouă în ființa umană.

În momentul în care ducem palmele la cap, energia sufletului se unește cu energia creierului și împreună se conectează la conștiința universală.

Fiind conectați la energia universală devenim din ce în ce mai puternici și creativi.

În timp ce meditām cu mâinile la cap ne concentrăm spre scopul pentru care lucrăm și atunci concretizăm cu eficiență și pragmatism efectul întregului program de antrenament.

Atunci când combinați meditația de palpare a capului cu alte proceduri terapeutice, vă dați șansa să creșteți efectele acelui program de antrenament.

Astfel vă recomand să practicați această meditație atât la început cât și la sfârșitul antrenamentului.

- **Meditația de palpare a capului în caz de suferință**

Meditația de palpare a capului răspunde cu succes unor necesități cauzate de suferințele specifice stilului de viață pe care omenirea l-a adoptat în ultimii zeci de ani.

Trăim într-o lume din ce în ce mai competitivă și mai informatizată.

Din această cauză suntem din ce în ce mai afectați de boli cu impact asupra capului, cum ar fi: anxietate, stres, parkinson, scleroză multiplă, stări de panică, demență, tulburări bipolare, etc.

Meditația de palpare a capului generează o armonizare energetică din zona capului cu efect benefic asupra persoanelor care suferă de astfel de boli.

Meditația de palpare a capului poate fi benefică atât în caz de suferință la nivelul capului cât și în caz de suferință la nivelul inimii.

Dacă la nivelul capului efectul este mai greu de demonstrat întrucât evoluția bolilor nervoase sunt greu de cuantificat, la nivelul inimii efectul se poate observa imediat.

De exemplu, după doar câteva minute de practică a meditației de palpare a capului, parametrii inimii au tendința de a se normaliza. Acest fenomen poate fi verificat cu aparatul de măsură a tensiunii și a pulsului.

O altă dovadă elocventă care pune în evidență îmbunătățirea parametrilor corpului poate fi demonstrată prin simpla observare a palmelor. De exemplu, după câteva minute de palpare a capului, palmele se încălzesc și capătă o paloare care exprimă un fenomen de îmbunătățire a circulației periferice.

Poate ne întrebăm cărui fapt se datorează această formă de armonizare.

Iată răspunsul!

Prin meditația de palpare a capului se obține o armonizare energetică între creier și inimă. În momentul în care creierul și inima sunt în armonie, întreaga ființă se înscrie într-un program de însănătoșire.

Ținând cont de acest fenomen, este bine să aplicăm meditația de palpare a capului în orice stare de suferință ne-am afla, în special în situația în care nu dorim sau nu putem să depunem un efort fizic consistent.

Luăm în calcul și această situație întrucât meditația de palpare a capului nu necesită un efort fizic special.

Pentru că este atât de ușor de practicat această meditație, în momentul în care apare primul semn de suferință, este indicat să ne așezăm pe pat cu fața în sus și să aplicăm palmele la nivelul capului.

Atunci când palmele sunt aplicate la nivelul capului, în ființa noastră se manifestă o stare de pace și relaxare totală.

Pe acest fond corpul începe să se vindece.

Într-o primă fază sunt armonizate circuitele energetice de la nivelul capului, contribuind astfel la refacerea creierului.

Pe măsură ce practicăm această meditație, impactul energetic pozitiv de la nivelul creierului se va răsfrânge și asupra celor cinci simțuri: văzul, auzul, gustul, mirosul și simțul tactil. Având simțurile mai mult activate, ajungem să trăim din ce în ce mai bine și mai frumos.

4. Cum se aplică meditația de palpare a capului?

După ce am realizat cât de benefică este meditația de palpare a capului, m-am gândit la acele situații în care, din instinct de conservare, ne protejăm cu palmele.

De exemplu, atunci când suntem în fața unui pericol iminent, instinctual ducem palmele la cap, acoperindu-ne ochii, urechile sau scalpul.

Prin această acțiune transmitem energia sufletului în așa fel încât să ne protejeze și să ne stimuleze spre a fi mai bine.

Acest model de abordare terapeutică nu este nou. Există unele vestigii în care sunt prezentați oameni cu mâinile duse în zona capului.

Un exemplu elocvent este gânditorul de la Hamangia, o statuetă ce reprezintă un om aflat în meditație.

Fig. 7. Gânditorul de la Hamangia.

Conform specialiștilor, această statuetă a fost creată acum 8000 de ani.

Așadar, încă de acum 8000 de ani omul știa că, pentru a-și crește puterea de concentrare, este bine să ducă mâinile la cap.

Vom copia și noi pe înaintașii noștri iar în mod voluntar vom duce mâinile la cap ori de câte ori simțim nevoia de a ne crește puterea de concentrare și focalizare a năzuințelor noastre.

În acest scop vă puteţi aşeza pe spate cu faţa în sus şi duceţi palmele la nivelul capului.

Nu vă veţi limita doar la a aplica palmele pe cap, ci veţi face un program care să genereze cât mai multe efecte benefice.

În timpul procedurii veţi aplica palmele la nivelul frunţii, maxilarului, urechilor, scalpului şi gâtului, în funcţie de necesităţi, atât timp cât credeţi că vă este necesar pentru a dobândi o stare sufletească bună şi de mare efect regenerativ.

Este important ca atunci când aplicaţi meditaţia de palpare a capului, să deplasaţi uşor palmele împreună pe piele.

Aplicăm această procedură cu scopul de a menţine mereu atenţia asupra mâinilor - zona de transfer energetic dintre inimă şi creier.

Deplasarea mâinilor se va face simultan pe aceeaşi direcţie, cât şi pe direcţii opuse, în aşa fel încât să se apeleze la cât mai multe forme de mobilizare energetică.

Pentru a creşte şi mai mult efectul benefic al acestei proceduri, în timp ce deplasaţi palmele la nivelul corpului rostiţi numere sau invocaţii.

În acest scop, vă propun ca în timpul procedurii să număraţi de mai multe ori de la 1 până la 120 sau să emiteţi invocaţii cum ar fi:
„Mulţumesc, Mulţumesc Doamne, (Universule, etc)."

Dacă vreţi să stimulaţi o relaţie benefică în raport cu o anumită persoană sau cu un anumit scop veţi pronunţa invocaţia „Mulţumesc ...." (pronunţaţi numele persoanei sau scopului pe care doriţi să îl atingeţi).

Meditaţia de palpare a capului poate fi aplicată cu succes în programul de Terapie a iertării.

Atunci când palpăm capul şi ne cerem iertare de la cineva, purificăm câmpurile cuantice dintre noi şi acea persoană.

Având câmpurile cuantice purificate se generează un program de armonizare a relaţiei.

Este bine ca pe toată perioada în care aplicăm acest tip de meditaţie să fim conectaţi la linişte şi pacea universului.

Dacă nu avem răbdare să facem procedura în linişte, putem să punem să se deruleze o conferinţă spirituală sau o muzică lentă şi plăcută.

Prin meditaţia de palpare a capului ne reconectăm capul şi, în special, partea din faţă a creierului la energiile sufletului şi ale pământului.

Această acţiune ne conduce la a fi mai puternici şi mai stabili pe acest pământ.

Fiind puternici și stabili pe acest pământ putem genera o relație mai bună cu planul material, în special cu banii.

Pentru că avem șansa să ne conectăm eficient și creativ cu resursele materiale ale vieții, recomand ca pe tot parcursul terapiei să vă conectați la o intenție clară și precisă care să vă conducă la împlinirea pe plan material.

În acest scop, înainte de a începe terapia veți face o scurtă meditație de manifestare a intenției.

Este important să ne concentrăm cât mai bine în timpul terapiei.

Pentru a atinge acest obiectiv vă sugerez ca în timpul meditației să vă îndreptați atenția către centrul capului, acolo unde se afla glanda pituitară.

Glanda pituitară face conexiunea dintre ființa umană și câmpurile cuantice ale universului.

Meditația de palpare a capului se face prin aplicarea palmelor la nivelul capului și, în special, la nivelul feței. Pentru că în această terapie palmele au un rol foarte important, este bine să le acordăm o atenție deosebită în momentele premergătoare acestei proceduri.

Înainte de meditație purificăm palmele și le încălzim.

Purificarea palmelor se poate realiza prin spălare abundentă sub jetul de apă.

După ce aplicăm această purificare, încălzim bine mâinile bătând din palme, frecăm palmele și contorsionăm degetele.

5. Cele patru prize de palpare a capului

La început am practicat meditația de palpare a capului prin aplicarea palmelor cu degetele la nivelul frunții.

Imediat ce am aplicat această procedură am simțit o relaxare în toată ființa.

Mă simțeam atât de bine încât aveam impresia că este suficient să aplic doar această procedură.

După ce am aplicat meditația în acest mod, am simțit nevoia de a palpa și alte zone ale capului cu scopul de a armoniza cât mai bine sistemul energetic de la nivelul părții superioare a corpului.

În acest fel am ajuns să generez programe de armonizare energetică în patru zone ale capului, și anume: în zona ochilor și a tâmplelor, în zona maxilarului, în zona urechilor, în zona frunții și a creierului occipital.

Pentru că am obținut rezultate atât de bune, am atribuit patru denumiri care să exprime modul de aplicare a palmelor la nivelul capului:

- Palparea frunții;
- Palparea maxilarului;
- Palparea urechilor;
- Palparea cefei.

În cele ce urmează voi descrie succint fiecare acțiune de palpare în parte.

1. Palparea frunții.

Palparea frunții se realizează prin aplicarea palmelor la nivelul feței în așa fel încât degetele să acopere fruntea iar podul palmei să fie plasat în dreptul ochilor.

Este important să nu atingeți ochii în timpul acestei proceduri!
Ochii sunt sensibili și este indicat să nu îi atingem în timpul meditației de palpare a capului.
Efectul benefic asupra ochilor se transmite prin câmpul cuantic al mâinii și nu prin atingere directă.

În funcție de necesități, palparea frunții mai poate fi făcută prin plasarea mâinilor în zona tâmplelor sau chiar pe scalp, deasupra frunții.

2. Palparea maxilarului.

Cavitatea bucală are un rol esențial în viața noastră.
În momentul în care am aplicat meditația de palpare a maxilarului, gustul mâncării a fost mult mai intens. Am început să mănânc cu mai multă bucurie întrucât percep alimentele ca fiind mai gustoase.

Ca urmare, digestia s-a îmbunătățit și mănânc mult mai puțin.
Alimente mai puține introduse în organism înseamnă toxine mai puține în corp.
Așadar, palparea maxilarului a condus la o îmbunătățire totală în relația cu hrana.

De asemenea, mi s-a îmbunătățit și simțul mirosului.
Pentru că am perceput efecte atât de bune, deseori mă opresc din activitate și aplic doar palparea maxilarului.

3. Palparea urechilor

Urechile au un rol important în viața noastră.

Conform statisticilor, un număr din ce în ce mai mare de persoane suferă din cauza afecțiunilor de auz.

Prin aplicarea palmelor în dreptul urechilor se creează un câmp energetic transversal la nivelul creierului cu efect benefic atât în zona urechilor și chiar la nivelul întregului cap.

Această acțiune se face prin plasarea palmelor în așa fel încât să cuprindem cele două urechi.

4. Palparea cefei.

În zona cefei se află trunchiul cerebral.

La nivelul trunchiului cerebral sunt comandate activitățile principalelor aparate și sisteme din corp.

Atunci când trunchiul cerebral este bine energizat, întreaga ființă lucrează în mod benefic și creativ.

Ținând cont de acest aspect, în timpul procedurii veți aplica o palmă sub cap, la nivelul cefei și o palmă pe frunte.

Palparea cefei se face în două etape, în prima etapă aplicăm mâna stângă pe frunte și mâna dreaptă sub cap, după care se schimbă poziția mâinilor.

În etapa a doua se aplică palma dreaptă pe frunte și palma stângă sub cap.

Cele două prize îmbunătățesc circulația energetică de la nivelul gâtului și capului.

Este important cum acționează mâinile atunci când sunt aplicate în prize de palpare a cefei.

Dacă în toate celelalte situații prezentate până acum acționăm cu palmele deplasându-le în plan vertical, palparea cefei se realizează prin deplasarea mâinilor în direcție perpendiculară pe axul corpului.

Este important și sensul în care deplasăm palmele.

Pentru a acoperi o plajă cât mai mare de necesități, deplasăm palmele simultan pe aceeași direcție, dar și simultan în direcții opuse.

Mai puteți practica acest tip de palpare prin aplicarea palmei deasupra gâtului, în zona glandei tiroide. Astfel puteți energiza această glandă atât de importantă pentru viața noastră.

Acestea sunt cele patru forme de aplicare a meditației de palpare a capului. În funcție de necesități, fiecare poate crea propriile forme de palpare a capului, în așa fel încât să obțină efectul benefic maxim.

6. Procedura de aplicare a meditației de palpare a capului

1. Purificați palmele prin spălare abundentă cu apă și săpun.
2. Frecați palmele cu mare viteză până ce simțiți că acestea se încălzesc. Bateți din palme cu putere.
   Întrepătrundeți degetele și le contorsionați în toate direcțiile până ce încălziți bine palmele și degetele.
3. Vă așezați pe pat culcat pe spate, cu fața în sus și mâinile relaxate pe lângă corp.
4. Închideți ochii, vă interiorizați, vă stabiliți o intenție clară și precisă. Vă concentrați la glanda pituitară.
5. Având capul sprijinit pe saltea (pernă), veți aplica palmele cu degetele pe frunte. Veți căuta ca podul palmei să fie în dreptul globilor oculari. Veți urmări să nu atingeți ochii.

   Având palmele aplicate la nivelul capului, le deplasați câțiva milimetri în sus și în jos urmărind să le mențineți tot timpul în contact cu pielea capului.
   Timp de execuție: 15-20 min.

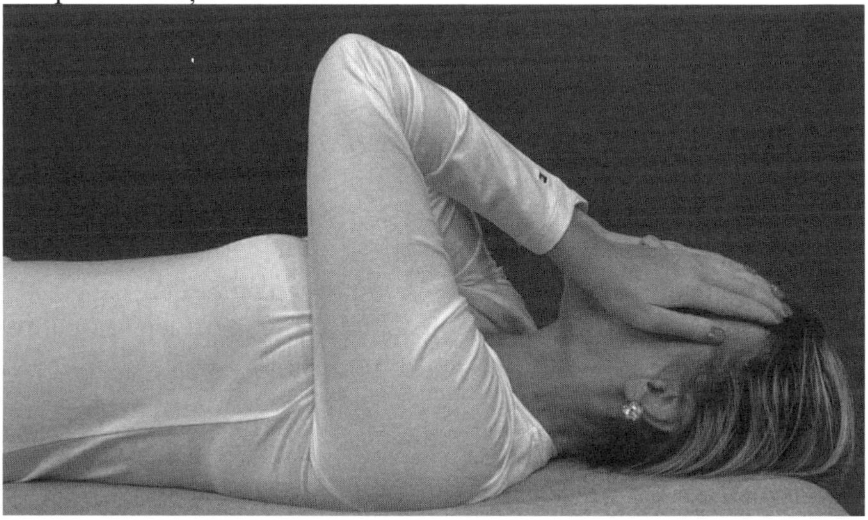

6. Având capul sprijinit pe saltea (pernă), duceți palmele în dreptul maxilarului.
Menținând palmele în contact cu pielea, veți deplasa mâinile în sus și în jos atât cât să mențineți contactul cu pielea.
Timp de execuție: 10-15 min.

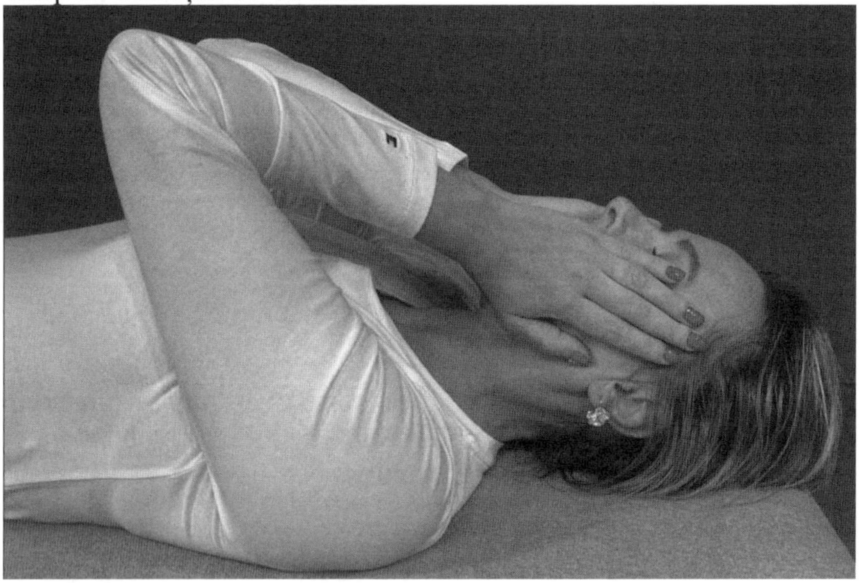

7. Având capul sprijinit pe saltea (pernă), aplicați palmele în dreptul urechilor. Menținând palmele în contact cu urechile veți deplasa mâinile în sus și în jos atât cât să mențineți contactul cu pielea.
Timp de execuție: 10-15 min.

8. Veți aplica palma stângă pe frunte și palma dreaptă sub cap.
Menținând palmele în contact cu capul, veți deplasa palma stângă spre stânga și spre dreapta, rotind ușor capul odată cu deplasarea mâinii.
Veți aplica palma dreaptă pe frunte și palma stângă sub cap.
Menținând palmele în contact cu capul, veți deplasa palma dreaptă spre stânga și spre dreapta, rotind ușor capul odată cu deplasarea mâinii.
Timp de execuție: 10-15 min.

9. Având capul sprijinit pe saltea (pernă), puneți palma dreaptă pe gât și palma stângă sub ceafă.
Menținând palmele în contact cu pielea deplasați mâinile spre stânga și spre dreapta atât cât să mențineți contactul cu pielea.
Timp de execuție: 10-15 min.

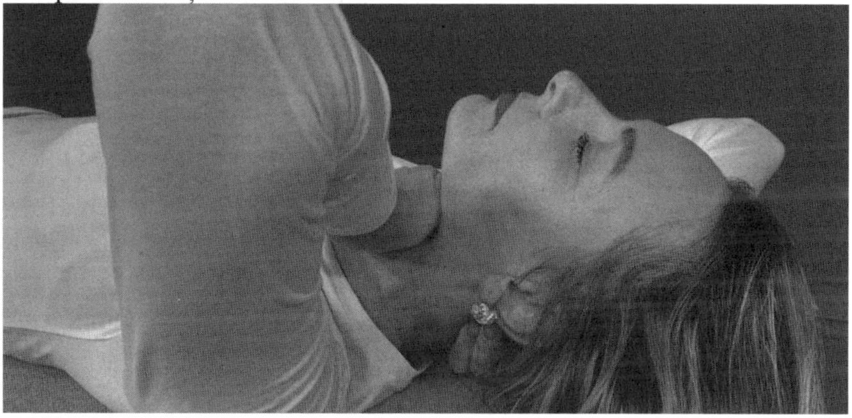

10. Mulțumiți lui Dumnezeu și întregului univers pentru darul acestei meditații!

Observații și recomandări:

- Pentru a obține un efect cât mai bun, este bine ca deplasarea mâinilor să se facă atât simultan pe aceeași direcție cât pe direcții opuse.
  Ținând cont de acest aspect, puteți să practicați meditația de palpare a capului deplasând palmele atât simultan pe aceeași direcție, cât și simultan pe direcții opuse.

- Mai puteți practica această meditație menținând brațele în poziție statică și balansând ușor capul spre dreapta și spre stânga, sau spre în sus sau în jos.
  Veți apela la această soluție în cazul în care vă dor mâinile sau le aveți obosite.

- Dacă sunteți stresați în momentul în care începeți să aplicați meditația de palpare a capului, vă recomand ca primele mișcări ale brațelor să fie foarte rapide, în așa fel încât să încălziți bine zona de contact dintre palme și cap.
  După ce ați încălzit bine zona de contact, puteți genera un ritm lent, aducător de liniște și pace în suflet.

- Este important ca în timp ce aplicați palmele pe cap să aveți mâinile cât mai relaxate. Pentru a atinge acest nivel în timpul procedurii, puteți să folosiți înălțătoare din perne și prosoape cu scopul de a sprijini mâinile pe corp sau pe pat.

- Dacă nu aveți posibilitatea să vă întindeți pe un pat pentru a efectua această procedură puteți să o aplicați fiind așezați într-un fotoliu sau chiar pe scaun.
  Puteți aplica procedura chiar și atunci când aveți coatele pe birou.
  În acest fel vă veți apleca în așa fel încât să ajungeți cu capul în contact cu palmele.

- Este important să nu deplasați prea mult palmele la nivelul pielii, pentru a nu rupe priza dintre palme și cap.
  Ruperea prizei dintre palme și cap conduce la diminuarea efectului benefic al meditației.

- Dacă nu vă este comod să aplicați palma pe creștetul capului, puteți să o aplicați pe frunte sau în orice loc în care vă simțiți relaxați. Același principiu poate fi aplicat la orice acțiune de palpare a capului.

- Puteți face meditația de palpare a capului doar aplicând palmele la nivelul pielii, fără să le deplasați, fără să numărați și chiar fără să rostiți o invocație.
  Efectul va fi relativ mai mic dar tot veți reuși să generați o îmbunătățire energetică la nivelul capului.
  Este important să vă simțiți bine în timpul meditației în așa fel încât să doriți să o prelungiți cât mai mult.

7. Cele 3 meditații ale capului

Relatare: Cum am început o zi miraculoasă

Sunt un om atent cu stările mele și caut soluții prin care să fiu în cea mai bună formă.

Într-o seară, când m-am culcat, eram relativ bine și credeam că voi avea un somn bun și liniștit.

Pe la ora 2:30 m-am trezit fiind afectat de dureri la umăr și gât.

Când mi-am făcut o evaluare am constatat că aveam mâinile și picioarele reci.

Așadar, extremitățile corpului nu erau suficient de bine alimentate cu sânge.

Fără să mai stau pe gânduri am aplicat, meditația de balans a capului, meditația capului iar apoi am aplicat meditația de palpare a capului.

Fără să am nicio logică, din instinct de conservare, am alocat aproximativ 15 minute pentru fiecare tip de meditație.

În timp ce am practicat meditația de palpare a capului, am făcut și **terapia iertării** cu persoanele care credeam că sunt nemulțumite de mine.

După aproximativ 45 de minute de meditație mi-am făcut din nou o evaluare. Aveam mâinile și picioarele fierbinți, iar starea sufletească era foarte bună.

Acesta era semn că, între timp, aparatul circulator s-a pus în mișcare și funcționa în parametri normali.

Am evaluat apoi zona gâtului și umerilor.

Cu bucurie am constatat că nu mă mai durea nimic.

Cu toate că dormisem doar 3 ore și ceva, aveam o stare foarte bună ca și cum aș fi dormit 6 ore, atât cât dorm în mod obișnuit.

Pentru că mă simțeam bine, chiar dacă dormisem atât de puțin, m-am ridicat din pat și am început să lucrez.

Am lucrat cu mare eficiență timp de mai multe ore fără să obosesc și fără să simt nevoia de a mai face alte antrenamente.

Așadar, meditația pe care am aplicat-o mi-a adus dintr-o dată o stare de echilibru în toată ființa. Ca urmare, m-am apucat de treabă având o formă foarte bună.

În timp ce lucram eram mulțumit de mine și de realizările mele.

M-am întrebat atunci cărui fapt datorez această stare, după ce mă trezisem cu dureri atât de mari în zona gâtului și a capului.

Răspunsul a venit imediat ce mi-am studiat palmele.

Palmele erau fierbinți iar venele erau proeminente ca și cum atunci aș fi alergat.

Eram surprins pentru că nu făcusem efort fizic. Doar practicasem trei meditații ușoare. Ca urmare a celor trei meditații aparatul circulator funcționa la un regim profund benefic.

În acel moment m-am gândit la durerile care au trecut ca prin minune și am ajuns la concluzia că pentru vindecarea suferințelor este necesar să repunem în parametri normali aparatul circulator.

Aparatul circulator este comandat de creier.

Pentru ca aparatul circulator să funcționeze cât mai bine, este necesar ca sistemul energetic al creierului să fie în parametri optimi.

Meditația capului, meditația de balansare a capului împreună cu meditația de palpare a capului se completează reciproc generând o energie profund benefică în toată ființa.

Pornind de la această concluzie, consider că este bine ca dimineața înainte de a ne ridica din pat să practicăm o combinație de meditații care să cuprindă meditația de balansare a capului, meditația capului și meditația de palpare a capului.

Propun ca cele trei meditații să se facă în această ordine întrucât meditația de balansare a capului conduce la încălzirea zonei gâtului, meditația capului realizează amplificarea energetică din zona superioară a corpului, iar meditația de palpare a capului realizează focalizarea pe scop și armonizarea energiilor în întreaga ființă.

Procedura celor trei meditații ale capului

1. Vă așezați pe pat culcat pe spate, cu fața în sus și mâinile relaxate pe lângă corp.
2. Închideți ochii, vă interiorizați și vă stabiliți o intenție clară și precisă. Vă concentrați la glanda pituitară.
3. Având capul sprijinit pe saltea (pernă), îl veți roti ușor spre dreapta și spre stânga prin mișcări lente și blânde, cu scopul de a realiza o încălzire a mușchilor din zona gâtului. Veți practica meditația de balansare a capului.

   Timp de execuție: 10-15 min.

4. Fiind culcat pe spate cu fața în sus, vă veți repoziționa corpul în așa fel încât umerii să ajungă la marginea patului, iar capul să fie în consolă.
   Pentru a ajunge cu capul în consolă, ne vom sprijini trunchiul pe pat, iar gâtul și capul vor fi amplasate în afara patului.
   Veți practica meditația capului.
   Timp de execuție: 15-20 min.

5. Reamplasați corpul pe saltea în poziția pe spate cu fața în sus.
   Având capul sprijinit pe saltea (pernă), veți aplica meditația de palpare a capului.
   Timp de execuție: 15-20 min.

   Mulțumiți lui Dumnezeu și întregului univers pentru darul acestei meditații!

Recomandări:

- Pentru a da și mai mare putere acestui program vă recomand ca la începutul terapiei să faceți și o meditație de palpare a capului. Cu această ocazie stabiliți și intenția pe care o aveți de îndeplinit în programul de antrenament.
- În practica acestui tip de meditație este bine să țineți cont de recomandările din cadrul fiecăreia dintre cele trei proceduri.
- Pentru a armoniza cât mai bine energiile de la nivelul capului în raport cu cele ale întregii ființe, este bine să completați meditația celor trei proceduri cu alte programe de antrenament focalizate în celelalte zone ale corpului, respectiv la nivelul picioarelor, abdomenului și brațelor.
- Pentru a practica creativ și eficient această meditație, este bine să fiți însoțiți de un coach integrativ.

Meditația a XVI-a

MEDITAȚIA CU MANTRE

1. Ziua în care m-am născut pentru a doua oară

De când mă știu sunt un om aplicat cu multă râvnă spre muncă.

Această tendință este moștenită din familia din care provin.

Acasă, părinții mei munceau la câmp de dimineață până târziu în noapte.

Când veneau acasă, fiind răpuși de oboseală, se culcau repede, iar a doua zi dis- de-dimineață, reluau activitățile de lucru.

Tot acest scenariu s-a derulat în familia noastră ca un ritual impus de cineva din afară, până în ziua în care tatăl meu a plecat intempestiv de aici de pe pământ, fiind răpus de afecțiuni ale aparatului circulator.

Fără să realizez, de-a lungul anilor, m-am format la fel ca tatăl meu.

De dimineață până seara munceam cu toată determinarea fără să țin cont de nevoile mele iminente.

Mă trezeam dis-de-dimineață și, indiferent ce se întâmpla în ziua respectivă, munceam până noaptea târziu fără să iau pauze pentru a-mi reface forțele.

Ca urmare a programului de viață intens, la un moment dat, inima mea a început să dea semne de oboseală.

De la o vreme, în piept, la nivelul inimii a început să se manifeste o durere surdă care se amplifica de la o zi la alta, de la o săptămână la alta, de la o lună la alta.

Mă îngrijora profund această stare, cu atât mai mult cu cât știam că tatăl meu a plecat de pe pământ ca urmare a unor astfel de situații.

Timp de mai mulți ani am fost îngrijorat din această cauză. Mult timp m-am întrebat: *„de ce mi s-a dat această încercare?"*

La un moment dat am primit răspunsul.

Toată această experiență mi-a adus un mare dar.

Durerea din zona inimii m-a condus la a descoperi și a pune în valoare efectul benefic al mantrelor, într-o asemenea măsură încât am avut senzația că m-am născut a doua oară.

În cele ce urmează voi face o relatare care susține cele afirmate mai sus.

Relatare. Mulțumesc, inima mea!

Treceam printr-o perioadă foarte grea cu solicitări de tot felul.

Ca urmare a activităților intense pe care mi le asumasem, durerea din piept se amplifica.

Cu toate că aplicam tot felul de proceduri, cu toate că acordam din ce în ce mai mult timp programelor de vindecare axate pe zona pieptului, inima mea era din ce în ce mai obosită, iar durerea mă apăsa din ce în ce mai tare.

Pentru că nu găseam o soluție prin care să rezolv această problemă stringentă, am devenit îngrijorat asupra viitorului meu.

Starea de îngrijorare a crescut și mai mult atunci când mai multe persoane cu abilități de medium, care nu știau nimic despre mine, m-au atenționat, spunându-mi că inima mea este obosită și că este absolut necesar să nu mai muncesc atât de mult.

Cel mai mult m-a marcat ziua în care un medium de mare profunzime spirituală și sufletească mi-a scris următorul mesaj:

„Ioan, este bine ceea ce faci pentru oameni, dar este foarte important ca tu să fii cât mai bine cu tine.

Inima ta este foarte obosită. Dacă vrei să duci la bun sfârșit ceea ce ai început, este momentul să te oprești, să te uiți în jurul tău și să vezi unde greșești. Ritmul de viață în care funcționezi poate să te aducă la dezastru. Totul în jurul tău este ca o bombă cu ceas.

Dacă vei continua în acest ritm, totul se poate prăbuși într-o clipă, iar toată munca ta se va pierde în neant.

Pentru că inima ta este foarte obosită, oprește-te pentru un timp!
După ce te refaci, pornești din nou la drum!"

În prima clipă am avut tendința să mă opun celor spuse de acest om care nu mă văzuse niciodată și nu îi povestisem nimic despre mine.

Citise cartea *Puterea Cunoașterii*. Citind cartea a sesizat că în ființa mea există o dorință aprigă de a descoperi viața dincolo de simțurile normale, iar pentru aceasta sacrificam totul, inclusiv propria ființă.

Dacă la început m-am opus observațiilor acestui om miraculos și nu i-am dat crezare, în zilele care au urmat am ajuns să-i dau dreptate în tot ce a spus.

Pe măsură ce trecea timpul, inima mea era din ce în ce mai obosită, riscând astfel să mă îndrept cu pași repezi spre un colaps total.

Eram îngrijorat, dar nu știam ce să fac pentru a ieși din această cădere implacabilă.

Într-o zi, în timp ce serveam masa cu mai mulți prieteni, unul dintre aceștia a povestit despre experiența cu mantre aplicate asupra a trei borcane cu orez fiert, realizată de savantul japonez Masaru Emotto.

Știam despre această experiență de foarte mulți ani și, cu toate acestea, nu îi acordasem atenția cuvenită.

Cu toate că o știam, am ascultat-o ca și cum aș fi auzit-o pentru prima dată.

Povestea prietenului meu a reverberat în mine de multe ori, dar nu am pus-o în valoare în niciun fel.

În tot acest timp durerea din zona pieptului mă afunda din ce în ce mai adânc în îngrijorare și tristețe.

Cel mai mult eram îngrijorat pentru perioada somnului.

Fiind în somn, omul nu sesizează starea de suferință a inimii. Din această cauză, cele mai multe cazuri de infarct urmate de deces se produc în timpul somnului.

Într-o noapte, spre dimineață, o durere surdă în zona inimii m-a trezit din somn.

Când m-am studiat cu atenție am constatat că tot corpul era marcat de o stare de tensiune.

Această stare îmi crea gânduri de nemulțumire față de tot ce se întâmpla în viața mea în ultimul timp.

Pentru că nici nu dormisem suficient de mult, mă simțeam foarte obosit.
Îmi era teamă să adorm fiind în starea de suferință care mă afecta.
Pentru că eram foarte obosit și tensionat, nu m-am putut ridica din pat ca să fac o terapie pentru zona inimii, așa cum făceam în mod obișnuit pe timpul zilei.

Fiind în această stare, am simțit să rămân inert în pat.
Îmi doream totuși să fiu cât mai bine cu inima.
Voiam să fac ceva util pentru a mă repune pe un nivel de sănătate suficient de bun, cel puțin până ce mă voi simți odihnit și mă voi ridica din pat.

În acel moment mi-am adus aminte de experiența cu borcanele de orez.
M-am concentrat asupra borcanului cu orez asupra căruia i s-au emis cuvinte de mulțumire și care, după o săptămână, avea o culoare foarte frumoasă, galben aurie.

Astfel, am început să vorbesc cu inima mea și să îi transmit cuvinte de mulțumire. Am îmbrăcat inima într-o culoare galben-aurie, așa cum era culoarea orezului asupra căruia i s-au atribuit cuvinte de mulțumire.

Am început să rostesc de foarte multe ori la rând următoarele cuvinte:

„Îți mulțumesc, inima mea!"

Pentru a da și mai multă putere mesajului meu către inimă, în timp ce emiteam o mantră, aplicam câte o atingere cuantică în dreptul inimii, cu ajutorul degetelor.

Am aplicat mantra „Îți mulțumesc, inima mea!", în combinație cu atingerea cuantică timp de aproximativ o jumătate de oră.

Pe măsură ce aplicam această procedură, simțeam o stare de relaxare din ce în ce mai profundă în zona inimii, cu efecte benefice în tot corpul.
La un moment dat starea de relaxare s-a transformat într-o stare de pace profundă în toată ființa.

Dintr-o dată am devenit mulțumit de tot și de toate. Eram mulțumit de tot ce s-a întâmplat în viața mea în ultima perioadă. Nu mai aveam nevoie de nimic.
Ceea ce realizasem era suficient pentru a fi mulțumit și fericit pentru totdeauna.

Când m-am ridicat din pat eram într-o stare foarte bună.
În corp nu mai aveam nicio durere și nicio tensiune.

Atunci am început să realizez că mantra „Îți mulțumesc, inima mea!" a reușit să mă conecteze cu valorile sănătoase ale universului și să trăiesc o stare de bucurie interioară cum nu am trăit de foarte mult timp.

A urmat o zi prolifică din toate punctele de vedere.
Am fost calm și relaxat pe tot parcursul zilei.
Extremitățile corpului îmi erau calde, semn că inima lucra la parametri normali.

Fiind profund impresionat de efectul benefic pe care l-a avut meditația cu mantre din acea noapte, am rostit-o și în zilele care au urmat.
De atunci inima mea este din ce în ce mai bine.

Mult timp m-am întrebat de ce mai mulți ani la rând nu am reușit să îmi rezolv problema la inimă, cu toate că am aplicat o multitudine de forme de terapie și antrenament, iar acum, în doar câteva zeci de minute, cu ajutorul unei simple mantre, am reușit să mă extrag pentru totdeauna dintr-o suferință care părea a fi nevindecabilă?

Ca urmare a analizei făcute am ajuns la următoarea concluzie:
Inima este protejată de carcasa cutiei toracice.
Fiind atât de bine protejată, toate programele de terapie și antrenament au efect zonal.

Atât timp cât inima este afectată, aceasta reprezintă un punct de minimă rezistență în raport cu energiile mai puțin benefice.
În acest caz, inima devine ținta tuturor energiilor negative cu care intrăm în contact.

În momentul în care, prin intermediul mantrei, se acționează în mod țintit asupra inimii, aceasta se vindecă și nu se mai manifestă ca punct de minimă rezistență.
Ca urmare, inima nu mai este expusă energiilor mai puțin benefice, vindecându-se pentru totdeauna.
În cele mai multe cazuri, în astfel de situații, suferința se mută în alt loc din corp.

Ca o confirmare a acestei afirmații, în zilele care au urmat după această întâmplare, am simțit o ușoară durere la umărul drept.
Acest fenomen era semn că punctul de minimă rezistență se mutase de la inimă la umărul drept.

Durerea de la umăr nu era periculoasă pentru sănătate, așa că pentru a proteja inima de energiile mai puțin benefice, în mod deliberat, un timp nu am acționat cu terapii în această zonă a corpului.

După această întâmplare, viața mea s-a schimbat definitiv.

De atunci nu am mai fost omul care să lucreze neîncetat cu încrâncenare pentru un anumit rezultat.

Am înțeles că **rezultatul vieții vine ca urmare a ceea ce noi generăm în noi la nivelul inimii.**

Dacă alergăm după rezultat fără să avem susținerea energiei empatice venite din direcția inimii, obiectivul la care aspirăm se poate îndepărta de noi.

Se întâmplă acest fenomen întrucât atunci când ne dorim să atingem o anumită ținută fără să emitem o energie empatică suficient de intensă, ne supunem riscului de a respinge obiectivul pe care ne dorim să îl atingem.

De aici tragem următoarea concluzie:

Pentru a atinge un anumit obiectiv este necesar ca în suflet să generăm o energie puternică îndreptată spre atingerea scopului respectiv.

Iată cum se produce acest fenomen:

Inima este principalul generator de energie empatică.

Pentru a da putere sufletului, este necesar să dăm putere inimii.

Așadar, dragi cititori, dacă doriți să trăiți o viață împlinitoare și marcată de succes, opriți-vă din alergătură și adresați-vă inimii voastre!

În momentul în care cultivați energia binelui la nivelul inimii, atunci tot binele se revarsă în viața voastră!

2. Motivația de a aplica meditația cu mantre

Totul are logică în univers!

Orice gând, intenție, atitudine sau acțiune, se înregistrează în imensa „bancă de date” a universului.

Atunci când se adună suficientă energie focalizată pe un țel clar și bine definit, se produc transformări ce pot fi percepute și în viața noastră de zi cu zi.

Mantrele sunt intenții manifestate în mod repetitiv, cu scopul de a genera un anumit curs.

Mantrele pot fi emise utilizând energia gândurilor, a graiului și a gesturilor.

Pe măsură ce angrenăm mai multe forțe în emiterea mantrelor, crește șansa de a se genera transformarea.

Într-o primă fază, mantrele generează efecte la nivelul mental (conștient), dar pe măsură ce sunt repetate de mai multe ori, acestea se implementează și în planul subconștient al creierului.

Dacă emitem mantrele cu stăruință și implicare sufletească un timp mai lung, acestea se implementează atât în corpul fizic cât și în câmpurile cuantice ale universului.

Mantrele pot produce efecte în funcție de potențialul energetic cu care au fost creditate. De exemplu, mantrele încărcate cu energii venite de la un număr foarte mare de oameni pot genera transformări miraculoase la nivel planetar.

În cartea *Puterea cunoașterii* am prezentat un exemplu în care, ca urmare a îndemnului făcut de savantul japonez Masaru Emoto, la anumite ore din zi, milioane de oameni au emis mantre cu scopul de a opri amploarea dezastrului produs de explozia de la Centrala Atomică de la Fukushima.

În doar câteva zile de la momentul în care au început să se emită mantre, s-a generat un proces de purificare a imensei cantități de apă radioactivă. De asemenea, norul radioactiv care curmase peste 10.000 de vieți s-a topit în imensitatea universului.

Am revenit la acest exemplu întrucât cu această ocazie, prin intermediul mantrelor, s-a generat un miracol, într-o situație în care acel cataclism putea să afecteze chiar și viața pe Pământ.

Pornind de la acest exemplu și de la multe altele care au produs efecte de mare amploare în istoria evoluției umane, putem accepta faptul că mantrele pot genera miracole.

Mantrele își manifestă puterea atunci când le emitem pentru un scop personal sau de grup, după aceleași principii de manifestare, atunci când sunt intonate de către un număr mare de oameni pentru un scop comun, așa cum am prezentat în exemplul de mai sus.

Ținând cont de acest principiu, vă sugerez, dragi cititori, să aplicați programul de terapie cu mantre, cu scopul de a vă îmbogăți cu un instrument de mare potențial în evoluția dumneavoastră!

3. Avantajele generate de programele de intonare ale mantrelor

Programul de intonare al mantrelor prezintă avantajul că este foarte ușor de aplicat în cele mai diverse situații.

Dacă unele proceduri de dezvoltare umană necesită o pregătire aparte, meditația cu mantre poate fi aplicată oricând, în orice moment al vieții, în orice stare ne-am afla.

De exemplu, meditația cu mantre este profund benefică pentru cei care au ajuns în grele suferințe și nu mai pot să miște nici măcar mâinile pentru a face semnul crucii.

De asemenea meditația cu mantre poate fi aplicată atunci când suntem întinși pe pat, seara, înainte de culcare sau imediat după ce ne trezim.

Programul de intonare al mantrelor poate fi aplicat chiar și atunci când suntem în mijloacele de transport sau în alte situații în care suntem implicați în alte activități.

Programul de intonare al mantrelor poate fi aplicat atât ca terapie de sine stătătoare, cât și ca potențator pentru alte forme de terapie.

Intonarea mantrelor este recomandată atunci când suntem angrenați în antrenamente și terapii întrucât schimbul de energie dintre noi și univers este mult amplificat.

Mantrele polarizează energiile pe care le schimbăm cu universul.

Atunci când intonăm mantre în timp ce suntem angrenați în antrenamente și terapii, schimbul de energii dintre noi și univers este polarizat cu ajutorul mantrelor și efectul programelor de dezvoltare umană în care suntem angrenați poate să crească de zeci de ori întrucât ne focalizăm cu mai mare eficiență spre un scop clar și precis.

Pornind de la aceste concluzii, recomand ca mantrele să fie însoțite de gesturi și alte forme de energizare.

Mișcarea generează energie, iar mantrele polarizează energiile.

Aplicarea acestui principiu în acțiunile noastre de zi cu zi, poate determina transformări miraculoase.

Sunt arhicunoscute situațiile în care dorim să efectuăm anumite mișcări și în timp ce împingem spunem: **„Hei-rup”**.

Această expresie „hei-rup”, poate fi înlocuită cu oricare alta care să reprezinte aspirațiile noastre spre mai bine.

Orice expresie rostită este un program pentru câmpul cuantic al universului.

Câmpul cuantic ne programează viața și ne conduce spre scopul pentru care am venit pe acest pământ.

Așadar, mantrele pot deveni programe pentru evoluția noastră pe acest pământ.

Mantrele pot fi intonate și atunci când suntem în stare de liniște și pace, și chiar și atunci când suntem angrenați în activități care ne captează atenția.

Atunci când este liniște și pace în ființa noastră putem aplica meditația cu mantre așa cum ne vine să o facem, fără să fim perturbați de nimeni și nimic.

Este posibil să fiți angrenați în activități intense, care vă captează toată atenția.

În acest caz vă recomand să aplicați meditația cu mantre atât înainte cât și după ce ați fost implicați în programul intens de activitate.

Mantrele aplicate înaintea unor activități ce presupun efort susținut ne ușurează programul pe care îl avem de desfășurat și ne armonizează ființa în raport cu structurile de energie benefică din univers.

Pornind de la acest principiu, vă recomand să aplicați meditația cu mantre atât înainte cât și după ce sunteți angajați în activități care necesită efort susținut!

Fiind copil la casa părintească, tatăl meu mă lua deseori în pădure la lemne.

Cu toate că eu nu puteam să particip la munca grea și riscantă din pădure, rămâneam pe margine și priveam cum se desfășura activitatea de acolo.

Atât înainte, cât și după ce se tăia un copac, tatăl meu intona îndelung rugăciuni și mantre care să îl ajute ca acea activitate să decurgă într-un mod cât mai ușor și armonios.

Ca urmare a mantrelor și rugăciunilor intonate, cu toate că tatăl meu manipula butuci de greutăți foarte mari, de fiecare dată reușea să ajungă acasă în condiții bune de sănătate și securitate.

Mereu îmi aduc aminte de mantrele pe care tatăl meu le intona în timp ce era în pădure și caut să readuc în prezent acea atmosferă de mare implicare sufletească. Pornind de la acest imbold, am devenit un pasionat de programe de intonare ale mantrelor.

Intonez mantre seara înainte de culcare, dimineața imediat ce mă trezesc, în timpul rugăciunilor, în timp ce practic diferite forme de terapie și chiar în timp ce conduc mașina.

În fiecare dintre aceste momente, programul de intonare al mantrelor îmi creează senzația că sunt conectat cu sursa infinită de energie care vine de la univers - locul în care ni se stabilește soarta.
Pornind de la acest sentiment, dintr-o dată simt cum mi se calmează întreaga ființă, nările mi se tonifiază, respirația se relaxează, iar în piept percep o energie care se conectează cu întregul univers.

Trăind pe deplin bucuria terapiei cu mantre, am experimentat mai multe forme de abordare a acestora.
Spre marea mea surpriză, fiecare mantră generează trăiri diferite, în funcție de cuvintele pe care le rostesc și de felul în care le intonez.

Mantrele prezintă avantajul că polarizează câmpurile cuantice în cele mai profunde locuri ale universului, completând astfel zestrea de energii care se poate manifesta la nivel fizic și emoțional.

Pornind de la toate aceste argumente, vă recomand să aplicați meditația cu mantre, cât mai des și în cât mai multe forme de exprimare, în special atunci când sunteți angrenați în programe terapeutice și de antrenament.

Pentru a da o putere cât mai mare terapiei cu mantre, în cele ce urmează voi prezenta câteva dintre elementele de care este necesar să ținem cont în programele de terapie cu mantre.

4. Tehnici de intonare a mantrelor

În programul de emitere a mantrelor sunt importante două aspecte principale și anume:

- forma și conținutul mantrei
- energia pe care o imprimăm mantrei

În cele ce urmează le voi descrie în mod succint pe fiecare dintre cele două aspecte.

a. Forma și conținutul mantrei
Este important ca mantra să reprezinte esența unui sentiment sau a unei stări. În acest scop, este bine ca mantra să fie formată din cât mai puține cuvinte, iar acestea să reprezinte cât mai bine starea și sentimentul pe care ne dorim să îl emitem în univers.

b. Energia pe care o imprimăm mantrei

Se știe că impactul evoluției oricărui fenomen este determinat de energia care îl generează și susține.

Pornind de la acest principiu, pentru a obține un efect imediat și cu efortul cel mai mic, este necesar să imprimăm mantrei un potențial cât mai mare. În acest scop, recomand să emiteți mantra conform modelului energetic după care se produce tunetul.

După cum știm, tunetele se produc ca urmare a acumulării unei mari cantități de energie între două plafoane de nori cu încărcătură electrică diferită.

Pentru a reproduce principiul după care se produc tunetele, vom căuta ca înainte de a emite mantra, să ne concentrăm cu dăruire asupra scopului pentru care o emitem, pentru ca în momentul în care o intonăm, într-un timp cât mai scurt, să generăm în univers o cantitate cât mai mare de energie.

În acest scop, vom căuta să încărcăm mantra cu o energie similară unui tunet.

Pentru a da putere mare de impact, **este necesar ca mantra să fie scurtă, simplă, și foarte ușor de rostit!**

Nu întâmplător, popoarele orientale emit mantre monosilabice.

Ca urmare a acestui principiu, asiaticii au generat un număr de 7 mantre monosilabice, câte una pentru fiecare centru energetic principal.

Pentru că noi, europenii, nu avem tradiție cu aceste forme de intonare ale mantrelor, vom exprima stările prin expresii scurte pe care le vom pronunța rar și apăsat.

Imediat după ce emitem mantra, timp de câteva secunde ne concentrăm la mantra pe care tocmai am intonat-o.

Pentru că mantrele sunt formate din două sau mai multe cuvinte, vă recomand să le intonați în mod sacadat, punând accent pe prima vocală.

În această formă de emitere a mantrelor, fiecare cuvânt se manifestă în câmpurile subtile ca un fascicul de tip LASER ce pornește de la nivelul inimii spre locul de destinație al mantrei.

De exemplu mantra „Mulțumesc, inima mea!” va fi pronunțată în felul următor.

„Mul - țu – mesc, i - ni - ma mea!”

Emitem mantra de la nivelul inimii, întrucât puterea noastră în univers ne este dată de energiile empatice cu care ne manifestăm intențiile.

Cea mai mare resursă de energie pe care o putem mobiliza în dialogul cu universul se află în zona inimii.

Această resursă de putere este manifestată prin energia empatică.

De aceea, pentru ca efectul mantrei să fie unul cât se poate de intens, vă recomand ca atunci când emiteți mantrele să vă concentrați în zona inimii.

Dacă programul de emitere al mantrelor presupune implicarea unei alte persoane în câmpurile subtile, atunci vă imaginați că acea persoană se află în fața dumneavoastră, așezată într-o poziție optimă.
În programul de emitere al mantrei vă veți îndrepta atenția către pieptul persoanei cu care dialogați, trimițându-i cât mai multă iubire și recunoștință.

Este foarte important ca în meditația cu mantre să emiteți cele mai inspirate cuvinte, în așa fel încât să generați energii de mare efect pentru viața și creația dumneavoastră. În acest scop, în cele ce urmează voi recomanda câteva dintre cele mai benefice mantre pe care le puteți intona în programele de vindecare și elevare a stărilor de conștiință.

5. Mantre de mare impact pentru elevarea ființei umane

Orice formă gând adresată universului poate căpăta efect de mantră dacă este emisă de un număr cât mai mare de ori.

Fiecare mantră generează o anumită vibrație energetică.

Efectul mantrei este determinat de vibrația energetică pe care o conțin cuvintele.

Ca urmare, mantra setează câmpurile cuantice ale universului în acord cu informația pe care aceasta o poartă.

Pornind de la acest raționament, în meditația cu mantre vom utiliza cele mai potrivite cuvinte, în funcție de scopul pe care-l urmărim.

Pentru a fi cât mai aproape de calea adevărului, în programul de aplicare al mantrelor, ne vom folosi de Scala Conștiinței Umane elaborată de dr. David R. Hawkins, unul dintre cei mai inspirați vizionari pe care i-a dat psihoterapia modernă.

În cele ce urmează voi prezenta mantrele în ordine crescătoare a nivelului de vibrație energetică.

A. Mantra acceptării

Energia acceptării este cotată la valoarea de 350 pe harta conștiinței de către dr. David R. Hawkins.

Acest nivel corespunde pragului de la care putem începe să trăim o viață integrativă.

În mod practic, în momentul în care am acceptat o anumită situație, ne înscriem pe un drum nou, împlinitor și benefic.

Mantra acceptării se emite prin intermediul expresiei **„Accept!"**

Mantra acceptării mai poate fi emisă și în următoarele expresii:

„Te accept", „Te accept..."

În locul punctelor pronunțăm numele unei persoane, al unui obiect sau fenomen.

Mantra acceptării se pronunță ori de câte ori respingem sau suntem în conflict cu o anumită persoană, sau cu un anumit program de viață.

B. Mantra iertării

Energia iertării este cotată între valorile 350 - 450 pe harta conștiinței determinată de dr. David R. Hawkins, în funcție de nivelul de iertare la care ne raportăm.

Atunci când intonăm mantra iertării, ne eliberăm de energiile celor cu care am trăit stări de conflict.

Practic, prin aplicarea acestei mantre, atât noi, cât și partenerii noștri de viață, ne îndreptăm în mod independent pe propriul drum, în funcție de alegerile pe care le facem.

Mantra iertării se aplică în două etape: una în care se emană sentimentul de iertare și una în care se solicită sentimentul de iertare.

Mantra în care se emite sentimentului de iertare se exprimă în formele următoare:

„Iert!" „Te iert!" „Te iert ...!"

Mantra prin care se solicită sentimentul de iertare se exprimă în formele următoare:

„Te rog să mă ierți!" „Te rog să mă ierți...!" „... te rog să mă ierți!"

În locul punctelor pronunțăm numele unei persoane, al unui obiect sau fenomen.

În capitolul V al cărții *Puterea cunoașterii* sunt prezentate programe complete de iertare pentru principalele forme de manifestare ale vieții.
Vă recomand să le aplicați conform procedurilor prezentate în carte!

Atunci când iertăm, suntem absolviți de păcatele celor care au greșit față de noi.
Iertând pe semenii noștri, ne eliberăm și mergem mai departe spre scopul vieții.

C. Mantra iubirii

Energia iubirii este la valoarea 500 pe Harta Conștiinței Umane creată de dr. David R. Hawkins.
Nivelul 500 reprezintă granița de trecere dintre lumea pământeană (materială, telurică, pragmatică, integrativă) și lumea cerească (cuantică, spirituală).

Așadar, atunci când iubim, ne eliberăm de nevoile pământene și ne plasăm pe un nivel de constiintă de la care putem dărui la infinit.

Este posibil să dăruim la nivel infinit întrucât energia iubirii autentice nu vine din noi, ci vine direct din structurile infinite ale universului.

Atunci când ne alimentăm neîncetat din structurile infinite ale universului, devenim o ființă cu puteri infinite!
Acesta este și motivul pentru care, atunci când iubim în mod autentic, nu mai simțim nicio nevoie. Pentru că iubirea este un sentiment care exprimă generozitatea autentică și nu ne costă nimic atunci când o dăruim.
Vă recomand să aplicați mantra iubirii ori de câte ori aveți ocazia, față de semeni și față de orice fenomen purtător de conștiință!

De asemenea, este important să vă acordați darul iubirii față de sine cât mai des posibil, ori de câte ori aveți ocazia să o faceți!

Este important să vă iubiți fiecare organ în parte și fiecare părticică din corpul dumneavoastră.

Cu cât vă iubiți mai mult, cu atât veți fi mai frumoși și mai buni!

Ținând cont de această idee, vă recomand ca cel puțin o dată pe săptămână să aplicați meditația iubirii cu mantre pentru fiecare organ important în parte.

De asemenea, ori de câte ori simțiți suferință la un anumit organ, să aplicați meditația cu mantra iubirii fiind focalizați pe acel organ.
Atunci când un organ se simte iubit, se va vindeca și ne va sluji în mod armonios, în programele noastre de viață.

Pentru a pune cât mai bine în valoare sentimentul de iubire, vă recomand să aplicați următoarele mantre:

„Te iubesc!" „Mă iubesc!" „Te iubesc...."

În locul liniilor punctate veți pronunța nume, denumiri de organe, obiecte sau fenomene.

D. Mantra mulțumirii

Cuvântul mulțumesc este expresia care generează cea mai frumoasă formă de manifestare la primirea unui dar.
Atunci când pronunțăm cuvântul mulțumesc, din noi pornește un flux de lumină care se răspândește în întregul univers.

Nu este neapărat important să mulțumim doar la primirea unui dar. Este important să mulțumim tot timpul, pentru tot ceea ce vine spre noi.
Vă recomand să mulțumiți pentru tot ce primiți de la viață!

Atunci când mulțumiți pentru fapte și acțiuni benefice, le acceptați și le dăruiți întregului univers.
Dacă mulțumiți cu iubire și smerenie pentru energiile benefice, le reîntoarceți în univers de acolo de unde au venit.
Prin sistemul de oglinzi ale universului infinit, acestea se reîntorc spre noi generând efecte benefice.

Atunci când mulțumiți pentru fapte sau acțiuni mai puțin bune sau care nu vi se potrivesc, le acceptați și apoi le eliberați în întregul univers.
Dacă sunteți deschiși și primiți cu mulțumire și smerenie energiile mai puțin benefice care vin spre voi, dacă le eliberați imediat ce vin, acestea se îndreaptă în neant, iar apoi se topesc în oceanul de lumină al universului.

Dragii mei cititori, vă recomand să utilizați următoarele forme de mulțumire:
Mulțumiți lui Dumnezeu și întregului univers pentru toate cărările vieții pe care sunteți ghidați!

Mulțumiți tuturor celor dragi și apropiați pentru că participă împreună cu voi la făurirea vieții!

Mulțumiți tuturor semenilor care, într-un fel sau altul, vă ajută să îndepliniți misiunea pentru care ați venit pe Pământ!

Pentru toate aceste mulțumiri vă recomand să emiteți următoarele mantre:

„Mulțumesc!", „Mulțumesc, Doamne!", „Mulțumesc universului!" „Mulțumesc pentru toate darurile vieții!", „Mulțumesc ...."

În locul punctelor veți pronunța nume, denumiri de organe, obiecte sau fenomene.

E. Mantra păcii

Energia sentimentului de **pace sufletească** este situată la valoarea 600 pe Harta Conștiinței umane determinată de dr. David R. Hawkins.

Este important să aplicăm mantra păcii de fiecare dată când avem stări de suferință la nivelul pieptului, locul de proiecție al sufletului.

În momentul în care sufletul intră în starea de pace, tot ce este în noi și în jurul nostru se reașează pe un nivel bun și stimulativ al unei stări inefabile de bucurie și împlinire.

Pentru a aplica mantra păcii vă recomand să emiteți următoarea mantră:

„Sunt în pace!"

Pentru situația în care vă doriți să cuprindeți în coconul de lumină al păcii un număr mai mare de semeni, vă recomand să emiteți următoarea mantră:

„Suntem în pace!"

Am descoperit și pus în valoare mantra păcii într-un moment delicat din viața mea. În cele ce urmează voi prezenta cum s-a derulat acest moment.

Relatare: Cum mi-am vindecat o durere de la inimă

Într-o dimineață, după o noapte agitată, m-am trezit cu o durere profundă în dreptul inimii.

Pentru că mă simțeam atât de afectat de această durere și nu voiam să risc nimic făcând o mișcare nepotrivită, am rămas în poziția în care eram și am început să afirm:

„Sunt în pace, sunt în pace, sunt în pace!"

Am pronunțat timp de 15-20 de minute această mantră, iar apoi am adormit într-un somn lin și plăcut.

După aproximativ 20 de minute, m-am trezit din nou.

Când m-am raportat la inimă, încă mai simțeam ușoare dureri, dar eram mult mai bine decât atunci când m-am trezit prima dată.

Am mai aplicat meditația cu mantra păcii pentru încă aproximativ 12 minute.

Pe măsură ce aplicam mantra păcii, o căldură plăcută se manifesta în zona inimii și apoi în tot pieptul.

Toată ființa a fost cuprinsă de o stare profundă de pace.

Mă simțeam atât de liniștit, încât nimeni și nimic nu mă putea perturba din starea de beatitudine în care ajunsesem.

Nu era întâmplător că atinsesem o asemenea stare!

Mantra păcii aduce în noi o pace profundă întrucât conectează sufletul la univers. Cum universul este în pace, în noi se instalează pacea universului.

Acesta este și motivul pentru care, imediat ce pronunțăm cuvântul „**pace**”, ni se relaxează umerii.

Brațele și umerii sunt în strânsă conexiune cu energia sufletului.

În momentul în care ne relaxăm mușchii brațelor și umerilor, sufletul expansionează, conectându-ne cu puterile infinite ale universului.

În acel moment încetăm să mai luptăm pentru valori care nu contează, iar rezerva de energie economisită este utilizată pentru a construi frumos și peren în viața noastră.

Ținând cont de efectele benefice pe care le generează mantra păcii, vă recomand să o pronunțați cât mai des, în special atunci când vă doriți să accedeți la cele mai înalte forme de manifestare ale conștiinței.

Am prezentat 5 dintre cele mai importante și reprezentative mantre.

Mantrele pot căpăta forme și exprimări infinite. Este important să pronunțați mantre indiferent de forma și felul în care simțiți să le exprimați.

Pentru a le da o putere cât mai mare mantrelor, atunci când aveți toate condițiile să le emiteți, vă recomand să aplicați următoarea procedură!

6. Procedura de emitere a unei mantre

9. Aerisiți încăperea. Dați cu tămâie sau aplicați alte forme de purificare și energizare a aerului;

10. Aplicați procedura de manifestare a intenției;

11. Puneți spre audiție o melodie profund liniștitoare, de înaltă vibrație energetică;

12. Acoperiți ochii cu o eșarfă sau o pereche de ochelari de somn, cu scopul de a întrerupe conexiunea aparatului vizual cu mediul înconjurător.
În acest timp căutați să „priviți" în interiorul ființei voastre, acolo unde sălășluiește sufletul;

13. Vă așezați comod pe scaun și aplicați postura smereniei;
Vă concentrați timp de 2-3 secunde la mantra pe care urmează să o emiteți;
De exemplu de data aceasta vom pronunța mantra: „**Sunt în pace!**"

14. Emiteți în gând sau cu voce tare mantra: **„Sunt în pace"** pronunțând rar și apăsat fiecare cuvânt în parte;
Timp de execuție 3-4 secunde.

15. Vă concentrați la mantra pe care ați emis-o;
Timp de execuție 3-4 secunde.

16. Reluați procedura pornind de la punctul 5;

17. Mulțumiți lui Dumnezeu pentru darurile venite prin intermediul mantrelor!

Observații și recomandări:

- Recomand să emiteți mantrele în gând pentru că, de regulă, gândul are o componentă emoțională mai pronunțată.
  Emoția (emisa de la nivelul inimii) este mult mai eficientă decât gândul, (emis de la nivelul creierului), în transformarea câmpurilor cuantice ale universului.

- Puteți emite mantre în orice postură ați fi și în orice activitate ați fi angrenați.
  Vă recomand să emiteți mantre și în poziția stând culcat cu fața în sus sau în timp ce practicați dans energetic.

Toate aceste ipostaze vă stimulează să imprimați mantrelor o mare putere de vindecare și vitalizare.

- Puteți emite mantra atât în timp ce ascultați o melodie, dar și în condiții de liniște totală.
- Este important ca atunci când emiteți mantre să fiți cât mai bine echilibrați și armonioși! În acest scop vă recomand ca în timp ce emiteți mantre să adoptați postura smereniei.
  Postura smereniei armonizează energiile din ambele părți ale corpului și le concentrează în dreptul inimii, locul în care sălășluiește sufletul.
- Este posibil să treceți prin situații în care, din cauza zgomotului mental, să nu vă puteți concentra la mantre.
  Pentru că este important să faceți meditația cu mantre, vă recomand ca în astfel de situații să le pronunțați cu voce cât mai tare pentru a acoperi influența gândurilor marcate de suferință!

7. Terapii holistice cu mantre

Mantrele sunt cuvinte sau sunete care stimulează transformarea benefică a unui anumit spectru de energii.

Atunci când ne aflăm în suferință, spectrul de energii negative poate fi atât de mare încât nu poate fi cuprins prin acțiunea unei singure mantre.

Pentru a purifica un spectru amplu de energii, recomand ca în programele de terapie să includeți cât mai multe tipuri de mantre.

Din proprie experiență, pot să afirm faptul că atunci când în programele de terapie emitem în mod consecutiv toate cele 5 mantre, obținem cele mai bune rezultate.

În cele ce urmează vă prezint procedura de aplicare a terapiei holistice cu cele 5 mantre:

- **mantra acceptării**
- **mantra iertării**
- **mantra iubirii**
- **mantra mulțumirii**
- **mantra păcii**

Procedura de aplicare a terapiei holistice cu mantre

18. Aerisiți încăperea. Dați cu tămâie sau aplicați alte forme de purificare și energizare a aerului;

19. Aplicați procedura de manifestare a intenției;

20. Puneți spre audiție o melodie profund liniștitoare, de înaltă vibrație energetică;

21. Acoperiți ochii cu o eșarfă sau o pereche de ochelari de somn, cu scopul de a întrerupe conexiunea aparatului vizual cu mediul înconjurător;
În acest timp căutați să „priviți" în interiorul ființei voastre, acolo unde sălășluiește sufletul;

22. Vă așezați comod pe scaun și aplicați postura smereniei;
Vă concentrați timp de 2-3 secunde la o anumită persoană sau la o anumită entitate energetică și emiteți asupra acesteia sentimentul de acceptare, apoi emiteți următoarele mantre:

„Accept!" „Te accept!" „Te accept....!"

În locul punctelor veți pronunța nume, denumiri de organe, obiecte sau fenomene.

23. Vă concentrați timp de 2-3 secunde la aceeași persoană sau entitate energetică și emiteți asupra acesteia sentimentul de iertare, apoi emiteți următoarele mantre:

„Iert!" „Te iert!" „Te iert ...!"

În locul punctelor veți pronunța nume, denumiri de organe, obiecte sau fenomene.

24. Vă concentrați timp de 2-3 secunde la aceeași persoană sau entitate energetică și transmiteți asupra acesteia sentimente de iubire, apoi emiteți următoarele mantre:

„Te iubesc!", „Mă iubesc!", „Te iubesc...."

În locul punctelor veți pronunța nume, denumiri de organe, obiecte sau fenomene.

25. Vă concentrați timp de 2-3 secunde la aceeași persoană sau entitate energetică și emiteți asupra acesteia sentimente de mulțumire, apoi emiteți următoarele mantre:

„Mulțumesc”, „Îți mulțumesc!” „Îți mulțumesc .....!”

În locul punctelor veți pronunța nume, denumiri de organe, obiecte sau fenomene.

26. Vă concentrați timp de 2-3 secunde la aceeași persoană sau entitate energetică și emiteți asupra acesteia sentimente de pace, apoi emiteți următoarele mantre:

„Pace!” „Pace ție!” „Suntem în pace!”

27. În funcție de necesități, reluați procedura pornind de la punctul 5.
Vă veți opri din terapie atunci când simțiți că v-ați relaxat pe deplin în relația cu persoana sau entitatea energetică în raport cu care ați emis mantrele.
Mulțumiți lui Dumnezeu pentru darul primit prin meditația rostirii mantrelor!

Recomandare:

- În timpul programelor de terapie, emiteți mantrele în ordinea crescătoare a frecvenței de vibrație a lor, așa cum sunt prezentate mai sus, cu scopul de a purifica întâi energiile grosiere.

8. Antrenamentul integrativ cu mantre

8.1. Efectul mantrelor în timpul antrenamentelor

Dragi cititori, este o mare bucurie pentru mine că pot să vă prezint un antrenament atât de simplu care poate fi aplicat în orice moment al vieții, în orice situație ne-am afla.

De cele mai multe ori pronunțăm mantre din instinct de conservare sau din obișnuință, cu gândul de a atinge un anumit scop, fără să conștientizăm că emitem un program de stimulare al unui anumit parcurs.

Acum, după ce am realizat cât sunt de puternice, putem emite mantrele în mod programat spre scopuri care să ne ajute să generăm în noi și în universul nostru creații cât mai frumoase și împlinitoare.

Efectul benefic al mantrei este generat de faptul că în momentul în care este emisă, aceasta acționează în mod simultan atât în corp cât și în câmpurile cuantice ale universului.

Acțiunea mantrei la nivelul corpului se materializează prin restructurarea materiei din noi, stimulându-ne astfel starea de receptivitate față de valorile la care aspirăm.

Acțiunea mantrei în univers se materializează prin restructurarea câmpurilor de conștiință conform cu intențiile noastre, netezindu-ne astfel drumul către un parcurs mai bun.

Efectul mantrei poate să crească în mod spectaculos atunci când aceasta este emisă în timpul unei proceduri de terapie și antrenament.
Este posibil acest proces datorită faptului că, în timpul unei proceduri de terapie și antrenament, în mod firesc, generăm energii benefice.

În momentul în care emitem mantra, aceasta se suprapune peste energiile benefice generate de terapii și antrenamente.
În acest caz, efectul mantrei se materializează prin două fenomene esențiale și anume:

- mantra se suprapune pe energia pe care o emitem, o polarizează și o amplifică;
- mantra ne concentrează atenția la scopul pentru care lucrăm.

În cele ce urmează voi descrie cele două fenomene.

a. Mantra se suprapune pe energia pe care o emitem, o polarizează și o amplifică

De obicei, antrenamentele și terapiile generează câmpuri de energie.
Atunci când emiteți mantre pe direcția câmpurilor de energie generate de antrenamente și terapii, acestea concentrează fluxurile de putere spre un țel sigur și precis, așa cum o lupă concentrează lumina într-un singur punct.

b. Mantra ne concentrează atenția la scopul pentru care lucrăm

Conform cercetărilor, mintea umană este accesată zilnic de 90000 de gânduri. Orice gând ne poate distrage de la scopul pentru care acționăm.
Emisia mantrelor în timpul antrenamentelor (terapiilor) ne focalizează gândurile spre efectul pe care dorim să îl generăm, tăind în același timp, accesul la gândurile parazite.

Luând în calcul cele două fenomene pe care le-am descris mai sus, consider că **mantra amplifică valoarea tuturor procedurilor de terapie și antrenament.**
Acesta este motivul pentru care, în momentul în care emitem o anumită mantră, în timpul unei proceduri de terapie și antrenament, dintr-o dată, în noi se declanșează fenomene de relaxare cum ar fi căscatul și lăcrimatul.

Toate aceste argumente mă încredințează să vă recomand să asociați mantrele câtor mai multe forme de terapie și antrenament și, în special, în acele antrenamente în care mintea este redusă la tăcere.

Printre cele mai importante proceduri de antrenament în care puteți emite mantre se află: dansul energetic, salutul soarelui, terapia prin metanie, antrenamentul cu amplificatorul de putere, respirația integrativă, postura abandonului total, recalibrarea corpului, terapia cu semnul crucii, alergarea integrativă, dușul integrativ, terapia pielii cu ceaiuri concentrate, restructurarea apei, etc.

În cele ce urmează vă prezint procedura de integrare a mantrelor în antrenamente și terapii.

8.2. Procedura de integrare a mantrelor în terapii

1. Faceți pregătirile specifice pentru procedura de terapie;
2. Vă concentrați asupra unei intenții. Stabiliți mantra pe care urmează să o emiteți în timpul terapiei;
3. Începeți meditația cu mantre;
4. În momentul în care vă relaxați în terapie, vă pregătiți pentru a emite mantra.
   Vă orientați asupra obiectivului mantrei, îl vizualizați în fața dumneavoastră ca și cum ați dori să-i vorbiți de la cea mai potrivită distanță.
   Îl priviți cu cel de-al treilea ochi și îi adresați mantra;
5. Căutați să emiteți mantra pe toată perioada terapiei.
   La finalul terapiei veți emite cuvinte de mulțumire față de tot ce este benefic în viața dumneavoastră!

Vă recomand cu bucurie să aplicați mantrele în timpul terapiilor, întrucât efectul acestora este de mare impact în toate aspectele vieții!

Vă susțin cu drag!

Meditația a XVII-a

MEDITAȚIA IERTĂRII

Îmi place să mă fac util indiferent de împrejurarea în care sunt.
Așa am ajuns să mă fac util în urma căreia am creat atașament.
Pentru că a fost necesar să mă eliberez de atașament am căutat o soluție de ieșire din impas. Ca urmare a demersului meu am generat o meditație de mare efect benefic.

Relatare: Cum am readus liniștea în sufletul unei ființe dragi

La un moment dat am intrat în contact cu o persoană de mare sensibilitate sufletească. Are un suflet frumos, curat și își caută calea spre împlinirea misiunii pe acest pământ.

Realizând că are nevoie de susținere, am început să o alimentez cu cât mai multe resurse de cunoaștere.
Fiind conștiincioasă și dăruită în căutarea sa, într-un timp scurt s-a transformat foarte frumos devenind astfel o ființă de mare probitate sufletească.

La un moment dat, fiind atât de dăruită programelor pe care i le-am recomandat, această persoană a început să fie atașată de mine.
Își dorea să îi acord din ce în ce mai multă atenție.

Dacă îi acordam o atenție specială riscam să creez o dependență.
Ca mentori nu aveam dreptul să creăm dependență.
Noi, ca oameni, suntem ființe efemere pe acest pământ și nu avem dreptul să ne asumăm puteri nelimitate.

Nu avem voie să ne erijăm în a fi providențiali pentru nimeni pe acest pământ!

Fiind conștient de acest aspect, i-am explicat persoanei respective că nu ne este benefic să îi ofer mai multă atenție decât i-am oferit până în acel moment.

Imediat ce a primit această explicație, ea a devenit agitată ca și cum ar fi intrat în panică.
Se simțea devalorizată și părăsită.
Realizând că suferă, am început să-i scriu cu blândețe, sperând să se liniștească.
Spre marea mea surpriză, pe măsură ce îmi argumentam decizia, devenea din ce în ce mai agitată.

Când am realizat că nu este bine să mai merg în această direcție, am încetat să îi mai scriu, m-am așezat pe scaun, am pus mâinile la tâmple ca și cum aș fi făcut o mare greșeală.
Am început să cer iertare acelei ființe minunate.

Surprinzător, imediat ce am început să îi cer iertare, având palmele pe chip, cu degetele așezate pe scobitura tâmplelor, lacrimile au început să curgă șiroaie pe obraz, semn că m-am relaxat instantaneu.

Fiind încurajat de această stare, am continuat să rămân în meditație o perioadă de timp mai lungă.
Astfel am făcut terapia iertării cu această ființă afectată de decizia mea de a o trata cu iubire detașată.

De la un moment dat am ieșit din meditație.
Ca să mă asigur că meditația iertării a avut efect, i-am scris un mesaj și am întrebat-o cum se simte.
Spre marea mea bucurie, mi-a spus că se simte bine și că totul este în regulă.

Acest răspuns m-a relaxat și mai mult.
Mâinile îmi erau relaxate, ușoare.
Sufletul îmi era împlinit și împăcat.

Pentru că am sesizat un efect atât de bun prin aplicarea palmelor în dreptul tâmplelor, am considerat că este bine să procedurez această meditație și să îi dau valoare în așa fel încât un număr cât mai mare de oameni să o poată aplica.

Această meditație poate fi aplicată preventiv, în situația în care ne dorim să ne deschidem drum spre anumite realizări de mare cuprindere personală și socială, atunci când avem un conflict cu o anumită persoană, sau atunci când, prin acțiunile noastre, am afectat pe cineva.

Este important să fim cât mai relaxați în timpul meditației. În acest scop vom adopta o postură care nu solicită prea mult sistemului muscular.
Atunci când mușchii sunt contractați, ne distrag atenția de la scopul meditației.

Cea mai potrivită postură care nu solicită prea mult aportul sistemului muscular este poziția culcat pe spate, cu fața în sus.
Atunci când împrejurările nu ne permit să medităm stând culcat pe spate cu fața în sus, vom medita stând pe scaun cu spatele drept, sprijinit de spătar.

Dacă ne așezăm pe pat cu fața în sus, ținem brațele pe piept, lipim palmele de obraz în așa fel încât degetele să atingă scobitura tâmplei.
Este bine ca înainte de meditație să încălzim brațele și palmele cu scopul de a facilita transferul energetic între suflet și spirit.
În acest scop, înainte de a aplica mâinile pe față, veți bate tare din palme, veți contorsiona ușor degetele, veți întinde brațele și întregul corp, ca și cum abia v-ați trezit din somn.

Este important ca spațiul în care facem meditația să fie bine aerisit și ionizat! În acest scop vă recomand ca înainte de a începe meditația să dați cu tămâie sau cu alte produse care emană uleiuri volatile ionizante pentru aer.

Este important să parcurgeți cât mai fidel toate etapele de practică a meditației!
Înainte de a începe să practicați această meditație, puteți să recitiți *terapia sufletului* cu scopul de a o aplica într-o formă cât mai completă și creativă.

Pornind de la recomandările făcute în cadrul acestei secțiuni, vă propun să parcurgeți următoarea procedură pentru meditația iertării:

Meditația iertării - procedură

1. Aerisiți camera, aplicați proceduri de purificare și ionizare a aerului;
2. Purificați palmele prin spălare abundentă cu apă și săpun;
3. Frecați palmele cu mare viteză până ce simțiți că acestea se încălzesc.
   Bateți din palme cu putere.
   Întrepătrundeți degetele și le contorsionați în toate direcțiile până ce încălziți bine palmele și degetele.
   Vă întindeți bine brațele și întregul corp ca și cum abia v-ați trezit din somn;

4. Vă așezați pe pat, culcat pe spate cu fața în sus și mâinile relaxate pe lângă corp.

Închideți ochii, vă interiorizați și vă concentrați la scopul meditației;

5. Puneți palmele pe față cu degetele pe scobitura tâmplelor;

Pentru a fi cât mai relaxați, sprijiniți brațele pe piept.

Dacă vă este mai ușor, ca sprijin, sub brațe veți aplica plapuma, prosoape sau perne;

6 Vă concentrați la persoana față de care urmează să aplicați meditația iertării.

Veți aplica rând pe rând toate etapele de terapie a iertării, conform metodei prezentate în cartea *Puterea Cunoașterii.*

Timp de execuție: 20-30 min.

7. Mulțumiți lui Dumnezeu și întregului univers pentru darul acestei meditații!

Meditația a XVIII-a

MEDITAȚIA CU GLOBUL DE LUMINĂ

1. Caracteristicile energetice ale palmelor

În urmă cu peste 100 de ani, marele savant Albert Einstein a făcut celebra afirmație: *„Totul este energie”.*

Practic, prin această afirmație Albert Einstein asimila toată materia din Univers cu o energie continuă care se activează sub diferite forme, în funcție de frecvența de vibrație.

De-a lungul timpului, un număr din ce în ce mai mare de savanți au ajuns la concluzia că tot ce există în Univers este reprezentat de energie, iar materia reprezintă o cantitate infimă din Univers.

Așadar, conform acestei teorii, tot ce este în noi și în jurul nostru este, de fapt, o energie solidificată (în corpurile solide) sau o energie fluidizată (în cazul lichidelor și gazelor).

În acest cadru, omul este o ființă vie, cu un bagaj energetic și informațional de mare anvergură dimensională.

La nivelul corpului avem 2 poli energetici importanți, fiind determinați de energiile cerurilor și pământului. Acești poli energetici determină o diferență de potențial care atinge valoarea maximă la nivelul celor două palme (palma stângă și palma dreaptă).

Palma stângă manifestă polaritate de semn negativ, întrucât partea stângă a corpului este conectată în mod preponderent la energia pământului, iar palma dreaptă manifestă energie de semn pozitiv, întrucât partea dreaptă a corpului este conectată în mod preponderent la energia cerului.

Conform conceptelor promovate de medicina energetică orientală, energiile pământului se colectează în mâna stângă și piciorul stâng, se propagă prin corp din aproape în aproape, spre partea superioară a corpului fiind eliberată în univers, la nivelul capului prin dreptul emisferei cerebrale stângi.

De asemenea, conform acelorași concepte, energiile cerului sunt captate la nivelul emisferei cerebrale drepte, energii care sunt antrenate din aproape în aproape, pe partea dreaptă a corpului, pentru ca în final aceasta să se elibereze prin palma dreaptă și prin piciorul drept.

Ca urmare a acestor fenomene, la oamenii antrenați, diferența de potențial dintre palme este atât de mare încât, atunci când acestea se apropie una de alta au loc descărcări electrice similare cu cele din imaginea de mai jos.

Fig. 8. Descărcările electrice de la nivelul palmelor

Energiile palmelor sunt influențate de forma și dimensiunea brațelor.
Nu întâmplător, oamenii puternici au și brațe puternice. Dacă aceștia nu au brațe puternice, au în familia lor de suflete oameni cu brațe puternice.

La nivelul braţelor şi, în special, la nivelul palmelor se concentrează o mare cantitate de energie pe care, dacă am modela-o prin antrenament asiduu, viaţa noastră ar putea fi transformată în mod miraculos.

Prima dată când am pus în valoare în mod conştient puterea energetică a palmelor a fost în timpul dansului energetic.

Pe măsură ce mă implicam în dansul energetic, la nivelul braţelor percepeam fluxuri energetice de mare intensitate, ce se manifestau prin fenomene de încălzire a palmelor şi chiar înţepături uşoare la nivelul pielii.

Înţepăturile de la nivelul pielii puneau în evidenţă fenomenele de descărcare electrică ce aveau loc între cele două palme sau între cele două palme şi întregul univers.

Atunci când braţele sunt antrenate în mod conştient, pot deveni două generatoare de energie de mare utilitate pentru viaţa omului, datorită globului de lumină ce se amorsează la nivelul palmelor.

Energiile care circulă prin braţe sunt colectate din corp, respectiv de pe meridianele energetice care vin din tălpi şi din cap.

Tot corpul este brăzdat de meridiane energetice. Urmărind circuitul meridianelor, realizăm că acestea trec prin cele mai importante organe, aparate şi sisteme, determinând astfel buna funcţionare a acestora.

În cazul în care în organism apare un blocaj energetic, avem posibilitatea să îl dizolvăm prin amplificarea fluxurilor energetice de la nivelul braţelor.

În acest caz, braţele funcţionează ca două conducte de eliberare a acumulărilor de energie din corp.

În mod practic, atunci când creştem amplitudinea fluxurilor energetice din braţe, palmele şi, în special degetele, devin zone de eliberare în univers a surplusului de energie din diferitele zone ale corpului.

Dansul energetic este o formă de terapie şi antrenament pentru o viată împlinitoare, prezentat în cartea cu acelaşi nume pe care am scris-o ***Dansul Energetic***, care utilizează din plin acest principiu, dovadă este faptul că practicanţii acestei forme de terapie şi antrenament, devin pe zi ce trece mai puternici, mai frumoşi şi mai buni.

Pot fi şi situaţii în care nu avem posibilitatea să aplicăm dansul energetic sau nu suntem suficient de bine conectaţi la Sinele nostru Divin şi nu avem predispoziţia de a dansa.

În această situaţie am fost şi eu într-o zi în care, fiind în curte cu nepoţii, am ajuns să practic meditaţia cu globul de lumină o mai lungă perioadă de timp. Am ales să aplic această procedură întrucât nepoții mei erau foarte agitați și surescitați.

În cele ce urmează voi face o relatare a acestei situații.

Relatare: Bătaia din palme

Într-o dimineață înnorată și apăsătoare am ieșit în curte cu nepoții. Cu toate că eu căutam să le asigur tot ce aveau nevoie, ei erau foarte nemulțumiți încăierându-se cu încrâncenare.

De mai multe ori am căutat să îi opresc din lupta lor pentru putere, dar, cu toate că mă poziționam între ei, nu reușeam să îi protejez de atingerile pe care și le aduceau atât în plan fizic, cât și prin intermediul vorbelor pe care și le adresau reciproc.

De asemenea, nici eu nu eram în cea mai bună formă, fiind iritat de atitudinea lor marcată de competiție pentru viață și de luptă pentru putere.

Având intenția de a le opri pornirile agresive, am început să bat tare din palme.

Spre surprinderea mea, dacă până atunci nu reușeam să îi calmez indiferent ce le-aș fi zis, imediat ce am început să bat din palme, ambii nepoți au început să fie atenți la mine și chiar să bată la rândul lor din palme.

Când am realizat că, dintr-o dată, au devenit atenți la mine, am căutat să îi antrenez și mai mult în programul meu de terapie. Cu toate că nu mă urmau întocmai în ceea ce făceam, s-au calmat și au început să se joace în mod pașnic.

Spre marea mea surpriză, am constatat că bătaia din palme îmi făcea bine și mie. La doar câteva minute de când am început să bat din palme, am simțit în toată ființa mea o stare de răbdare și de calm. De asemenea, în corp am simțit o stare de relaxare profundă.

Realizând că mișcarea brațelor prin bătaia palmelor a activat starea de bine și liniște atât a mea, cât și a celor doi nepoți, am continuat să experimentez diferite forme de apropiere și depărtare a palmelor.

Așadar, după ce am aplicat o repriză de bătaie energică din palme, am început să aplic o bătaie lentă din palme, atingând foarte ușor vârfurile degetelor și podul palmelor, fără să mai generez niciun zgomot.

Pe măsură ce am continuat să bat din palme, am început să casc, iar lacrimile mi-au podidit chipul.

Am continuat să bat din palme în foarte multe moduri pentru ca astfel să înțeleg și să percep care dintre formele de apropiere și depărtare a brațelor este cea mai benefică și mai eficientă.

După aproximativ 20 de minute de aplicat bătaia din palme, nepoții mei deveniseră foarte veseli și se jucau foarte frumos ca și cum ar fi avut la dispoziție toate darurile din univers.

De când am realizat cât de eficientă este bătaia din palme, o aplic în mod sistematic atât preventiv, atunci când simt că am nevoie de mai multă pace în suflet, cât și în scop terapeutic, pentru a evita să intru într-o stare de surescitare și anxietate.

2. Prelucrarea globului de lumină

Palmele sunt zonele cele mai intens polarizate ale corpului. Palma stângă este polarizată negativ, fiind stimulată de energiile pământului, iar palma dreaptă este polarizată pozitiv, fiind stimulată de energiile cerului.

În momentul în care palmele se apropie și se depărtează una de alta, energiile acestora se polarizează și mai mult datorită creșterii fluxurilor de energie de la nivelul brațelor.

Ca urmare a acestui proces, energiile cerului și cele ale pământului circulă cu mai mare viteză și amplitudine în întreaga noastră ființă, generând astfel un circuit suplimentar de transfer energetic atât între cele două palme, cât și între palme și univers.

Fiind atât de intensă diferența de potențial dintre cele două palme, la nivelul acestora se generează un câmp electromagnetic de forma unui glob pământesc. Având în vedere faptul că energiile de transfer dintre cele două palme sunt antrenate de descărcări electrice în gaze, vom numi acest fenomen **„globul de lumină"**.

Pentru a da putere cât mai mare celor două palme aflate în procesul de antrenare a energiilor din corp, vom căuta să le apropiem și să le depărtăm în cât mai multe moduri posibile, întrucât orice formă de apropiere sau depărtare a palmelor va da acces ființei noastre la descărcări de vibrații diferite.
Prin această abordare a procedurilor de antrenament, lărgim foarte mult plaja de manifestare a programului terapeutic.

Având ca obiectiv antrenarea unei plaje foarte mari de energii, atât ca vibrație cât și ca intensitate a curentului electric de descărcare de la nivelul brațelor, vom apropia și depărta palmele în următoarele proceduri:

- apropiem și depărtăm palmele lovindu-le una de alta cu putere;
- apropiem și depărtăm palmele atingându-se una de alta, cu cât mai multă blândețe;
- apropiem și depărtăm palmele fără să le atingem între ele;
- apropiem și depărtăm palmele cu mare viteză;
- apropiem și depărtăm palmele în mod foarte lent.

Toate cele 5 forme de apropiere și depărtare ale palmelor, generează globuri de lumină în două situații diferite și anume:

- **atunci când palmele se ating,** energiile palmelor se descarcă instantaneu, echilibrându-se astfel diferența de potențial dintre cele două emisfere ale corpului deoarece prin depărtarea palmelor, acestea se reîncarcă imediat din câmpul energetic remanent;

- **atunci când palmele doar se apropie una de alta, fără să se atingă**, mâinile rămân încărcate cu sarcina electrică, funcționând pe principiul condensatorului electric.

Luând în calcul cele două procese de vehiculare energetică, vă sugerez să practicați ambele forme de terapie cu globul de lumină, întrucât fiecare fenomen acționează în mod diferit asupra ființei noastre, producând procese de tranziție energetică cu efecte diferite la nivelul întregii ființe.

Este, de asemenea, importantă și poziționarea palmelor atunci când aplicați meditația cu globul de lumină.
De exemplu, când palmele se află în apropierea unui centru energetic sau a unui organ, energiile globului de lumină interferează cu energia centrului energetic sau a organului respectiv, antrenându-l în procese de vindecare și vitalizare.

Ținând cont de toate aceste avantaje pe care le generează globul de lumină realizat prin intermediul programului de apropiere și depărtare a palmelor, vă sugerez să aplicați cât mai des și în cât mai multe conjuncturi procedurile terapeutice cu globul de lumină!

Este de mare importanță și poziția corpului în timp ce aplicăm meditația cu globul de lumină.

Cel mai bine este să aplicăm procedurile cu globul de lumină stând în picioare, întrucât în această postură avem foarte multe opțiuni de a dezvolta energia globului de lumină.

Dat fiind faptul că pot fi situații în care unii dintre semeni se află în suferințe atât de mari încât este necesar să stea în poziția culcat pe spate, cu fața în sus, în poziția șezut pe pat sau în poziția stând pe scaun, vom căuta să adaptăm procedura terapiei cu globul de lumină în orice postură ne-am afla.

Putem adopta aceste posturi în aplicarea terapiei globului de lumină nu doar în momente de suferință. Pot fi situații în care suntem obosiți sau, pur și simplu, ne dorim să fim cât mai relaxați și mai comozi în a aborda această terapie.

În acest caz, în terapie putem adopta orice poziție, urmărind în mod prioritar procedura de apropiere și depărtare a palmelor.

Este important, în acest sens, să ținem cont de libertatea de mișcare a trunchiului în timpul acestei terapii, să eliberăm spațiul din zona de acțiune a brațelor pentru a le putea extinde liber.

Este de asemenea important ca în timpul aplicării terapiei globului de lumină să căutăm să fim cât mai bine interiorizați pentru a vehicula o cantitate cât mai mare de energie benefică.

Putem aborda mai multe cicluri de apropiere a palmelor una de cealaltă. Cea mai simplă variantă de aplicare a terapiei globului de lumină este cea prin care apropiem palmele o singură dată, fie că le atingem, fie că nu le atingem.

În timp am experimentat încă două forme de apropiere a palmelor, și anume:

- apropierea palmelor de două ori consecutiv, prin imitarea bătăilor inimii;
- apropierea palmelor de trei ori consecutiv pentru a imita simbolul numerologic al Trinității.

Fiecare dintre cele trei forme de apropiere a palmelor (prin o bătaie, prin două bătăi și prin trei bătăi consecutive), stimulează vehicularea unor energii diferite.

Datorită acestui fenomen, recomand ca pe măsură ce vă obișnuiți să aplicați această terapie, să experimentați în mod consecutiv toate cele trei forme de prelucrare a globului de lumină.

În cele ce urmează voi prezenta metoda completă de aplicare a terapiei globului de lumină.

Pentru început vă sugerez să aplicați meditația până la punctul 7, iar pe măsură ce prindeți dexteritate, să o aplicați utilizând și bătăile multiple.

Vă susțin cu drag în meditația cu globul de lumină!

3. Procedura de aplicare a terapiei cu globul de lumină

1. Aerisiți camera și aplicați proceduri de purificare, ozonificare a spațiului de locuit prin proceduri de fumigații (puteți tămâia) sau aromaterapie;
2. Vă așezați într-o poziție cât mai confortabilă. Așadar, veți alege să fiți într-una dintre pozițiile: în picioare, culcat pe spate cu fața în sus, stând pe scaun, pe pat cu spatele la tăblia patului sau la marginea patului cu picioarele sprijinite pe pardoseală;
3. Frecați în mod energic palmele una de alta, până când acestea se încălzesc. Împreunați palmele prin întrepătrunderea degetelor. Contorsionați degetele cu scopul de a încălzi cât mai bine încheieturile palmelor;
4. Bateți energic din palme pentru a amorsa cu cât mai mare amplitudine fluxurile energetice de la nivelul brațelor. Timp de execuție 1 minut;
5. Relaxați brațele și palmele. Apropiați și depărtați palmele prin mișcări lente, cu blândețe și calm, până ce atingeți vârfurile degetelor și podul palmelor.
   Puteți realiza această mișcare și fără să atingeți palmele.
   În terapie totul se desfășoară așa cum ne simțim mai bine!
   Timp de execuție 5 minute;
6. Apropiați și depărtați palmele prin mișcări lente, cu blândețe și calm, fără să atingeți palmele una de alta; Timp de execuție 5 minute.
7. Reluați punctul 5, dar de data aceasta aplicați două bătăi din palme consecutive, încercând ca prin apropierea și depărtarea palmelor să reproduceți bătăile inimii; Timp de execuție 5 minute.
8. Reluați punctul 5 urmărind ca la fiecare apropiere a palmelor să aplicați trei atingeri consecutive; Timp de execuție 5 minute.
9. Mulțumiți lui Dumnezeu pentru toate darurile primite prin intermediul globului de lumină!

4. Terapii cu globul de lumină din poziția culcat

4.1. Cum utilizați terapiile cu globul de lumină atunci când sunteți în poziția culcat?

Globul de lumină este un câmp cuantic în cadrul căruia sunt dinamizate energiile generate la nivelul palmelor.

Pentru a înțelege mai bine principiul după care funcționează globul de lumină, vă rog să vă gândiți la o apă de munte curgătoare, în comparație cu o apă dintr-o baltă.

Apa curgătoare de munte, de obicei, este limpede și curată, pe când apa stătută aflată într-o baltă este plină de bacterii și alte tipuri de microorganisme.

Se întâmplă acest fenomen întrucât apa de munte este intens energizată în procesul de curgere rapidă printre pietre, pe când apa aflată în baltă este stătută, lipsită de viață sănătoasă, ca urmare a faptului că nu este supusă procesului natural de barbotare cu aerul încărcat cu oxigen.

Făcând o analogie cu cele două forme de existență ale apei pe care le-am descris mai sus, ne putem imagina o ființă ale cărei energii sunt dinamizate cu ajutorul globului de lumină și o altă ființă ale cărei energii sunt stătute.

Atunci când globul de lumină generat la nivelul palmelor întretaie câmpul energetic al corpului, se produce un proces de dinamizare și amplificare al tuturor energiilor de la nivelul întregii ființe.

Ca urmare a acestui program, sunt generate procese de vindecare și vitalizare în toate aspectele vieții, pornind de la situații în care o persoană s-ar afla în suferințele cele mai grele și până la situații în care aceasta și-ar dori să atingă vibrații generatoare de miracole.

Având în vedere faptul că pentru postura stând în picioare putem dezvolta un număr foarte mare de terapii, inclusiv meditația cu globul de lumină prezentată în prima parte a acestei lucrări, în cele ce urmează ne vom focaliza să dezvoltăm terapii pentru poziția culcat, cu fața în sus.

Meditația cu globul de lumină din poziția culcat poate fi utilizată în una dintre cele trei variante:

- pentru cazul în care ați ajuns în suferință și ați rămas țintuiți la pat;

- în situația în care sunteți obosiți și vă doriți să vă implicați într-un program de refacere activă;
- înainte de începerea unei perioade de somn sau imediat după ce v-ați trezit.

În fiecare dintre aceste ipostaze, aplicarea terapiilor cu globul de lumină poate genera fenomene de dinamizare energetică, iar pe acest fond se pot manifesta programe intense de vindecare și vitalizare.

Sunt trei forme de manifestare ale terapiei cu globul de lumină în poziția culcat și anume:

- meditația cu globul de lumină în poziția culcat cu fața în sus;
- pătura de lumină;
- câmpul de lumină.

În cele ce urmează voi descrie în mod succint fiecare dintre aceste forme de terapie.

4.2. Meditația cu globul de lumină din poziția culcat cu fața în sus

În prima parte a acestei lucrări m-am referit la meditația cu globul de lumină în poziția în picioare. Aceasta poate fi aplicată atât fiind în poziția în picioare, stând pe scaun și chiar în poziția culcat pe spate cu fața în sus.

Meditația cu globul de lumină în poziția stând pe scaun - poate fi aplicată în condiții similare cu cele prezentate în poziția în picioare. Vă recomand să vă asigurați că aveți în fața dumneavoastră un spațiu de manevră suficient de mare, care să vă asigure libertate maximă de mișcare.

Meditația cu globul de lumină în poziția din culcat - poate fi aplicată, așa cum am mai afirmat, atunci când suntem în situația de a ne fi implicat în activități (fortuite, sau nu) în care suntem în pat cu fața în sus.

Această terapie poate fi executată conform procedurii prezentate în cadrul secțiunii terapiei cu globul de lumină (cu două pagini anterioare).

4.3. Meditația cu pătura de lumină

În perioada în care ne deplasăm, energiile câmpurilor noastre subtile sunt dinamizate ca urmare a mișcărilor pe care le facem.
Atunci când suntem în pat, energiile au tendința de a stagna din cauza faptului că nu ne mai deplasăm, iar corpul rămâne în nemișcare.

Pentru a compensa lipsa de mișcare, putem genera un câmp de energie care să ne protejeze ființa pentru o mai lungă perioadă de timp.
De asemenea, aplicarea unei proceduri terapeutice în perioada în care sunteți în poziția culcat prezintă avantajul că sunteți prezenți în viață și că vă asigurați un program de acțiune benefic asupra voastră.

Pornind de la aceste argumente, atunci când sunteți în pat, vă recomand să vă aplicați meditația cu pătura de lumină!
„Pătura de lumină" reprezintă un câmp energetic de natură cuantică generat prin acțiunea brațelor deasupra corpului.

În cele ce urmează vă prezint procedura de terapie cu pătura de lumină.

Procedura de aplicare a terapiei cu pătura de lumină

1. Aerisiți camera și aplicați proceduri de purificare, ozonificare a spațiului de locuit prin proceduri de fumigații (puteți tămâia) sau aromaterapie;
2. Vă așezați în poziția culcat cu fața în sus. Puteți să aplicați această procedură și atunci când sunteți în poziția pe scaun sau chiar în poziția în picioare;
3. Frecați în mod energic palmele una de alta, până când acestea se încălzesc. Împreunați palmele prin întrepătrunderea degetelor. Contorsionați degetele cu scopul de a încălzi cât mai bine încheieturile palmelor;
4. Bateți energic din palme pentru a amorsa cu cât mai mare amplitudine fluxurile energetice de la nivelul brațelor; Timp de execuție: 1 minut.
5. Relaxați brațele și palmele. Apropiați și depărtați palmele prin mișcări lente, cu blândețe și calm, până ce atingeți vârfurile degetelor și podul palmelor, cu scopul de a amorsa și extinde cât mai bine globul de lumină;

Timp de execuție: 5 minute.

6. Întindeți brațele cât mai mult deasupra capului. Apropiați și depărtați palmele pentru a amplifica și mai mult globul de lumină;
Timp de execuție: 1 minut.

7. Deplasați lent, lent, palmele deasupra corpului, trecând prin dreptul capului, toracelui, cavității abdominale, a zonei pelvisului și cât mai mult în direcția picioarelor. Reluați aceeași mișcare, dar în direcție inversă, pornind de la partea inferioară a corpului și până la punctul maxim de deasupra capului.
Pe toată perioada terapiei veți orienta palmele spre corp;
Timp de execuție: 10 minute.

8. Mulțumiți lui Dumnezeu pentru toate darurile primite prin intermediul globului de lumină!

4.4. Meditația cu ajutorul câmpului de lumină

Așa cum am mai afirmat, la nivelul palmelor se află polii energetici ai corpului.
În momentul în care palmele sunt apropiate una de alta, între acestea se amorsează un câmp de lumină.

Același câmp de lumină se poate amorsa și în situația în care apropiem palmele de corp.

Pot fi situații când avem dureri în anumite zone ale corpului sau, de asemenea, putem să ne dorim să ne energizăm o anumită zonă a corpului pentru a-i crește potențialul de creație.

În astfel de situații putem utiliza meditația cu ajutorul câmpului de lumină, prin apropierea și depărtarea palmei de zona respectivă.

Sunt mai multe opțiuni de aplicare a câmpului de lumină. Cele mai importante sunt:

- Palma poate fi aplicată la nivelul corpului sau doar apropiată de corp;
- Putem apropia de corp toată palma, doar degetele sau chiar trei degete împreunate în semnul sfintei treimi;
- Putem aplica meditația cu mâna stângă sau cu mâna dreaptă, în funcție de zona corpului în care dorim să acționăm.

Recomand ca, atunci când o mână acționează asupra unei anumite zone de pe corp, cealaltă mână să o aplicați pe ombilic, pe inimă sau pe centrul frunții, deasupra zonei în care se află al treilea ochi!

Toate aceste opțiuni pot fi aplicate în funcție de starea sufletească sau în funcție de nevoia pe care o simțim în organism.

Procedura de aplicare a terapiei cu ajutorul câmpului de lumină

1. Aerisiți camera și aplicați proceduri de purificare, ozonificare a spațiului de locuit prin proceduri de fumigații (puteți tămâia) sau aromaterapie;
2. Vă așezați într-o poziție culcat cu fața în sus. Puteți, de asemenea, să aplicați această procedură și atunci când sunteți în poziția pe scaun sau chiar în poziția în picioare;
3. Frecați în mod energic palmele una de alta, până când acestea se încălzesc. Împreunați palmele prin întrepătrunderea degetelor. Contorsionați degetele cu scopul de a încălzi cât mai bine încheieturile palmelor;
4. Bateți energic din palme pentru a amorsa cu cât mai mare amplitudine fluxurile energetice de la nivelul brațelor; Timp de execuție: 1 minut.
5. Plasați o palmă pe ombilic, la nivelul inimii sau pe frunte, iar pe cealaltă o aplicați la aproximativ 20 de cm deasupra zonei care urmează să fie supusă procesului terapeutic;
6. Cu mișcări lente, apropiați și depărtați palma de zona de interes pentru a fi energizată; Timp de execuție: 12 minute.
7. Dacă aveți de energizat și alte zone ale corpului, veți proceda după același model prezentat la punctul precedent!
8. Mulțumiți lui Dumnezeu pentru toate darurile primite prin intermediul globului de lumină!

Pentru a nu ține brațul tensionat și pentru a ușura programul de aplicare a palmei deasupra zonei de interes, vă recomand să așezați cotul pe pat.

Dacă atunci când așezați cotul pe pat nu ajungeți în condiții normale la locul de interes, veți așeza sub cot un prosop, o pernă sau un alt obiect care să vă poată asigura înălțarea mâinii la un nivel care să vă asigure menținerea brațului relaxat în timpul terapiei, ținându-l cât mai relaxat deasupra zonei de interes.

Dragi cititori, am prezentat cu bucurie meditația cu globul de lumină.
Vă urez să o aplicați cu eficiență și drag!
Să vă fie de folos!

Meditația a XIX-a

MEDITAȚIA CU SOAREthe

„Soarele este cel care aduce viața." – Ramses al II-lea

La un moment dat am participat la un curs de dezvoltare umană.

În pauza cursului, pentru a ne relaxa, trainerul ne-a propus să ieșim afară și să facem o meditație în fața soarelui.

Am privit cu oarecare neîncredere această formă de abordare a antrenamentului dar, pentru că toți se bucurau de această acțiune inedită, m-am supus și eu acestei propuneri.

Dacă într-o primă fază, fiind marcat de neîncredere, nu simțeam nimic deosebit, după aproximativ 10 minute petrecute cu fruntea orientată spre soare am simțit că în ființa mea se așterne o profundă stare de liniște și pace.

M-am lăsat condus de această stare, trăind bucuria de a mă conecta cu soarele.

Fiind marcat de această formă de raportare la soare, de multe ori practic această formă de meditație.

Nu sunt singurul care practică o asemenea meditație.

Marele fotbalist Ronaldo, în fiecare zi, petrece jumătate de oră într-o astfel de meditație.

Nu este întâmplător faptul că acest mare sportiv a ajuns să fie unul dintre cei mai prolifici fotbaliști ai tuturor timpurilor!

Meditația cu soarele îi dă puterea de a se conecta la resursele infinite ale soarelui, dezvoltându-și astfel intuiția.

L-am urmărit mult timp pe Ronaldo și am sesizat că acest mare fotbalist intuiește din timp parcursul mingii, reușind astfel să marcheze foarte multe goluri, unele chiar din poziții surprinzătoare.

Pentru că meditația cu soarele este atât de valoroasă, vă îndemn să o experimentați, iar apoi să o practicați ori de câte ori vreți să aduceți în dumneavoastră bucuria de a trăi în lumina soarelui pe Pământ.

În cele ce urmează voi prezenta procedura de aplicare a ***Meditației cu soarele***.

Procedura de aplicare a Meditației cu soarele

1. Identificați un loc în care să puteți fi expus cât mai bine la soare;
2. Vă așezați pe scaun cu fața la soare;
3. Aplicați palmele pe genunchi și căutați să fiți cât mai relaxați pe scaun;
4. Vă concentrați la glanda pituitară și apoi la inimă;
5. Uniți inima cu glanda pituitară printr-o punte de lumină;
6. Conectați apoi glanda pituitară și inima cu cel de-al treilea ochi;
7. Între cel de-al treilea ochi și soare se generează o punte de lumină. Cel de-al treilea ochi se conectează cu soarele prin această punte de lumină.
   Din când în când mișcați ușor capul pentru a reamorsa puntea de lumină. Petreceți în această stare între 20 și 30 de minute, în funcție de cum vă simțiți;
8. Mulțumiți soarelui pentru toată energia pe care ați primit-o!
   Mulțumiți lui Dumnezeu pentru darul pe care îl primiți prin toate experiențele petrecute pe acest pământ!

Aceasta este ***meditația cu soarele***.

Meditația cu soarele poate fi practicată și din poziția în picioare și chiar din poziția culcat cu fața în sus.

Meditația cu soarele poate fi combinată cu ***meditația cu fluide incandescente, cu meditația cu nuanțe de culori,*** sau cu alte tipuri de meditație care pot include conexiunea cu soarele.

Vă susțin cu drag pe acest drum!

Meditația a XX-a

MEDITAȚIA DE ÎNTREGIRE A SUFLETULUI

„Cea mai prețioasă călătorie este aceea către sufletul nostru."

– Mircea Eliade

1. Cum funcționează sufletul?

La un moment dat am perceput o cădere energetică în toată ființa.

M-am antrenat cu mare dăruire, în mai multe rânduri, dar cu toate acestea antrenamentul nu avea efect.

Mă simțeam mereu obosit, ca și cum aveam sufletul afectat.

Chiar în acea perioadă am cunoscut un medium care făcea terapie pentru suflet. Pentru că voiam un ajutor suplimentar în demersul meu de a fi mai bine, am mers la acel medium.

După ce mi-a făcut o primire caldă, între mine și medium a avut loc următorul dialog:

- Ioan, sufletul tău este împărțit în foarte multe locuri în acest univers.
- Ce înseamnă să am sufletul împărțit?
- Noi, oamenii, interacționăm cu energii de tot felul. Unele dintre aceste energii intră în coliziune cu sufletul nostru, disociindu-l. Ca urmare, părți din sufletul nostru se pierd în univers.
  De asemenea, sunt situații în care de sufletul nostru se alipesc energii reziduale.
  Toate aceste fenomene ne scad puterile și ne aduc în suferință.
- Ce pot să fac pentru a-mi recupera puterile?
- Este necesar să faci meditații de recuperare a sufletului!

Fiind interesat să-mi recapăt cât mai repede puterile, l-am rugat pe acel medium să îmi aplice o meditație de întregire a sufletului.

Spre marea mea surpriză, după ce mi s-a aplicat această meditație, m-am simțit mult mai bine, atât imediat după terapie, dar în special în zilele care au urmat.

Am simțit că am sufletul întregit.
Această stare m-a făcut să mă simt mai puternic. Această stare mi-a dat puterea să generez cu mai mare acuratețe programele mele de viață.

În timp, am practicat de nenumărate ori meditația de întregire a sufletului și de fiecare dată percep efecte benefice.
Această stare mă face să mă simt mai bine conectat pe scopul pentru care am venit pe acest pământ.

Acum vine întrebarea: cum realizăm că avem nevoie de un program de recuperare a sufletului?

Orice interacțiune cu persoanele marcate de anumite suferințe atrage asupra noastră energii care pot produce dizarmonii sau chiar suferințe.
Se întâmplă acest fenomen întrucât în univers funcționează principiul rezonanței.

Principiul rezonanței se manifestă în felul următor: dacă în noi există o energie similară cu o altă energie din univers, acea energie din univers poate să fie atrasă de ființa noastră.

Noi atragem ceea ce există deja în noi!
Așadar, dacă în noi există o energie similară cu a altor persoane, acea energie poate să atragă energia manifestată în acele persoane.

Cel mai adesea atragem energiile celor din familia noastră de suflete. Se întâmplă acest fenomen întrucât membrii aceleiași familii de suflete vehiculează energii similare, generând relații karmice.

Relațiile karmice se dezvoltă între oamenii care au legături genetice și între oamenii care au relații polarizante.
Prin relație polarizantă înțelegem relația bărbat-femeie.
Relația bărbat-femeie este karmică întrucât aceasta presupune un schimb foarte intens de energii.

Relația karmică generează un cocon energetic comun.
Formând împreună un cocon de energie, partenerii din relația karmică își alimentează viața din coconul energetic pe care l-au creat.
Ca urmare a acestui fenomen, mai devreme sau mai târziu, partenerii din relația karmică ajung să trăiască stări sufletești similare.

Partenerii ajung să trăiască stări sufletești similare întrucât, pe parcursul vieții, ajung să-și „împrumute" părți din suflet.

Suntem veniți pe pământ ca ființe independente și fiecare dintre noi avem o misiune personală.

Pentru a ne îndeplini misiunea personală este necesar să rămânem suflete întregi, chiar dacă interacționăm intens cu membrii familiei noastre de suflete.

Atunci când sufletul este divizat, ne supunem riscului de a nu mai îndeplini misiunea personală.

Pentru a nu fi distrași de la misiunea personală este necesar ca, în mod periodic, să ne eliberăm părțile de suflet care nu ne aparțin și să recuperăm părțile de suflet pierdute. În acest scop putem parcurge un program de meditații ghidate de întregire a sufletului.

În cele ce urmează vă prezint meditația de întregire a sufletului.

2. Meditația de întregire a sufletului

1. Aerisiți încăperea și dați cu tămâie sau utilizați alte proceduri de fumigație;
2. Vă așezați comod într-un scaun sau vă întindeți pe pat, cu fața în sus; Mai puteți aplica meditația de întregire a sufletului în timpul dansului energetic!
3. În mod imaginar, aprindeți o lumină în dreptul glandei pituitare aflate în centrul capului;
4. Din glanda pituitară proiectați o lumină violet la nivelul inimii, acolo unde se află punctul de aplicare al sufletului;
5. Aprindeți lumina în suflet. Creșteți intensitatea luminii din suflet în așa fel încât aceasta să cuprindă tot corpul;
6. Creșteți intensitatea luminii din suflet în așa fel încât aceasta să se extindă în afara corpului și să cuprindă încăperea și apoi toată locuința;
7. Creșteți intensitatea luminii din suflet în așa fel încât aceasta să cuprindă, în mod succesiv, întregul teritoriu al localității în care sunteți, întreaga țară, întregul continent, întreaga planetă Pământ și apoi întregul univers;

8. În momentul în care sufletul a cuprins întregul univers, manifestați intenția de a elibera toate părțile de suflet care nu vă aparțin, emițând de trei ori consecutiv următoarea invocație: **eliberez toate părțile de suflet care nu îmi aparțin!**
9. Vă întregiți sufletul la nivelul planetei Pământ și recuperați părțile de suflet pierdute în univers, emițând următoarea invocație: **recuperez părțile de suflet pierdute în univers!**
10. Vă întregiți sufletul la nivelul continentului și recuperați părțile de suflet pierdute pe planeta Pământ, emițând următoarea invocație: **recuperez părțile de suflet pierdute pe planeta Pământ!**
11. Vă întregiți sufletul la nivelul României și recuperați părțile de suflet pierdute pe continentul Europa, emițând următoarea invocație: **recuperez părțile de suflet pierdute în Europa!**
12. Vă întregiți sufletul la nivelul locuinței voastre și recuperați părțile de suflet pierdute pe teritoriul României, emițând următoarea invocație: **recuperez părțile de suflet pierdute în România!**
13. Vă întregiți sufletul la nivelul camerei voastre și recuperați părțile de suflet pierdute în perimetrul locuinței voastre, emițând următoarea invocație: **recuperez părțile de suflet pierdute în această locuință!**
14. Vă întregiți sufletul la nivelul pieptului și recuperați părțile de suflet pierdute la nivelul camerei în care locuiți, emițând următoarea invocație: **recuperez părțile de suflet pierdute în această cameră!**
15. Păstrați sufletul intact și manifestați cu putere scopul vieții, emițând următoarea afirmație: **sufletul este întregit și puternic pe misiunea vieții.**
16. Mulțumiți lui Dumnezeu pentru toate darurile pe care le primiți prin intermediul meditației de întregire a sufletului!

Aceasta este meditația de întregire a sufletului.

Este bine să aplicați meditația de întregire a sufletului cel puțin o dată pe săptămână, în special atunci când sunteți implicați într-o relație karmică.

Vă susțin cu drag în meditația de întregire a sufletului!

Meditația a XXI-a

MEDITAȚIA SUCCESULUI

1. Culorile succesului

Am generat cu bucurie și încântare sufletească mai multe meditații creative specializate în rezolvarea unor necesități specifice.

Prin intermediul acestor meditații putem genera programe de viață care să ne conducă la împlinirea personală, familială și socială.

Pentru a susține un parcurs cât mai bun, putem aduce un aport suplimentar de energie acționând de la distanță asupra persoanelor cu care suntem implicați într-un anumit program, asupra echipei implicate în program și chiar asupra proiectului în sine.

Conform fizicii cuantice, energia este o undă electromagnetică ce se descompune în culori.

O dovadă a acestui fenomen este prezența curcubeului.

După cum realizăm, apariția curcubeului demonstrează faptul că lumina poate fi descompusă în mai multe culori, dintre care șapte sunt pregnante și formează spectrul culorilor: ROGVAIV.

Pentru a obține un aliat în parcursul evoluției noastre către succes vom căuta ca energiile aflate în noi să fie purificate și amplificate.

În acest demers, într-o primă fază, vom aplica meditația cu nuanțe de culoare în ființa noastră.

În faza următoare, pentru a crește potențialul de acțiune energetică, vom coopta unul sau mai mulți parteneri și chiar proiectul în sine, trimițând către aceste entități energetice fluxuri de lumină conform cu cele pe care noi le-am amplificat deja în noi, după principiul prezentat în desenul care urmează.

Fig. 9. Principiul de trimitere a fluxurilor de energie către partener

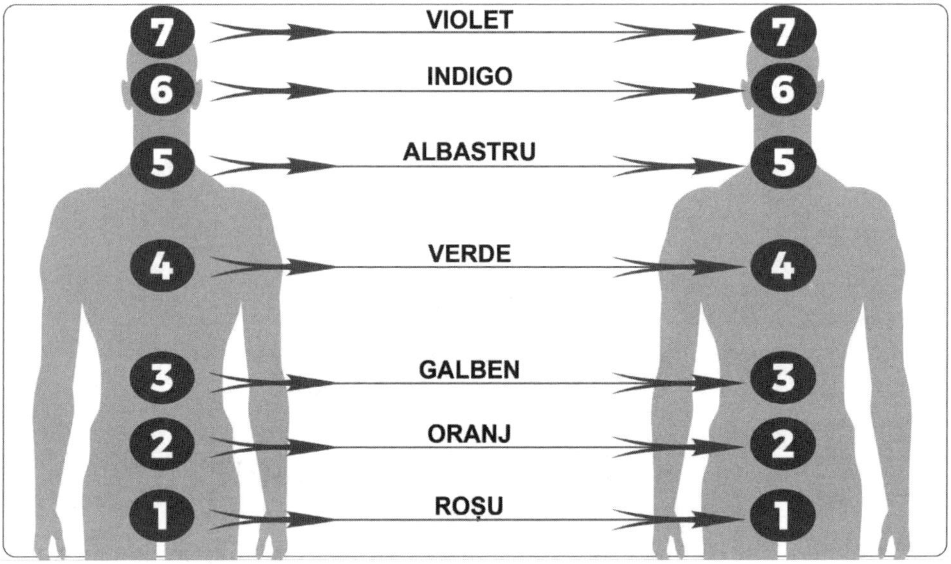

Trimiterea fluxurilor de energie pe care deja le-am amplificat vor face ca între noi și entitățile energetice pe care le cooptăm în proiect să se producă fenomenul de rezonanță.

Fiind în rezonanță cu partenerul, vom acționa la unison în scopul generării succesului, astfel crescându-ne mult șansa reușitei.

Pentru că în meditație intenționăm să cooptăm și o altă persoană, este bine să îi cerem acordul pentru a fi implicată în această acțiune.

Dacă nu putem să-i cerem acordul, atunci ne vom raporta la sufletul său și vom cere acordul tacit.

Obținerea acordului tacit se face prin trimiterea unui gând prin care să manifestăm intenția de a coopta pe partener în programul nostru de meditație.

După ce trimitem acest gând vom fi atenți la stările din ființa noastră.

Dacă avem o stare de liniște și pace, atunci putem considera că sufletul acelei persoane și-a dat acordul pentru participarea la proiect.

În acest caz putem începe programul de meditație a succesului, așa cum este prezentat în cele ce urmează.

2. Procedura de aplicare a meditației succesului

1. Aerisiți bine camera și ionizați aerul utilizând proceduri de fumigație. Vă așezați pe scaun cu picioarele lipite de pardoseală. Mai puteți practica această meditație fiind în poziția în picioare și chiar în poziția culcat. Este important să fiți cât mai relaxați în timpul meditației, indiferent de poziția în care sunteți;

2. Închideți ochii. Vă concentrați la persoana care urmează să contribuie cel mai mult la proiectul pentru care faceți meditația succesului;

3. Vă concentrați la primul centru energetic - **centrul abundenței**, aflat la baza coloanei vertebrale.
   Vizualizați primul centru energetic ca fiind o sursă de lumină roșie.
   Amplificați lumina roșie a primului centru energetic.
   Creșteți în intensitate energia primului centru energetic și lumina roșie expansionează în tot corpul.
   Pentru a stimula acest fenomen, rând pe rând, vă veți concentra la toate părțile corpului, pornind de la tălpi și până la creștet.
   Creșteți și mai mult energia primului centru energetic și lumina roșie trece prin toți porii pielii, disipându-se în univers.
   Vizualizați lumina de culoare roșie în întregul univers, ca fiind o sferă de lumină roșie de dimensiuni gigantice;

   Vă imaginați că aveți în față persoana care contribuie cel mai mult la succesul proiectului pentru care faceți meditația.
   Orientați palmele cu degetele îndreptate spre persoana respectivă.
   Creșteți și mai mult energia primului centru energetic.
   Pe măsură ce creșteți energia primului centru energetic, trimiteți fluxuri de lumină roșie către persoana care contribuie cel mai mult la îndeplinirea scopului pentru care faceți meditația.
   Impregnați cu lumină roșie persoana implicată în proiect.
   Umpleți cu lumină roșie întreg câmpul de conștiință al persoanei respective, generând în jurul acesteia o sferă de lumină roșie de dimensiuni gigantice;

4. Estompați ușor intensitatea luminii de la primul centru energetic și aprindeți o lumină oranj în cel de-al II-lea centru energetic - **centrul relațiilor**, aflat în zona inferioară a abdomenului.

Vizualizați cel de-al II-lea centru energetic ca fiind o sursă de lumină oranj. Amplificați lumina oranj în cel de-al II-lea centru energetic.
Creșteți în intensitate energia celui de-al II-lea centru energetic și lumina oranj expansionează în tot corpul.
Pentru a stimula acest fenomen, rând pe rând, vă veți concentra la toate părțile corpului, pornind de la tălpi și până la creștet.
Creșteți și mai mult energia celui de-al II-lea centru energetic și lumina oranj trece prin toți porii pielii, disipându-se în univers.
Vizualizați lumina de culoare oranj în întregul univers ca fiind o sferă de lumină oranj de dimensiuni gigantice.

Orientați palmele cu degetele îndreptate spre persoana respectivă.
Creșteți și mai mult energia celui de-al II-lea centru energetic.
Pe măsură ce creșteți energia celui de-al II-lea centru energetic, trimiteți fluxuri de lumină oranj către persoana care contribuie cel mai mult la îndeplinirea scopului pentru care faceți meditația.
Impregnați cu lumină oranj persoana implicată în proiect.
Umpleți cu lumină oranj întregul câmp de conștiință al persoanei respective, generând în jurul acesteia o sferă de lumină oranj de dimensiuni gigantice;

5. Estompați ușor intensitatea luminii în cel de-al II-lea centru energetic și aprindeți o lumină galbenă în cel de-al III-lea centru energetic - **centrul misiunii**, aflat în zona inferioară a abdomenului.
Vizualizați cel de-al III-lea centru energetic ca fiind o sursă de lumină galbenă. Amplificați lumina galbenă la cel de-al III-lea centru energetic.
Creșteți în intensitate energia celui de-al III-lea centru energetic și lumina galbenă expansionează în tot corpul.
Pentru a stimula acest fenomen, rând pe rând, vă veți concentra la toate părțile corpului, pornind de la tălpi și până la creștet.
Creșteți și mai mult energia celui de-al III-lea centru energetic și lumina galbenă trece prin toți porii pielii, disipându-se în univers.
Vizualizați lumina de culoare galbenă în întregul univers ca fiind o sferă de lumină galbenă de dimensiuni gigantice;

Orientați palmele cu degetele îndreptate spre persoana respectivă.
Creșteți și mai mult energia celui de-al III-lea centru energetic.
Pe măsură ce creșteți energia celui de-al III-lea centru energetic, trimiteți fluxuri de lumină galbenă către persoana care contribuie cel mai mult la îndeplinirea scopului pentru care faceți meditația.
Impregnați cu lumină galbenă persoana implicată în proiect.

Umpleți cu lumină galbenă întregul câmp de conștiință al persoanei respective, generând în jurul acesteia o sferă de lumină galbenă de dimensiuni gigantice;

6. Estompați ușor intensitatea luminii în cel de-al III-lea centru energetic și aprindeți o lumină verde în cel de-al IV-lea centru energetic - **centrul sănătății**, aflat în zona inferioară a abdomenului.
Vizualizați cel de-al IV-lea centru energetic ca fiind o sursă de lumină verde. Amplificați lumina verde în cel de-al IV-lea centru energetic.
Creșteți în intensitate energia celui de-al IV-lea centru energetic și lumina verde expansionează în tot corpul.
Pentru a stimula acest fenomen, rând pe rând, vă veți concentra la toate părțile corpului, pornind de la tălpi și până la creștet.
Creșteți și mai mult energia celui de-al IV-lea centru energetic și lumina verde trece prin toți porii pielii, disipându-se în univers.
Vizualizați lumina de culoare verde în întregul univers ca fiind o sferă de lumină verde de dimensiuni gigantice;

Orientați palmele cu degetele îndreptate spre persoana respectivă.
Creșteți și mai mult energia celui de-al IV-lea centru energetic.
Pe măsură ce creșteți energia celui de-al IV-lea centru energetic, trimiteți fluxuri de lumină verde către persoana care contribuie cel mai mult la îndeplinirea scopului pentru care faceți meditația.
Impregnați cu lumină verde persoana implicată în proiect.
Umpleți cu lumină verde întregul câmp de conștiință al persoanei respective, generând în jurul acesteia o sferă de lumină verde de dimensiuni gigantice;

7. Estompați ușor intensitatea luminii în cel de-al IV-lea centru energetic și aprindeți o lumină albastră în cel de-al V-lea centru energetic - **centrul comunicării**, aflat în zona amigdalelor.
Vizualizați cel de-al V-lea centru energetic ca fiind o sursă de lumină albastră. Amplificați lumina albastră a celui de-al V-lea centru energetic.
Creșteți în intensitate energia celui de-al V-lea centru energetic și lumina albastră expansionează în tot corpul.
Pentru a stimula acest fenomen, rând pe rând, vă veți concentra la toate părțile corpului, pornind de la tălpi și până la creștet.
Creșteți și mai mult energia celui de-al V-lea centru energetic și lumina albastră trece prin toți porii pielii, disipându-se în univers.
Vizualizați lumina de culoare albastră în întregul univers ca fiind o sferă de lumină albastră de dimensiuni gigantice;

Orientați palmele cu degetele îndreptate spre persoana respectivă.
Creșteți și mai mult energia celui de-al V-lea centru energetic.
Pe măsură ce creșteți energia celui de-al V-lea centru energetic trimiteți fluxuri de lumină albastră către persoana care contribuie cel mai mult la îndeplinirea scopului pentru care faceți meditația.
Impregnați cu lumină albastră persoana implicată în proiect.
Umpleți cu lumină albastră întregul câmp de conștiință al persoanei respective, generând în jurul acesteia o sferă de lumină albastră de dimensiuni gigantice;

8. Estompați ușor intensitatea luminii în cel de-al V-lea centru energetic și aprindeți o lumină indigo în cel de-al VI-lea centru energetic - **centrul planificării vieții**, aflat în mijlocul frunții.
Vizualizați cel de-al VI-lea centru energetic ca fiind o sursă de lumină indigo. Amplificați lumina indigo a celui de-al VI-lea centru energetic.
Creșteți în intensitate energia celui de-al VI-lea centru energetic și lumina indigo expansionează în tot corpul.
Pentru a stimula acest fenomen, rând pe rând, vă veți concentra la toate părțile corpului, pornind de la tălpi și până la creștet.
Creșteți și mai mult energia celui de-al VI-lea centru energetic și lumina indigo trece prin toți porii pielii, disipându-se în univers.
Vizualizați lumina de culoare indigo în întregul univers ca fiind o sferă de lumină indigo de dimensiuni gigantice;

Orientați palmele cu degetele îndreptate spre persoana respectivă.
Creșteți și mai mult energia celui de-al VI-lea centru energetic.
Pe măsură ce creșteți energia celui de-al VI-lea centru energetic, trimiteți fluxuri de lumină indigo către persoana care contribuie cel mai mult la îndeplinirea scopului pentru care faceți meditația.
Impregnați cu lumină indigo persoana implicată în proiect.
Umpleți cu lumină indigo întregul câmp de conștiință al persoanei respective, generând în jurul acesteia o sferă de lumină indigo de dimensiuni gigantice;

9. Estompați ușor intensitatea luminii în cel de-al VI-lea centru energetic și aprindeți o lumină violet în cel de-al VII-lea centru energetic - **centrul credinței**, aflat în creștetul capului.
Vizualizați cel de-al VII-lea centru energetic ca fiind o sursă de lumină violet. Amplificați lumina violet a celui de-al VII-lea centru energetic.
Creșteți în intensitate energia celui de-al VII-lea centru energetic și lumina violet expansionează în tot corpul.

Pentru a stimula acest fenomen, rând pe rând, vă veți concentra la toate părțile corpului, pornind de la tălpi și până la creștet.
Creșteți și mai mult energia celui de-al VII-lea centru energetic și lumina violet trece prin toți porii pielii, disipându-se în univers.
Vizualizați lumina de culoare violet în întregul univers ca fiind o sferă de lumină violet de dimensiuni gigantice;

Vă imaginați că aveți în față persoana care contribuie cel mai mult la succesul proiectului pentru care faceți meditația.
Orientați palmele cu degetele îndreptate spre persoana respectivă.
Creșteți și mai mult energia celui de-al VII-lea centru energetic;

Pe măsură ce creșteți energia celui de-al VII-lea centru energetic, trimiteți fluxuri de lumină violet către persoana care contribuie cel mai mult la îndeplinirea scopului pentru care faceți meditația.
Impregnați cu lumină violet persoana implicată în proiect.
Umpleți cu lumină violet întregul câmp de conștiință al persoanei respective, generând în jurul acesteia o sferă de lumină violet de dimensiuni gigantice.
La finalul meditației faceți afirmația: Facă-se voia Ta, Doamne!

10. Vă mișcați ușor și deschideți ochii. Vă simțiți cuprinși de o stare de acceptare și de pace, care este emanată în câmpul din jurul vostru. Transmiteți starea de pace către partenerul vostru de succes;

11. Mulțumiți partenerului pentru că participă cu dumneavoastră la realizarea proiectului pentru care ați făcut meditația succesului!

12. Mulțumiți lui Dumnezeu pentru darul meditației succesului!

Sugestii și recomandări:

- Fluxurile de lumină pe care le trimiteți către partener pot fi continui sau pulsatorii;
- Este posibil ca la un moment dat meditația să vă copleșească de atâta energie. Pentru a vă putea conduce cu succes la un rezultat de mare efect, puteți opri meditația în orice etapă și o puteți relua în orice moment.
  Meditația va fi oprită în momentul în care o anumită nuanță de culoare a cuprins câmpul de conștiință al partenerului;
- Dacă nu există o altă persoană la care să vă concentrați, vă concentrați la proiectul în sine;
- Puteți aplica meditația cu nuanțe de culori în orice postură sunteți.

Am recomandat să aplicați meditația cu nuanțe de culori stând pe scaun întrucât în această postură sunteți relaxați, iar tălpile sunt lipite de pardoseală. Puteți aplica meditația cu nuanțe de culori fiind și în poziția culcat cu fața în sus sau stând în picioare.

Am prezentat cu bucurie meditația succesului!

Dacă nu aveți suficient timp sau nu aveți răbdare să parcurgeți toate cele șapte etape de impregnare cu nuanțe de culori, puteți face meditația succesului acționând pe mai puțini centri energetici.

Este important să acționați cu prioritate pe centri energetici specializați pe anumite energii, după cum urmează:

- atunci când doriți să atingeți succesul într-un program cu **scop material** este bine să o faceți acționând în mod prioritar pe primul centru energetic, **centrul abundenței**;

- atunci când doriți să atingeți succesul într-un program cu **scop relațional** este bine să o faceți acționând pe cel de-al II-lea centru energetic, **centrul relațiilor**;

- atunci când doriți să atingeți succesul într-un program cu **scop misionar (job)** este bine să o faceți acționând pe cel de-al III-lea centru energetic, **centrul misiunii**.

Mi se întâmplă uneori să am activități care se succed una după alta și, pentru că nu am timp să fac toată meditația, chiar și atunci când sunt în mașină aplic meditația succesului doar pe unul dintre acești centri.

Rezultatul este miraculos! Când ajung la întâlnire, oamenii sunt pregătiți să primească resursele mele de cunoaștere și apoi se pliază cu mai mare eficiență pe calea adevărului.

Se întâmplă uneori ca rezultatul unui proiect să depindă de un număr mai mare de oameni. În acest caz, adun toate energiile întregii echipei într-una singură și lucrez cu toate energiile la un loc.

De asemenea, și în acest caz rezultatul este miraculos.

Mi se mai întâmplă să pornesc la drum și, pentru că nu am timp să îmi pregătesc drumul, fac repede meditația succesului cu scopul de a fi susținut pe întregul parcurs. Și în acest caz rezultatul este unul foarte bun.

Ajung la timp și sunt în forma cea mai bună.

Am dat câteva exemple de situații în care meditația succesului poate să genereze efecte de-a dreptul impresionante.

Vă îndemn cu încredere să aplicați meditația succesului, cooptând în lucrare persoane individuale, grupuri de persoane și chiar proiectele pe care urmează să le accesați. Proiectele pe care urmează să le accesați se supun acelorași legi la care se supun și sufletele voastre.

Meditația succesului vă susține să obțineți succesul în cele mai importante momente ale vieții, chiar și atunci când nu mai sperați să-l obțineți.

Este important să luați în calcul și următoarea situație.

Este posibil să faceți meditația succesului și totuși să nu atingeți scopul pentru care faceți meditația succesului.

Mi s-a întâmplat și mie la un moment dat un asemenea fenomen.

M-am pregătit cu toată dăruirea și implicarea sufletească și am făcut meditația succesului până la cele mai mici amănunte, după care m-am dus la o întâlnire în care se hotăra soarta cărții ***Meditația creativă.***

La această întâlnire persoanele cu care am avut dialogul s-au opus cu vehemență planului meu.

Ca urmare, am plecat foarte trist și dezamăgit de la întâlnire întrucât nu-mi atinsesem obiectivele.

Totuși, la câteva ore după această întâlnire am realizat un aspect de-a dreptul impresionant.

Atitudinea persoanelor cu care m-am întâlnit au deschis o perspectivă mult mai frumoasă și benefică pentru cartea ***Meditația creativă.***

Așadar, pentru că eu am cerut universului să aleagă pentru mine varianta cea mai bună, universul a ales pentru mine varianta cea mai bună, dincolo de voința mea. Acesta este și motivul pentru care la finalul meditației succesului facem afirmația: „Facă-se voia Ta, Doamne!”.

Dacă vi se întâmplă să faceți meditația succesului și să nu obțineți ceea ce ați dorit să obțineți, este important să țineți cont de faptul că, de multe ori, **universul are rațiuni pe care mintea nu le poate cuprinde**.

Indiferent de rezultatul meditației succesului și al oricărei acțiuni de antrenament, este important să faceți tot ceea ce este posibil pentru ca dumneavoastră să fiți în forma cea mai bună atunci când aveți de urmat un anumit parcurs.

Pentru că meditația succesului ne conferă un avantaj cert în demersul nostru de a obține un anumit rezultat, vă susțin să o practicați ori de câte ori aveți de întreprins un anumit demers în scopul binelui!

Vă susțin cu drag în misiunea vieții!

CUPRINS

Editura Dharana

Alte apariții:

În colecţia „Lotus"

„Doctorul lăuntric. În zarea nemuririi" *de Prentice Mulford*
„Incursiuni în Atlantida" *de Florentina Mateescu*
„Învăţăturile lui Confucius" (Analectele), *trad. Traian Călin Uba*
„Suferințe disprețuite" *de Janine Fontaine*
„Apa, miracolul vieţii. Terapii interne cu apă" *de Mihăiţă Toma*
„Dezintoxicarea fizică şi psihică. Tehnici şi produse" *de Mihăiţă Toma*
„Sistemul imunitar – cheia sănătății" *de Mihăiță Toma*
„Vindecarea prin iubire și iertare" *de Mihăiţă Toma*
„Miracolul din fiecare" *de Ovidiu Harbădă*
„Arta vindecării învățată de la Valeriu Popa" *de Sanda Ștefan*
„Valeriu Popa – îndrumător al cunoașterii prin știință și credință" *de Ovidiu Harbădă*
„De vorbă cu Valeriu Popa despre sănătate și viață" *de Ovidiu Harbădă*
„Eliberarea de materialismul spiritual" *de Chögyam Trungpa*
„Antrenarea minții și cultivarea bunătății pline de iubire" *de Chögyam Trungpa*
„Jocul Divin. Șansa omului în Univers" *de Alexandru Mușat, Maria Timuc și Valentin Nedelea*
„Vindecă-te singur cu Sărurile Vieții" *de Gerhild Baloșan*
„Plante și miresme biblice" *de Ovidiu Bojor și Răducanu Dumitru*
„Pledoarie pentru viață sănătoasă" *de Ovidiu Bojor*
„Ghidul plantelor medicinale și aromatice de la A la Z" *de Ovidiu Bojor*
„Himalaya, de la ayurveda la medicina modernă" *de Acad. Dr. Farm. Ovidiu Bojor și dr. Laura Miclăuș*
„Aproape totul despre iubire, dragoste și sex" *de Maria Timuc și Ovidiu Bojor*
„Hipnoza umanistă pentru începători" *Olivier LOCKERT & Patricia d'ANGELI*
„Autohipnoza pentru începători" *Olivier LOCKERT & Patricia d'ANGELI*
„Shangri La. Frumusețea fără margini a divinului. Calea către fericire" *Marius Ghidel*
„Frumusețe în dar. Vindecarea sufletului. Dumnezeu este chiar dragostea ta" *Marius Ghidel*
„Secretul mulțumirii. De fapt, eu pe tine te iubesc. Adonai Elohim Shemaiya" *Marius Ghidel*

„Ce vor femeile? Ce vor bărbații? Femeia, aceasta zeita care ma tine de mana. Barbatul acesta este doar de iubit . Copilul, acest inger minunat.” *Marius Ghidel*
„A iubi înseamnă să ajungi la Dumnezeu”. – *Rumi, selecție și traducere de Marius Ghidel*
„Eliberarea de sine este fericirea toată”. *Rumi, selecție și traducere de Marius Ghidel*
„Exerciții de admirație” – *de Marius Ghidel*
„Exerciții de apreciere” – *de Marius Ghidel*
„Exerciții de recunoștință” – *de Marius Ghidel*
„Recalibrarea ființei” *de Mihai Lucian*
„Vreme și semne” *de Gabriela Popa*
„Antologia vieții. Destinul omului în viața de aici și în viața de dincolo” *de Ioan Bojoru*
„Ghid de armonizare a celor patru corpuri” *de Iulia Oroviceanu*
„Crezi că știi să trăiești? Alimentația și longevitatea. O nouă abordare holistică” *Prof. Dr. H. C. Gheorghe Mencinicopschi*
„Ce mâncăm ca să ne hrănim? Prevenție și terapie prin dietă în bolile cardiovasculare și în diabetul zaharat” *Prof. Dr. H. C. Gheorghe Mencinicopschi*

În seria: *„Academia Integrativă”* de **Ioan Prisecaru**
- **„Puterea cunoașterii”**
- **„Dansul energetic”**
- **„Alimentația integrativă”**
- **„Condimentarea creativă”**

În colecţia **„Universul din noi”**
1. **„A muri nu înseamnă a muri”** de Isola Pisani
2. **„Moartea intimă”** de Marie de Hennezel

În seria ***„Învață să te ierți”*** de *Luule Viilma*
1. „**Lumina sufletului**”
2. „**Să stagnezi sau să evoluezi**”
3. „**Alungă răul din tine**”
4. „**Căldura speranţei**”
5. „**Izvorul luminos al iubirii**”
6. „**Durerea este în sufletul tău**”
7. „**În armonie cu tine însuți**”
8. „**Iertarea adevărată și iertarea mimată**”
9. **„Ghid spiritual pentru bărbați, femei, părinți și copii**

În seria: ***„Transurfingul realității"*** de Vadim Zeland

1. **„Spaţiul variantelor"**
2. **„Murmurul stelelor dimineții"**
3. **„Înainte spre trecut"**
4. **„Dirijarea realității"**
5. **„Merele cad în cer"**

În seria: *„Personalități și destine"*

1. **„Donator, medic, pacient – Călători prin rânduiala divină"** de *Maria Timuc*
2. **„Ovidiu Bojor – Omul care a cucerit vârfurile"** de *Maria Timuc*
3. **„O inimă pentru inimi. Confesiuni prof. dr. Maria Dorobanțu"** de *Maria Timuc*

În seria: *„Cartea de înțelepciune"*

1. **„Pași către tine însuți. Vindecarea cauzală"** de *Maria Timuc*
2. **„Pași către tine însuți. Puterea frumuseții interioare"** de *Maria Timuc*
3. **„Cele mai frumoase chipuri ale iubirii. Secretele minții omenești în opera marelui inițiat, Rumi."** de *Maria Timuc*

„Scrierile Mariei Timuc au asupra cititorului un efect trezitor al bucuriei de a fi și al lucidității care ne descoperă sensurile originare, din illo tempore ale lumii - sensuri care par pierdute în continua sa zbatere și curgere spre niciunde a cotidianului tot mai apăsător.

Prin opera sa, Maria Timuc ne reconectează la Sursa Divină, ne scoate din deznădejde îmbărbătându-ne și spunându-ne că încă nu este totul pierdut, că după furtuna purificatoare, de acolo de sus, cineva trimite copiilor săi lumina iubirii iertătoare și Soarele dătător de viață."

„Maria Timuc este un dar prin care pronia a voit să comunice cu noi, vorbindu-ne despre iubire, acea mare iubire prin care îi recunoaștem pe toți semenii ca fiindu-ne frați; despre Iisus și despre rugăciunea inimii; despre marii sfinți ai neamului românesc, chiar dacă încă unii nu sunt sanctificați plecând nu prea de mult dintre noi; despre vindecare și autovindecare; despre necesitatea de a ne păstra înțelepciunea gândului și a faptelor noastre. (...)

„O întâlnire cu Maria Timuc rămâne adânc încrustată în memoria retinei și în sensibilitatea sufletului. Rămâi cu sentimentul că există oameni pe care Cerul i-a ales ca purtătorii săi de daruri pentru ca, la rândul lor, să le dăruiască nouă."

Dumitru Constantin Dulcan

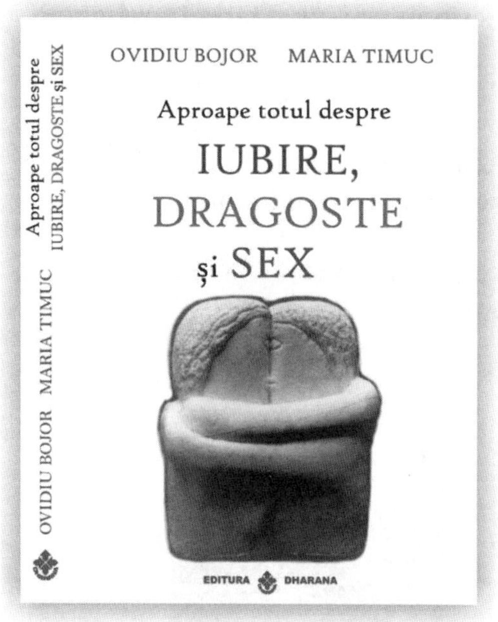

Despre unele dintre aspectele tainice ale iubirii și ale sexualității puteți citi în cartea de față, despre relația dintre corp, emoții și gânduri, despre necesitatea de a învăța iubirea și a readuce în obișnuința percepției relația firească dintre iubire și sex. Academicianul Ovidiu Bojor vă poartă prin imperiul istoriei plantelor, ele însele „ființe vii", prietene ale oamenilor și vindecătoare ale unora dintre cele mai sensibile părți ale ființei: trupul său, adică partea prin care se manifestă spiritul, sufletul și mintea omului. Veți găsi aici indicii și remedii, rețete și soluții pentru disfuncțiile sexuale, precum impotența, frigiditatea, ejacularea precoce sau alte boli ale organelor genitale (și nu doar ale lor), precum și referințe despre psihologia, spiritualitatea și sensibilitatea umană. Veți cunoaște mai bine plantele, deopotrivă afrodiziace și anafrodiziace, pe cele care nu trebuie consumate sau pe cele care trebuie consumate cu chibzuință, căci „doctorul divin" le-a conceput pe multe dintre ele ca medicamente, prevăzând – parcă – posibilitatea ca omul să se abată de la legile divine prin necunoaștere, neînțelegere, inconștiență și cine mai știe prin ce alte mijloace. Soluțiile, remediile, rețetele, elixirele și informațiile despre plante și acțiunea lor vindecătoare sunt documentate științific și la fel este documentat capitolul semnat tot de acad. Ovidiu Bojor despre „Fiziologia și psihologia vieții sexuale”. Perspectiva spirituală, semnată de mine, este mai degrabă rodul „observației” făcută prin prisma experienței spirituale, a căutărilor în domeniul spiritual și al percepției subiective. Avem aici o pledoarie pentru iubire și pentru refacerea legăturii firești între iubire și sexualitate, a cărei pierdere a creat un om atașat excesiv de lumea materială și de voluptățile ei. Sigur că istoria consemnează biblioteci întregi care s-au scris despre iubire și sexualitate, dar asta nu înseamnă că avem o cunoaștere absolută în privința acestor aspecte tulburătoare ale ființei, ba aș îndrăzni să spun – bazându-mă pe intuiție – că lumea va cunoaște taine incredibile ale iubirii și ale sexualității în viitor, când ele vor fi cercetate cu adevărat chiar în mediul în care se întâmplă: viața oamenilor care le trăiesc. Mediul natural este un laborator unic, în el se petrec experiențele cu întreaga sinceritate, în el totul se desfășoară dincolo de planuri și strategii, dincolo de Eul nostru adesea, și de aceea cred că, doar studiind iubirea și sexualitatea în mediul lor, le vom înțelege la alt nivel și vom putea inspira generațiile viitoare să se ridice mai mult și mai puternic din corporalitate și inocență sau teribilism în esența divină a energiilor care perpetuează viața, o sprijină și-o motivează.

Fie să vă găsiți leacul fizic, sufletesc sau spiritual și iubirea să vă fie călăuză și trăire!

Cu iubire pentru dumneavoastră,
Maria Timuc

Plante și miresme biblice
Autori :
Ovidiu Bojor și Răducanu Dumitru
„Atât pentru literatura religioasă, cât și pentru literatura ştiinţifică din România, această carte este un eveniment. Cei doi autori și-au unit forţele pentru a crea o conexiune între ştiinţă şi credinţă, pornind de la preceptul biblic menţionat în Facerea 1:29.”
Prof. Dr. Adrian Restian
Membru al Academiei de Ştiinţe Medicale

„O carte în care autorii ne „traduc” rețetele scrise de Domnul în plante. Dumnezeu a înzestrat plantele cu frumusețe, cu grație, dar și cu proprietăți vindecătoare și nutritive: ele au fost create, potrivit Vechiului Testament, pentru a ne mângâia sufletul și a ne vindeca și hrăni trupul. Autorii acestei cărți extraordinare, „Plante și miresme biblice”, acad. dr. Ovidiu Bojor și col. farm. Dumitru Răducanu, descifrează structura informațională a unui număr de aproximativ 90 de plante cu puteri terapeutice, menționate în Vechiul și-n Noul

Testament. Faptul că plantele au fost create în a șasea zi a Facerii dezvăluie că Domnul - în iubirea și-n inteligența sa uluitoare - a anticipat prin ele remediile pentru bolile posibile ale sufletului și ale trupului omenesc. Câmpiile, grădinile, pădurile și întreaga natură formează o farmacie uriașă, pe care - cu profesionalism, cu îndrăzneală, cu iubire de oameni și cu acuratețe - cei doi autori ai cărții „Plante și Miresme Biblice" ne-o arată și ne-o dăruiesc, așa cum este ea „în lăuntru", în partea sa ascunsă, dătătoare de vindecare. Cu alte cuvinte, autorii ne traduc rețetele scrise de Dumnezeu însuși în plante, în flori, în semințe și-n rădăcini, iar noi ar trebui doar să luăm aceste excepționale traduceri și să ne întoarcem la „doctorul divin", încredințați fiind că cel ce a știut că ne vom îmbolnăvi ne-a scris „în plante" și cum să ne vindecăm. Rețetele vindecătoare și hrănitoare se regăsesc în minunata carte a celor doi oameni de știință, care au avut viziunea întâlnirii științei cu credința și a umanului cu divinul, studiind imperiul farmaceutic ascuns în lumea tulburătoare a plantelor biblice.

„Plante și miresme biblice", plante și miresme divine, aș spune eu, este o carte care trebuie să ne stea aproape, căci ea ne va ajuta să ne împrietenim cu plantele și să ne bucurăm că ele sunt un dar divin, care - folosit cu înțelepciune, iubire și credință, la vremea potrivită - ne poate reda starea de bine și chiar sănătatea sufletului și a trupului"

Maria Timuc.

Pledoarie pentru viață sănătoasă

Autor: **Ovidiu Bojor**

Cartea se bazează pe ideea că primele medicamente trebuie să fie alimentele. • În prima parte sunt prezentate principalele fructe, legume și semințe cu rol benefic în sănătate. • În partea a doua sunt formulate recomandările necesare pentru utilizarea fructelor, legumelor și semințelor pe grupe de afecțiuni. • Toate aparatele corpului omenesc (digestiv, cardiovascular, respirator, urinar, genital etc.) sunt prezente cu afecțiunile lor, după cum beneficiază de întinse capitole și bolile de nutriție, afecțiunile dermatologice, afecțiunile reumatismale, afecțiunile sistemului nervos, boala canceroasă etc.

Mai multe informații la adresa: www.edituradharana.ro